DATA EMPOWERMENT

数据赋能

张振刚 罗泰晔 ◎编著

机械工业出版社
China Machine Press

图书在版编目（CIP）数据

数据赋能 / 张振刚，罗泰晔编著. -- 北京：机械工业出版社，2022.3
ISBN 978-7-111-70245-0

I. ①数… II. ①张… ②罗… III. ①智能制造系统 - 制造工业 - 工业企业管理 IV. ①F407.4

中国版本图书馆CIP数据核字（2022）第034718号

数据赋能

出版发行：机械工业出版社（北京市西城区百万庄大街22号 邮政编码：100037）	
责任编辑：施琳琳	责任校对：殷　虹
印　　刷：北京铭成印刷有限公司	版　　次：2022年4月第1版第1次印刷
开　　本：170mm×230mm　1/16	印　　张：20.5
书　　号：ISBN 978-7-111-70245-0	定　　价：79.00元

客服电话：(010) 88361066　88379833　68326294　　投稿热线：(010) 88379007
华章网站：www.hzbook.com　　　　　　　　　　　　读者信箱：hzjg@hzbook.com

版权所有·侵权必究
封底无防伪标均为盗版

前言
PREFACE

2020年3月30日中共中央、国务院印发的《关于构建更加完善的要素市场化配置体制机制的意见》提到"加快培育数据要素市场"。数据正在成为比肩土地、劳动力、资本和技术的"第五生产要素"。随着以"云物大智链"（云计算、物联网、大数据、人工智能、区块链）为代表的数字基础设施不断完善，数据这一关键生产要素将贯穿于生产经营从投入、产出到分配的全过程。经济社会的形态、企业管理的场景、人们生活的方式正在或即将在数字空间进行重构。数字空间中数字化战略决策、研究开发、生产制造、营销服务、组织管理等应用场景所产生的大量数据可能蕴含着丰富的企业运行、产品创意、用户需求等动态变化信息。在此情境下，制造业企业能否通过数据赋能，从具有开放、多源、异构特性的海量数据中挖掘隐藏的知识，洞察其中的管理逻辑，实现大数据向"大价值"转化，提升数字经济时代制造业企业绩效，对于推进制造业高质量发展具有重要意义。

写作本书，研究数据赋能制造业企业创新发展，对我来说，有一种使命情结，也有一种感恩情怀。1980 年，我进入华南理工大学原化工机械系，开始了高分子材料加工机械专业的本科阶段学习。研究生毕业之后，我就协助瞿金平院士组建团队，开始共同承担国家重大科技攻关项目，开展聚合物先进制造装备技术方面的研究。1995 年，我们由此获得了广东省科技进步特等奖。我现在的很多研究方法和习惯，都是在跟随瞿金平院士学习工作的那段时期建立起来的。其间，我还得到中国科学院院士徐僖在方法论上的指导，因为他经常指导我们项目组开展研究。2003 年，我协助时任华南理工大学校长李元元院士研究广东省先进制造产业项目。为此，我专门赴北京请教了中国科学院沈阳自动化研究所所长王天然院士，得到他近三个小时耳提面命的亲切指导，还得到项目总负责人路甬祥院士的指导。这些经历，为我后来开展制造业企业创新发展研究，打下了良好的基础。

数字技术的发展使得人们认知世界的方法论发生了巨大变化。近年来方兴未艾的"元宇宙"概念就反映了这个变化。"元宇宙"是与现实世界平行共存、相互融通的虚拟世界，用户可以通过终端设备进入虚拟世界，进行类现实世界的大部分活动。如图 P-1 所示，元宇宙体现了两个维度（现实－虚拟、抽象－具象）的交融。这两个维度把人类认知的客观世界划分为四个象限——现实世界、理性世界、模拟世界和人工智能世界。

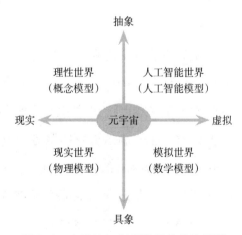

图 P-1　人类认知客观世界的共演模型

人类认知客观世界，是由表及里、由简单到复杂的过程。人类认知客观世界中的事物及事物间的关系，通常是以模型来揭示和呈现的。

物理模型：也可简称模型，是可以模拟物理对象的较小或更大的复制品。例如，地球仪、分子结构模型、人体解剖模型。

概念模型：是人们认知客观事物之间关系的核心框架和基础逻辑的自洽的最简化模型。例如，亚里士多德的"四因说"——目的因、质料因、形式因、动力因。

概念化的物理模型一般可分三类：物质模型、状态模型、过程模型。

数学模型：主要是指一个系统模型中各变量之间关系的数学表达。例如，毕达哥拉斯证明的勾股定理。

人工智能模型：用机器来模拟、延伸和扩展人类智能的模型。1936年，英国数学家图灵（Turing）在论文"理想计算机"中提出了图灵机模型。1943年，神经学家麦卡洛克（McCulloch）和数学家皮茨（Pitts）合著了《神经活动中固有的思维逻辑运算》，建立神经网络模仿人类思考。1956年在达特茅斯会议上，明斯基（Minskey）、麦卡锡（McCarthy）等科学家围绕"机器模仿人类的学习以及其他方面变得智能"展开讨论，并明确提出了"人工智能"一词。20世纪80年代，卡内基梅隆大学开发出第一辆无人驾驶汽车 NavLab 1。

在现实世界中，人们最初通过物理模型来描述客观事物。物理模型是按一定比例刻画物理对象的复制品。例如，人们用地球仪来刻画地球的形状，用分子结构模型来放大展示分子的结构，用建筑模型来展示建筑建成后的效果。物理模型对客观事物的刻画往往是简单的、直观的，它们难以对某个事物内部要素之间、事物和事物之间的关系进行系统的描述或刻画。当我们面对比较复杂的事物或环境的时候，就需要借助理性的力量，对客观事物的要素进行提炼，对其内在的各个要素之间的关系进行梳理和抽象，对各事物之间的关系和事物运行的规律进行逻辑思考，从而形成概念模型。

在理性世界中，人们通过对客观事物进行抽象并构建概念模型来反映事物之间的关系，发明并采用了很多方法论。例如，公元前4世纪，亚里士多德就提出了"四因说"，即目的因、质料因、形式因和动力因。他认为，任何事物的出现所必需的条件都被称为原因，并且都可以归纳成四种基质或四种原因。

（1）目的因：是引导过程的目标或目的，是制作事物的目的。例如，建造住宅，是为了居住；建造教学大楼，是为了人才培养。

（2）质料因：指的是任何事物的质地就是由质料因产生的。构建住宅或教学大楼时都要使用钢筋水泥，不同的是，建造住宅不需要教学用的黑板，而教学大楼则需要它。

（3）形式因：指的是当事物完全实现其目的时，在事物身上所体现出来的模式或结构。建造住宅和教学大楼，在空间形式和尺寸上是完全不一样的。前者需要卧室、客厅的空间形态和尺寸，后者需要教室的空间形态和尺寸。

（4）动力因：是积极的作用者，将产生的事物作为其结果。正是通过动力因，事物才得以产生。建造住宅或教学大楼，都需要建设方案、财务预算、规划许可等条件，这些条件促成建筑的建成。

对客观事物的内在关系或事物之间的联系进行理论抽象，还有很多其他方式。例如，切克兰德提出的软系统方法论，把构建概念模型并用其指导实践的方式分为以下七步（见图P-2）：①确定初始的、表观的问题情境，作为分析的起点；②表达问题情境，即收集与问题有关的信息，描述问题现状，寻找问题的影响因素及其关系，确定有关的行为主体和利益主体；③寻求相关问题的根定义，即弄清问题的关键要素以及关联因素；④建立概念模型，即用结构模型或语言模型来描述问题现状，形成概念、提出命题，概念模型来自根定义，是通过系统化语言对问题抽象描述的结果；⑤现实与理性的比较，即将现实问题和概念模型进行对比，找出符合决策者意图且可行的备选方案；⑥方案选择，即针对比较的结果，考虑有关人员的态度及其他社会、行为等因素，确定具有建设性、针对性和操作性的解决方案；⑦方案实施，即将解决方案予以实施，并根据实施过程中获得的新认识来修正问题描述、根定义及概念模型等。切克兰德的系统论思想为人们认知事物提供了指引，但这一认知过程主要停留在定性层面，若要对事物内在的各种关系进行更精准的量化描述和预测，还须借助数学的力量，构建数学模型。

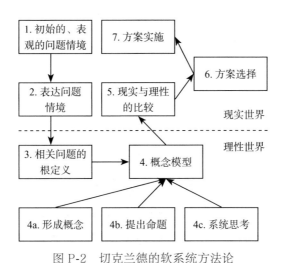

图 P-2　切克兰德的软系统方法论

在模拟世界中，人们用数学模型来量化和表达事物及事物间的关系。数学模型是运用数理逻辑方法和数学语言建构的科学或工程模型。数学模型的历史可以追溯到人类开始使用数字的时代。公元前6世纪，毕达哥拉斯证明了勾股定理，这可能是最早的数学模型。人类越来越广泛地使用数字来定量描述客观事物，且不断地建立各种数学模型，以解决各种各样复杂的实际问题。对大型建筑进行力学分析，对教师进行工作业绩的评定，都可以通过建立数学模型，确立一个最佳的建设或评定方案。建立数学模型，有时需要事先构建概念模型。例如，我们运用偏微分方程对一条河流的流速、流量、水位与降雨量之间的关系进行预测模拟的时候，要建立数学模型，而在此之前，需要事先进行时间和物理边界条件的假设，这就需要将物理模型、概念模型的构建置于数学模型的构建之前。在现代社会，人们利用计算机技术，通过构建数学模型，能够精准地"再现"客观事物的内在关系和事物之间的联系，这就是所谓的数学"仿真"。模拟世界中的数学仿真能够呈现不同条件下客观事物的运行状态，辅助人们进行管理决策。然而，基于对具象事物进行数字化呈现的数学模型在面对一些复杂问题时仍存在困难，比如，在上千万亿级的分子中找到合适的组合来开发药物，再如，快速识别生产线上的产品是否存在缺陷，解决这些问题需要更强大的工具来探索与发现海量数据中隐藏的知识和规律，构建具有自学能力的人工智能模型。

在人工智能世界中，人们通过训练人工智能模型来提升认知客观世界的能力和效率。人工智能模型是基于机器学习与深度学习算法来模拟、延伸和扩展人类智能的模型。1956年的夏天，美国达特茅斯学院召开了一次具有传奇色彩的学术会议，以麦卡锡、明斯基等为代表的科学家在会议上共同讨论了用机器模拟人的智能的一系列问题，并首次提出了"人工智能"的概念。这标志着"人工智能"这门新兴技术的诞生，也标志着人们进入了借助智能机器来认知世界的新阶段。通过使用特定领域的数据集对随机森林、神经网络等模型进行训练，可以使机器学习相关的知识和规则，在习得的领域知识和规则的驱动下，机器可以阅读案件卷宗并做出参考判决，可以批改学生试卷并给出相应分数，可以查看医学影像或生物样本而判断患者是否发生病变，可以分析工艺流程并发现最优生产工艺参数。在这些过程中，数据、算法和算力是基础，是构建人工智能模型最重要的要素。在过去的十余年里，随着算法的进步及数据、算力的快速增长，机器学习、机器决策取得了长足的发展，人工智能模型的应用如雨后春笋般崛起，为人类认知客观世界提供了强大工具。

以网络化和智能化为基础的数字技术丰富了人类认识客观世界的方法论，也增强了人们改造客观世界的能力。对于广大制造业企业而言，通过数据赋能来实现创新发展已成为一道必须迈过的"坎"。这个坎，既是一个巨大挑战，更是一个重要发展机会。如果企业在这个"坎"前面止步不前、望而生畏，必将错失良机，将自己的市场份额拱手让给对手。当企业勇于创新，以智慧、勇气和果敢成功跨过这个"坎"的时候，必然走向数字化、网络化、智能化的康庄大道，以数字化提高企业的运行效率，以网络化提高企业的协同效能，以智能化提高企业的决策效果，将迎来一个大连接、大数据、大空间、大协同、大发展的新时期。

为了深入调查数据赋能制造业企业发展之道，我与波士顿咨询、埃森哲咨询、西门子咨询、普华永道、罗兰贝格五家著名咨询公司的研发团队共同研讨数据赋能、大数据、人工智能、云计算、工业互联网等领域的发展。同时，我率队深入格力电器的大数据中心、物联网中心、计算机中心、智能制造示范基地等部门开展调研与座谈，听取了格力电器在大数据、工业互联网、智能制造模式等方面的应用情况介绍。我还与格力电器董事长董明珠与党委书记张伟、广汽集团董事长曾庆洪、广电运通董事长黄跃珍、白云电气集团董事长胡德良、金域医学董事长梁耀铭、赛意信息董事长张成康、广州明珞装备董事长姚维兵、新宝电器董事长郭建刚等深入交谈企业数据赋能情况。当得知他们在数据赋能方面的发展思路以及取得的成就时，我备受启发与鼓舞，更加领略到了数据赋能的魅力。此外，我还率队深入广州中国科学院工业技术研究院、海尔集团、中国联通集团、广东三维家信息科技、广州数说故事、广州酒家利口福、青岛恒尼智造、欧派家居集团、中国南玻集团、广州三星通信研究院、广州海格通信、TCL、广州医药集团、广州通信研究所、广州银行、上海通用汽车、阿里巴巴集团、京东方科技集团、广汽埃安新能源汽车有限公司、广州粤芯半导体技术有限公司、科大讯飞华南有限公司、树根互联股份有限公司、唯品会（中国）有限公司等先进企业进行了广泛的实地考察和调研，与企业高管和技术人员针对数据赋能问题进行了深入的座谈交流。

在深入企业调查的基础上，课题组结合前期的理论积累，构建了数据赋能制造业企业发展的"三大系统、五条路线"模型，提炼了"数据感知－智能认知－动态决策－精准执行"的数据赋能"四部曲"。从战略、活动、支撑三大系统，战略决策、研究开发、生产制造、营销服务、组织管理五条路线出发，课题组构建了数据赋能制造业企业发展的总体框架。其中，企业战略决策属于战略系统，企业研究开发、生产制造、营销服务属于活动系统，企业组织管理属于支撑系统。在总体框架构建的基础上，课题组深入分析了企业战略决策、研究开发、生产制造、营销服务、组织管理等五个方面的数据感知、智能认知、动态决策、精准执行的"四部曲"赋能机制。通过"三大系统、五条路线"模型的构建以及结合"数据感知－智能认知－动态决策－精准执行"四部曲，还有对数据赋能企业核创新、流创新、源创新能力增强的阐述，本书试图绘就数据赋能制造业企业发展的全景图。具体而言，内容包括：

- 数据赋能概述。本章属于全书中总括性质的章节，首先，主要介绍了数据赋能的时代背景，包括新工业革命的"三化"特点：数字化、网络化、智能化；数据新生产要素；数字经济新形态等。其次，本章重点阐述了数据赋能的"数据感知－智能认知－动态决策－精准执行"四部曲。最后，本章介绍了数据赋能制造业企业的"三大系统、五条路线"的框架模型。

- 数据赋能战略决策。战略决策在企业发展中起到引领全局的作用，其对应着"三大系统、五条路线"模型中的"战略系统"与"战略决策路线"。本章首先主要介绍了数据赋能战略决策的"四部曲"机理；其次介绍了数据赋能战略决策的场景可视化、分析算法化、决策动态化"三化"特征；最后介绍了数据赋能的新战略模式，即数字化转型战略，包括数字化转型的三大目标（降本、提质、增效）、三项任务（业务转型、要素转型、组织转型）、三个阶段（局部提效、全局优化、生态运营）。

- 数据赋能研究开发。研究开发是企业增强市场竞争力的重要途径，也是企业增加利润的有效方式。本章对应着"三大系统、五条路线"模型中的"活动系统"与"研究开发路线"。本章首先主要介绍了数据赋能研究开发的"四部曲"机理；其次重点介绍了数据赋能研究开发的需求分析精准化、研发设计高效化、研发流程并行化"三化"特征；最后介绍了数字化协同研发、数字化研发知识管理两种研究开发新模式。

- 数据赋能生产制造。生产制造是企业价值链中的重要环节。本章对应着"三大系统、五条路线"模型中的"活动系统"与"生产制造路线"。本章首先主要介绍了数据赋能生产制造的"四部曲"机理；其次重点阐述了生产制造数字化、个性化、服务化"三化"特征；最后介绍了智能制造的新模式。

- 数据赋能营销服务。营销服务是企业价值实现的重要环节。本章对应着"三大系统、五条路线"模型中的"活动系统"与"营销服务路线"。本章首先介绍了数据赋能营销服务的"四部曲"机理；其次重点介绍了客户管理精细化、产品推送精准化、渠道布局网络化、销售管理智能化"四化"特征；最后介绍了C2B、"智能+"、场景营销等新模式。

- 数据赋能组织管理。组织管理是企业运营的基础保障。本章对应着"三大系统、五条路线"模型中的"支撑系统"与"组织管理路线"。本章首先介绍了数据赋能组织管理的"四部曲"机理；其次重点介绍了层次结构扁平化、组织功能平台化、管理模式智能化、决策权力自主化"四化"特征；最后介绍了数据赋能组织管理的新模式。

本书是国家社会科学基金重大项目"数据赋能激励制造业企业创新驱动发展及其对策研究（18ZDA062）"的成果，是研究团队近几年在企业数字化领域的研究总结与升华，是集体智慧的结晶，由我和罗泰晔共同制定全书写作提纲、提出编写思路、构建概念框架、确定并撰写具体内容，以及组织团队成员开展编写工作。户安涛、叶宝升、卢玉舒、张君秋、章安康、邓海欣、陈文悦、程琳媛、吴懿轩、余永进、杨玉玲等人参加了本书的编写和审校工作；周海涛研究员、陈一华副教授、沈鹤博士仔细进行审阅并提出许多富有建设性的意见。在此向他们表示衷心感谢！最后，衷心感谢机械工业出版社华章分社的鼎力支持！

  我们正踏上数字化的"黄金赛道"，传统的管理从泰勒的科学管理原理开始至今历经百余年，当前面临的不仅仅是技术的变化，也是一个范式的转变问题，需要每个企业家、学者进行理性思考。在数字化世界中，我们期待能与更多读者一起领略数据赋能的奥妙。

方统刚

于华南理工大学

2022 年 2 月

目录

前言

第 1 章 数据赋能概述 / 1

引导案例　格力电器的数字化转型　/ 1

1.1 数据赋能的时代背景　/ 4

　1.1.1 新工业革命——数字化、网络化、智能化　/ 4

　1.1.2 新生产要素——大数据　/ 20

　1.1.3 新经济形态——数字经济　/ 23

1.2 何谓数据赋能　/ 28

　1.2.1 数据感知　/ 29

　1.2.2 智能认知　/ 33

　1.2.3 动态决策　/ 37

1.2.4　精准执行　/ 38
　1.3　数据赋能制造业企业　/ 39
　　　1.3.1　制造业企业创新管理的三大系统与五条路线　/ 39
　　　1.3.2　数据赋能制造业企业创新管理的路径　/ 45
　本章小结　/ 64

第 2 章　数据赋能战略决策　/ 65

　引导案例　金域医学的数字化转型战略　/ 65
　2.1　数据如何赋能战略决策　/ 69
　2.2　数据赋能战略决策的特征　/ 71
　　　2.2.1　战略场景可视化　/ 71
　　　2.2.2　战略分析算法化　/ 75
　　　2.2.3　战略决策动态化　/ 80
　2.3　数据赋能的新战略模式：数字化转型　/ 82
　　　2.3.1　数字化转型的内涵　/ 82
　　　2.3.2　数字化转型的三大目标　/ 86
　　　2.3.3　数字化转型的三项任务　/ 89
　　　2.3.4　数字化转型的三个阶段　/ 102
　本章小结　/ 114

第 3 章　数据赋能研究开发　/ 115

　引导案例　潍柴动力的数字化研发　/ 115
　3.1　数据如何赋能研究开发　/ 117
　3.2　数据赋能研究开发的特征　/ 119
　　　3.2.1　需求分析精准化　/ 119
　　　3.2.2　研发设计高效化　/ 122
　　　3.2.3　研发流程并行化　/ 126

3.3 数据赋能的新研发模式 / 128
　3.3.1 数字化协同研发 / 128
　3.3.2 数字化研发知识管理 / 135
本章小结 / 156

第 4 章　数据赋能生产制造 / 158

引导案例　赛意信息赋能南阳防爆打造智能制造行业
　　　　　标杆 / 158
4.1 数据如何赋能生产制造 / 161
4.2 数据赋能生产制造的特征 / 163
　4.2.1 生产制造数字化 / 164
　4.2.2 生产制造个性化 / 172
　4.2.3 生产制造服务化 / 177
4.3 数据赋能的新制造模式：智能制造 / 182
　4.3.1 智能制造的内涵 / 182
　4.3.2 我国智能制造的四大特点 / 186
　4.3.3 智能制造的基础：信息物理系统（CPS） / 189
本章小结 / 217

第 5 章　数据赋能营销服务 / 219

引导案例　三维家：开启数字化营销新变革 / 219
5.1 数据如何赋能营销服务 / 223
5.2 数据赋能营销服务的特征 / 225
　5.2.1 客户管理精细化 / 225
　5.2.2 产品推送精准化 / 233
　5.2.3 渠道布局网络化 / 241
　5.2.4 销售管理智能化 / 250

5.3 数据赋能的新营销模式 / 255

    5.3.1 C2B 模式 / 255

    5.3.2 "智能+"模式 / 260

    5.3.3 场景营销模式 / 262

本章小结 / 267

第 6 章 数据赋能组织管理 / 268

引导案例 格力电器的数据赋能"五维全员管理" / 268

6.1 数据如何赋能组织管理 / 272

6.2 数据赋能组织管理的特征 / 274

    6.2.1 层次结构扁平化 / 276

    6.2.2 组织功能平台化 / 277

    6.2.3 管理模式智能化 / 278

    6.2.4 决策权力自主化 / 279

6.3 数据赋能的新组织模式 / 280

    6.3.1 数据赋能型组织的结构 / 280

    6.3.2 数据赋能型组织的功能 / 296

本章小结 / 308

第 1 章
CHAPTER1

数据赋能概述

引导案例

格力电器的数字化转型

珠海格力电器股份有限公司（以下简称"格力电器"）成立于 1991 年，是一家集研发、生产、销售、服务于一体的国际化家电企业，主要拥有格力、TOSOT、晶弘三大品牌，主营家用空调、中央空调、空气能热水器、冰箱、生活电器等产品。与海尔、美的并称为中国家电行业的"三巨头"。

本书编写团队与格力电器有着长达 8 年的合作关系。在开展项目研究和撰写《格力模式》的过程中，我们不断地深入格力电器的基层组织进行调研，多次对格力电器董事长董明珠女士以及其他高管和骨干员工进行访谈。2013 年，本书作者与董明珠女士第一次见面，就进行了长达六个半小时的会谈。董明珠女士以清晰的思路、充沛的精力,向我们介绍了格力电器的发展史,介绍了格力电器制订"公平公正、公开透明、公私分明,讲奉献、讲真话、讲原则"的"三公三讲"制度的过程,也讲述了格力进行数字化转型的思路和措施。董明珠高度重视企业的数字化转型升级,从智能装备、芯片设计的提早布局到智能工厂、无人工厂的建设,都体现出她对数据赋能的前瞻考虑。她说,数据赋能制造业企业发展,是科技发展的趋势,也是企业高质量发展的必由之路。格力电器的数字化脉络整体上沿着制造端-消费端-服务端这一主线展开。

制造端——推进智能制造,打造全球示范性空调智能工厂

格力电器致力于以自主创新的核心科技推动制造转型升级,以构建全流程数据驱动的智能决策平台为目标,沿着"体系建设、技术创新、场景应用"三大方向,打通全流程、全要素业务,强化生产制造根基,重塑端到端价值链,建设全球示范性空调智能工厂。

格力电器长沙智能工厂2016年一建成自动化率即达62%,包含全方位物流输送系统、钣金开料冲剪柔性中心等,可以实现关键设备100%联网互通,并且在终端App实时更新显示。格力电器自主研发的G-IEMS局域能源互联网系统,为用户提供了融合清洁发电、安全储电、可靠变电、高效用电、实时能源控制、能源信息集中管理、轻量化交互的完整系统解决方案。

格力电器珠海智能工厂总投资150亿元,于2020年在珠海开建,以生产空调为主,定位"智能电器、出口为主、兼顾内销",致力于打造出口柔性化生产模式,实现出口个性化定制。目前格力电器珠海基地已被广东省工业和信息化厅认定为广东省第一批 5G+ 工业互联网应用示范园区。

消费端——深化改革，加速数字化、信息化转型升级

数字新零售方面，随着市场环境的变化，格力电器开启双线融合的"新零售"营销模式变革。线上第三方电商平台、格力董明珠店与三万多家线下专卖店深度融合，提供线下体验、线上下单、全国统一配送和安装的双线联动一体化服务。线上，通过商城平台、订单履约系统、网批系统、售后派工系统等新零售全链条的建设与运营，实现格力电器新零售的用户触达，用信息化能力为渠道业务赋能，驱动营销数字化升级；线下，格力电器依托互联网工程化技术，融入人工智能（AI）、物联网及 AR/VR 技术，通过智能触控交互模式推动终端门店数字化升级，在云端实现了产品出样与调价、员工培训、用户价值标签沉淀和管理等功能，打造格力电器特色智慧导购门店，不断提升消费者的购物体验；通过库存数据分析和预警、销售数据动态展示和分析等功能，以数据驱动运营，不断满足消费者的新需求。

消费端数据不止于营销，格力电器已经逐步实现制造－消费的数据联通和运用，在云计算、5G 等技术的加持下，加强了系统间的联通，进而有望实现"门店顾客提出的需求能直接反映到研发系统的数据库中"等场景，即终端需求真正指导研发、生产、物流等各环节。格力电器目前采用一物一码、一店一码等全流程追溯技术，在掌握终端情况的同时，提升市场营销和渠道的把控力和精准度，并提升服务质量。同时与京东数科合作，利用 LBS（基于位置的服务）、人均聚集度、效果监督等使营销全面精细化。

> **服务端——创新智能化新技术，打造智能服务新模式**
>
> 格力电器实施智能派工、预测性维修、智慧物业等数字化项目。智能派工方面，使用智能化派工代替传统人工派工，提高派工服务效率。预测性维修方面，为已销售的联机空调安装了超过300万个数据采集设备ID卡，分布于全国各个省市地区。多联机空调每天返回大数据平台的机器运行数据多达上亿条，能够使企业动态掌握设备的运行情况，及时进行运营维护，更加合理、智能地调配销售区域的维修人员及维修配件，让服务更精准有效。智慧物业方面，建立格力电器人才智慧社区，利用互联网、物联网及人工智能技术，将安防、设施、人员、能效、环境等物业服务统一整合起来，打造从点状智能化到整体智慧化的综合服务平台，为社区提供便捷服务新模式，构建智慧生活环境新体验。
>
> 资料来源：作者根据调研及公开资料整理。

1.1 数据赋能的时代背景

当前，以数字化、网络化、智能化为特征的第四次工业革命在全球范围内正蓬勃发展，数字技术与实体经济集成、融合，产业数字化应用潜能迸发、释放，新模式、新业态不断涌现，我们正处在一个伟大的数字经济时代的潮头。

1.1.1 新工业革命——数字化、网络化、智能化

第四次工业革命以来，以物联网、大数据、云计算、5G、人工智能、区块链为代表的新一代信息技术加速发展，不断驱动着人们的生产生活向数

字化、网络化、智能化方向发展。在新一代信息技术的推动下,新材料、新能源、新工艺及生物技术等多学科技术的创新突破和交叉融合,使新技术、新产品、新产业不断涌现。科技创新从未像今天这样深刻地影响着经济社会的发展和人们的生活,也给制造业的发展带来前所未有的新机遇和新挑战。

1. 第四次工业革命的总体情况

回顾工业革命的历史,如图 1-1 所示,第一次工业革命是蒸汽机的革命,始于 18 世纪 60 年代,延续至 19 世纪 40 年代,以英国为代表的资本主义国家首次完成了向工业化社会的过渡,蒸汽机、纺织机等工业机器的发明解放了人们的双手,为人类提供了机器动力,解决了人力效率低下和动能不足的问题,工业领域出现了第一次重大飞跃,人类社会进入了机械时代。第二次工业革命是制造标准化和生产线的革命,始于 19 世纪 70 年代,延续至 20 世纪初,发电机、生产流水线的问世,推动着制造标准化的迅速发展,规模化生产应运而生,人类从此进入电力时代。第二次工业革命解放了人们的双脚,生产流水线化和制造标准化使人们不用在分散的制造工坊中来回穿梭,解决了规模化和生产成本之间的矛盾。第三次工业革命是计算机及信息化的革命,始于 20 世纪 70 年代。半导体技术、电子计算机技术的发展催生了以信息技术和控制技术为代表的制造变革,实现了生产的自动化和精细化。第三次工业革命解放了人们的神经,生产的自动化和精细化使人们逐渐摆脱机械的、重复的、紧张的工作,工业领域的全球化、多样化变革加速推进。

当前,第四次工业革命的序幕已经拉开。第四次工业革命是数字的革命,数据赋能制造业实现生产活动的高度整合,使信息系统像人一样思考和工作,从而解放人们的大脑。为获取核心优势,各个国家纷纷采取创新驱动战略。第四次工业革命为我国提供了一个弯道超车的历史机遇,增强技术战略布局的科学性、有效性至关重要。第四次工业革命是在物联网、大数据、云计算、5G 以及人工智能等技术推动下开始的生产与服务智能化、生活信息化和智能化的全新革命。第四次工业革命中,新兴技术前所未有地结合,涵盖了大数据、云计算、5G、人工智能、区块链、新材料、新能源和生物医药等广泛领域。以这些技术为代表的新一轮技术应用已经在日常生活中随处可见,正日益消除物理世界、数字世界和生物世界之间的界限,开启一个全新的时代[一]。

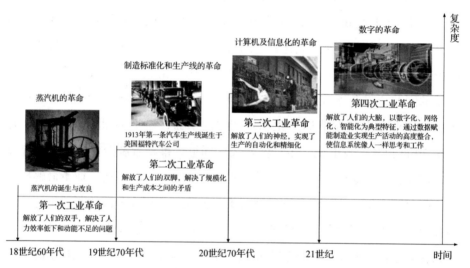

图 1-1 四次工业革命

资料来源:作者根据公开资料整理绘制。

同前三次工业革命相比,在第四次工业革命中,互联网无所不在,移动性大幅提高。随着技术的发展,传感器变得体积更小、性能更强大、成本也更低。与此同时,人工智能和机器学习也开始崭露锋芒,数据要素变得更加重要,数字经济蓬勃发展。第四次工业革命绝不仅限于智能互联的机器和系统,其内涵非常广泛。从基因测序到纳米技术,从可再生能源到量子计算,各领域的技术突破风起云涌。这些技术之间的融合,以及它们横跨物理、数

[一] 克劳斯·施瓦布.第四次工业革命:转型的力量[M].北京:中信出版集团,2016.

字和生物几大领域的互动,决定了第四次工业革命与前几次工业革命有着本质上的不同[一]。

2. 第四次工业革命的三大特点

数字化、网络化、智能化是第四次工业革命的典型特点,也是新一代信息技术的核心。第四次工业革命推动新一代信息技术与制造业深度融合,推动传统产业向数字化、网络化、智能化方向转型,为建设制造强国和网络强国提供有力支撑。

(1)**数字化**。数字化是指将物理世界和数字世界中的模拟数据(文本、数字、图形、图像、音频等)转化为数字编码形式进行储存、传输、加工、处理和应用的技术途径,其本质上强调对数据的收集、聚合、分析与应用,强化数据的生产要素与生产力功能[二]。当前,数字化正在深刻地改变着人类的思维方式和生产生活方式,为科技创新、城市治理、产业发展、企业管理等多个领域创造了前所未有的机遇。

数字化的核心内涵是对数字技术与社会经济活动融合过程中产生的大数据的深度利用。代表数据流的全球互联网协议(IP)流量从1992年的每天约100千兆字节(GB)增长到2017年的每秒45 000千兆字节,由于互联网与物联网的飞速发展,预计2022年全球互联网协议流量将达到每秒150 700千兆字节[三]。近年来随着大数据和超级计算机技术的飞速发展,制造企业数字化从原来的以信息系统为核心的数字技术采纳转向基于大数据、物联网与人工智能等新兴数字技术采纳。数字化的广泛融合促使数据日益成为一项重要的生产要素。利用供应链、生产制造及客户等方面的大数据来驱动数字化

[一] 克劳斯·施瓦布. 第四次工业革命(实践版)——行动路线图:打造创新型社会 [M]. 北京:中信出版集团,2018.

[二] 徐宗本. 把握新一代信息技术的聚焦点 [N]. 人民日报,2019-03-01(09).

[三] UNCTAD. Digital Economy Report 2019[R/OL]. (2019-09-04) [2021-07-10]. un.org/publications.

运营，包括从供应端、生产端到销售端的供应链信息流，从企业资源计划（enterprise resource planning，ERP）层到车间数据采集的垂直数据集成，以及从数据驱动的研发到终端销售与数字服务的产品生命周期数字化管理，企业将在数字世界中以更加敏捷、更低成本与更高质量的方式创造价值。

（2）网络化。从传统意义上看，网络化是指利用通信技术和计算机技术，把分布在不同地点的电子终端设备连接起来，按照一定的网络协议相互通信，以达到各电子终端都可以共享软件、硬件和数据资源的目的。第四次工业革命以来，计算技术、通信技术和控制技术的快速发展引起了人类社会的巨大变革。随着信息化和工业化的深度融合发展，网络化不仅限于互联网实现的互联互通，还扩展到物联网所实现的人、物、服务之间的交叉互联。

以射频识别（radio frequency identification，RFID）技术、传感器、机器通信、工业云、企业间的数据协议与开放信息系统等为代表的工业互联网技术在制造企业内部、供应链以及与客户连接领域的广泛应用将有助于构建一个万物互联的数字网络。"中国制造2025"以及德国"工业4.0"计划都明确指出物联网技术能将人、机器、产品及生产物料有机连接，将经营管理、研发设计、生产制造、营销服务等全流程和全产业链综合集成，将企业、供应商、下游合作伙伴以及客户紧密连接，全方位实时感知、采集和监测价值创造流程中产生的大容量和多样化的数据，促进价值创造流程的无缝衔接和生产网络的动态协同，打造网络化生产方式。截至2020年6月，中国已有70个具有影响力的工业互联网平台，连接4 000多万台（套）工业设备，服务40多万家工业企业⊖。世界经济论坛与埃森哲预计到2030年，物联网设备将从2016年的80亿台增长到1万亿台⊜。

（3）智能化。为了揭示智能化的本质，我们首先需要弄清楚"智能"的

⊖ 中国信息通信研究院. 中国工业经济发展形势展望（2020年）[R]. 2020.

⊜ 世界经济论坛，埃森哲. 行业数字化转型：数字化企业[R]. 2016.

本质。古往今来，哲学、生物学、工程学领域的学者们都在试图找到其中的答案，但由于他们来自不同的学科领域，所以对于"智能"的理解也不完全相同。我国工业和信息化部原副部长杨学山在《智能原理》⊖一书中对各学术流派关于"智能"的认识和观点做了梳理，综合国内外的研究，他认为"智能是主体适应、改变、选择环境的各种行为能力"。

无论是生物智能主体还是非生物智能主体，其适应、改变、选择环境的过程总是建立在充分感知、清晰认知并基于信息和知识做出决策的基础之上的。对生物智能主体而言，其感知到的是光、声、味等物理世界的现象，通过大脑认知现象形成信息和知识，从而做出决策，指导生物智能主体适应、改变和选择环境，如图 1-2 所示。

图 1-2　生物智能主体的智能生成机制

对非生物智能主体而言，其感知到的是数据，通过数据分析、模拟仿真认知到的是包含在数据中的信息和知识，从而做出动态决策，指导非生物智能主体适应、改变和选择环境，如图 1-3 所示。数据是智能化源头，没有数据就没有信息、智能，没有数据的组织与交互也就失去了智能行为的基础。数据的及时性、准确性、完备性决定了主体的智能化水平。

图 1-3　非生物智能主体的智能生成机制

我们说一个非生物智能主体是智能的，通常是指这个非生物智能主体

⊖　杨学山. 智能原理 [M]. 北京：电子工业出版社，2018.

能像人一样思考。非生物智能主体通过数据感知、智能认知而形成智能。因此，智能化可定义为：使非生物智能主体具备灵敏、准确的感知功能，高效的学习、思维与认知功能，正确的判断和决策功能，行之有效的执行功能等[一]。

实现智能化的主要途径是发展人工智能技术。当前，人工智能的热潮已经来临，随着物联网、大数据、云计算等技术带来数据算力的提升，以深度神经网络为代表的人工智能技术飞速发展，诸如图像分类、语音识别、知识问答、人机对弈、无人驾驶等人工智能技术，实现了从"不能用、不好用"到"可以用"的技术突破，迎来爆发式增长的新高潮[二]。

智能化被视为第四次工业革命的核心动力。"中国制造2025"、美国"再工业化"、德国"工业4.0"和日本"创新25战略"均强调打造智能制造系统，推动制造企业生产制造智能化。智能化的关键特征体现为人机一体化智能系统能在价值创造活动中扩大、延伸和取代人的脑力劳动。智能装备、智能传感器、商业智能、大数据以及工业互联网等技术在生产系统中的集成应用，将颠覆传统的生产模式并实现真正的智能制造[三]。

3. 第四次工业革命的代表技术

第四次工业革命中，信息技术、控制技术进一步发展，同时数字技术、智能技术等对工业制造有重大影响的技术蓬勃发展，代表性的技术可以用"5ABCD"来概括，即5G、人工智能（artificial intelligence）、区块链（blockchain）、云计算（cloud computing）、大数据（big data）。

（1）5G。第五代移动通信技术（简称"5G"）是最新一代蜂窝移动通信

[一] 徐宗本. 把握新一代信息技术的聚焦点 [N]. 人民日报，2019-03-01(09).
[二] 谭铁牛. 人工智能技术拐点来临 未来将如何发展 [EB/OL]. 新华网，(2019-02-23)[2021-06-24]. http://www.xinhuanet.com/politics/2019-02/23/c_1124153626.htm.
[三] 林汉川，汤临佳. 新一轮产业革命的全局战略分析——各国智能制造发展动向概览 [J]. 人民论坛·学术前沿，2015，(11)：62-75.

技术，也是继 4G（LTE-A、WiMax）、3G（UMTS、LTE）和 2G（GSM）系统之后的延伸○。

5G 技术的应用场景相当丰富，国际电信联盟（ITU）明确了 5G 支持的三大应用场景，分别为 eMMB（增强移动宽带）、mMTC（海量机器类通信）以及 uRLLC（超高可靠低时延）。三大应用场景下又可细分为十个最具发展潜力的场景，具体包括云 VR/AR、车联网、智能制造、智慧能源、无线医疗、无线家庭娱乐、联网无人机、社交网络、个人 AI 辅助和智慧城市○。

（2）人工智能。人工智能是研究能够模拟、延伸和扩展人类智能的理论、方法、技术及应用系统的一门新的技术科学，研究目的是促使智能机器会听（语音识别、机器翻译等）、会看（图像识别、文字识别等）、会说（语音合成、人机对话等）、会思考（人机对弈、定理证明等）、会学习（机器学习、知识表示等）、会行动（机器人、自动驾驶汽车等）○。

人工智能的应用领域非常广泛。通过将人工智能产品与生产生活的各个领域相融合，能够改善传统流程环节，提高效率、提升效能、降低成本，可以大幅提升业务体验，有效提升各领域的智能化水平，给传统领域带来变革。例如，海康威视采用人工智能和机器学习相关的软、硬件技术，开发了"深眸"全局摄像机。集成了人工智能的"深眸"，在很大程度上避免了误报和误拍，不会传送大量无效图像到后端。相较传统前端设备的高误报率，"深眸"全局摄像机对人、车等特征信息的识别率超过 90%，大幅提升了图像识别的准确率○。

○ 许佳胜，杨旭，孙宏凯. 5G 网络技术概述 [J]. 数字通信世界，2020，（02）：54.
○ 华为技术有限公司. 5G 时代十大应用场景白皮书 [R/OL]. (2018-07-13) [2020-06-11]. https://www-file.huawei.com/-/media/corporate/pdf/mbb/5g-unlocks-a-world-of-opportunities-cn.pdf?la=zh&source=corp_comm.
○ 谭铁牛. 人工智能的历史、现状和未来 [J]. 智慧中国，2019，(Z1)：87-91.
○ 人工智能开放创新平台. 英特尔助力海康威视打造"深眸"全局摄像机，推进视频监控智能化 [EB/OL].（2018-01-13）[2021-01-25]. https://www.chinaopen.ai/hkws_sm.html.

（3）区块链。区块链技术是分布式的网络数据管理技术，利用密码学技术和分布式公司协议保证网络传输与访问安全，实现数据多方维护、交叉验证、全网一致[1]。区块链不是一个单项的技术，而是一个集成了多方面研究成果的综合性技术，具备去中心化、开放互信、不可篡改、高可靠等特征[2]。

当前，区块链技术的应用范围广泛，涉及供应链金融、公共服务、制造业等多个领域。供应链金融和公共服务领域的应用模式以文件、合同等的存证为主。制造业方面的应用则可以为实体经济降低运营成本，提高产业链协同效率，构建诚信产业环境，为各式各样的数字化信息提供一个可确权、无障碍流通的价值网络，并实现对所有权、隐私权的保护[3]。

（4）云计算。云计算是以互联网为基础的新型交付计算资源模式，是一种提供可用的、便捷的、按需的网络访问，允许用户进入可配置的计算资源（包括网络、服务器、存储、应用软件、服务）共享池的模式。这些资源能快速部署，用户能以较低的管理成本获取所需的计算资源[4]。

云计算技术改变了互联网的计算模式、运行形态、应用行业，提升了服务水平和信息管理效率，广泛应用于政务、金融、医疗和工业等领域。旅游、教育、智能硬件等领域的行业云在近几年已经逐渐开展商业化应用。云计算在制造业领域的应用称为工业云。工业云是指使用云计算模式为工业企业提供软件服务，使工业企业的社会资源实现共享化。

（5）大数据。大数据技术使用非传统工具对海量的结构化、半结构化甚至非结构化数据进行处理和储存，进而完成挖掘、分析和展示，具有"4V"

---

[1] 中国信息通信研究院. 区块链白皮书（2020年）[EB/OL].（2020-12-15）[2021-03-05]. http://www.caict.ac.cn/english/research/whitepapers/202101/P020210127494158921362.pdf.

[2] 何蒲，于戈，张岩峰，等. 区块链技术与应用前瞻综述[J]. 计算机科学，2017，(4): 1-7.

[3] 范忠宝，王小燕，阮坚. 区块链技术的发展趋势和战略应用——基于文献视角与实践层面的研究[J]. 管理世界（月刊），2018，（12）: 177-178.

[4] NIST. Defining the Expanding World of Cloud Computing[EB/OL].（2009-05-20）[2020-06-25]. https://www.nist.gov/news-events/news/2009/05/nist-defining-expanding-world-cloud-computing.

特征，即容量大（volume）、种类多（variety）、速度快（velocity）和价值性（value）[1]。同普通的"数据"相比，"大数据"更加庞杂，数据的结构、类型更为多元，含有大量可挖掘的价值。

大数据在制造业领域的应用称为工业大数据。工业大数据是互联网、大数据和工业产业相结合的产物，是当前制造业转型升级的关键，也是"工业4.0"的核心。工业大数据的应用场景涉及智能研发设计、智能生产制造、智能服务、网络协同服务、工业云等领域，助力工业企业实现降本、提质、增效。麦肯锡2019年的相关研究报告称，制造企业在利用大数据技术后，其生产成本能降低10%~15%[2]。而大数据技术对制造业的影响远非成本这一个方面。利用源于产品生命周期中市场、设计、制造、服务、再利用等各个环节的数据，制造业企业可以更加精细、个性化地了解客户需求，建立更加精益化、柔性化、智能化的生产系统[3]。

4. 第四次工业革命中主要国家的举措

高度发达的制造业和先进的制造技术已成为衡量一个国家综合竞争力和科技发展水平的重要标志。自第一次工业革命以来，世界各主要国家的经济发展和竞争力消长都与本国的制造业发展水平密切相关。制造业在一国的社会经济发展中具有非常重要的地位和作用，它是现代经济发展与产业生态体系的支撑主体，是科技与产业创新的重要载体，是创造就业的重要基础，是满足人民美好生活需求的重要物质来源的产业基础。当前，世界各国紧跟第四次工业革命浪潮，纷纷制订和实施制造业振兴计划。

（1）中国制造2025。2015年5月，国务院印发的《中国制造2025》指出："当前，新一轮科技革命和产业变革与我国加快转变经济发展方式形成

---

[1] Akpeokhai E O. The Future of Big Data in Cloud[J]. International Journal of Scientific Research in Information Systems & Engineering, 2017, 1（2）: 19-24.
[2] 麦肯锡公司. 点数成金，规模化大数据应用[R]. 2019.
[3] 梅宏. 大数据发展与数字经济[J]. 中国工业和信息化，2021（05）: 60-66.

历史性交汇，国际产业分工格局正在重塑。必须紧紧抓住这一重大历史机遇，实施制造强国战略，加强统筹规划和前瞻部署。⊖"《中国制造2025》主要提出三大部分内容，分别是"三步走"战略、九大战略任务和重点、十大重点领域。

建设制造强国的"三步走"战略（见图1-4）：第一步，力争用十年时间，迈入制造强国行列。到2025年，制造业整体素质大幅提升，创新能力显著增强，全员劳动生产率明显提高。第二步，到2035年，我国制造业整体达到世界制造强国阵营中等水平。创新能力大幅提升，重点领域发展取得重大突破，整体竞争力明显增强，优势行业形成全球创新引领能力，全面实现工业化。第三步，新中国成立一百年时，制造业大国地位更加巩固，综合实力进入世界制造强国前列。制造业主要领域具有创新引领能力和明显竞争优势，建成全球领先的技术体系和产业体系。

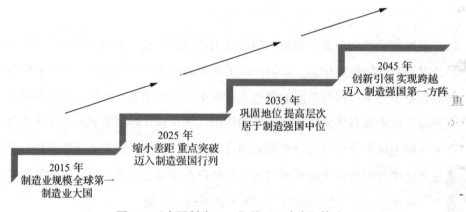

图1-4 "中国制造2025"的"三步走"战略

资料来源：中国政府网.《中国制造2025》提出力争用三个十年的努力实现制造强国的战略目标[EB/OL].（2017-05-24）[2021-04-12]. http://www.gov.cn/xinwen/2017/05/24/_content_5196356.htm.

⊖ 中国政府网. 国务院关于印发《中国制造2025》的通知[EB/OL]. (2015-05-08)[2021-01-15]. http://www.gov.cn/zhengce/content/2015-05/19/content_9784.htm.

"中国制造2025"为实现制造强国的战略目标，加快制造业转型升级，全面提高发展质量和核心竞争力，提出了九大战略任务和重点（见图1-5），分别是提高国家制造业创新能力、推进信息化与工业化深度融合、强化工业基础能力、加强质量品牌建设、全面推行绿色制造、大力推动重点领域突破发展、深入推进制造业结构调整、积极发展服务型制造和生产性服务业、提高制造业国际化发展水平。

图1-5 "中国制造2025"的九大战略任务和重点

资料来源：新华网.《中国制造2025》九大战略任务[EB/OL].（2015-06-14）[2021-04-12]. http://www.xinhuanet.com/politics/2015-06/14/c_127914119.htm.

"中国制造2025"大力推动重点领域突破发展，如表1-1所示，这十大重点领域分别是新一代信息技术、高档数控机床和机器人、航空航天装备、海洋工程装备及高技术船舶、先进轨道交通装备、节能与新能源汽车、电力装备、农业机械装备、新材料、生物医药及高性能医疗器械。

表1-1 "中国制造2025"的十大重点领域

十大重点领域	关键词
新一代信息技术	4G/5G通信、IPv6、物联网、云计算、大数据、三网融合、平板显示、集成电路、传感器
高档数控机床和机器人	五轴联动机床、数控机床、机器人、智能制造
航空航天装备	大飞机、发动机、无人机、北斗导航、长征运载火箭、航空复合材料、空间探测器
海洋工程装备及高技术船舶	海洋作业工程船、水下机器人、钻井平台
先进轨道交通装备	高铁、现代轨道交通

(续)

十大重点领域	关键词
节能与新能源汽车	新能源汽车、锂电池、充电桩
电力装备	光伏、风能、核电、智能电网
农业机械装备	拖拉机、联合收割机、彩棉机、喷灌设备、农业航空作业
新材料	新型功能材料、先进复合材料、高性能结构材料
生物医药及高性能医疗器械	基因工程药物、新型疫苗、抗体药物、化学药、中药；CT、超导型磁共振成像、X射线机、加速器、细胞分析仪、基因测序

资料来源：人民网.中国制造2025瞄准十大重点领域（政策解读）[EB/OL].（2015-05-20）[2021-04-12]. http://politics.people.com.cn/n/2015/0520/c1001-27027513.html.

自"中国制造2025"实施以来，中国工业经济一直保持高速发展态势，逐渐从工业大国向工业强国转化。2020年，中国第二产业增加值初步核算为384 255亿元，比2015年的282 040亿元增长36.2%，年复合增长率达6.38%[1]。工业化、信息化（以下简称"两化"）融合迈上新台阶、工业互联网上云上平台建设进一步加强。2020年，全国规模以上工业增加值比上年增长2.8%，高技术制造业和装备制造业增加值分别比上年增长7.1%、6.6%。中国拥有220多种工业产品，产量居世界第一位，制造业增加值预计连续11年居世界第一位[2]。各项分类数据表明，我国产业循环逐步畅通，市场需求持续改善，工业经济持续欣欣向荣。

（2）**德国工业4.0**。在2011年的汉诺威国际工业博览会上，"工业4.0"的概念被第一次提出。2013年德国政府将其纳入"高科技战略"的框架之下，并制订了一系列相关措施。"工业4.0"研究项目由德国联邦教研部与联邦经济技术部联手资助，在德国工程院、弗劳恩霍夫协会、西门子公司等德国学术界和产业界的建议和推动下形成，并已经上升为国家级战略。德国

---

[1] 新华网.2020年GDP初步核算结果出炉[EB/OL].(2021-01-20)[2021-03-05]. http://www.xinhuanet.com/fortune/2021-01/20/c_1127001904.htm.

[2] 新华网.2020年全国规模以上工业增加值比上年增长2.8%[EB/OL].(2021-01-25)[2021-03-05]. http://www.xinhuanet.com/fortune/2021-01/25/c_1127020232.htm.

提出"工业4.0"发展战略，目的在于通过大力发展物联网和信息技术提高德国制造业的智能化水平。其核心目标是在新一轮科技革命来临之际把握先机，进一步巩固和提高德国在工业及科技领域的竞争力和国际影响力㊀。

2013年，德国信息技术和通信新媒体协会（BITKOM）、德国机械设备制造业联合会（VDMA）及德国电气和电子制造商协会（ZVEI）联合成立的"工业4.0"合作平台（Plattform Industrie 4.0），目前已经成为世界上最大、最成功的推进制造业企业数字化转型的平台之一，成为连接德国政府决策层、商界、学界、工会的桥梁，同时促进了德国"工业4.0"方面的国际合作㊁。"工业4.0"平台是德国制造业转型的中心网络，旨在促进生产领域的数字化转型。在政治、商业、科学、工会和协会的密切合作下，建立初期就有超过150个组织的300多名参与者积极投身该平台，支持德国企业（特别是中小型企业）实施"工业4.0"㊂。

德国"工业4.0"的战略框架要点可以称为"1438"模型（见图1-6），即1个网络[信息物理系统（cyber-physical systems，CPS）网络]，4大主题（智能工厂、智能生产、智能物流、智能服务），3项集成（纵向集成、端到端集成、横向集成）和8项计划（标准化和参考架构、管理复杂系统、工业宽带基础、安全和保障、工作的组织和设计、培训与再教育、监管框架、资源利用效率）。

其中，智能工厂是未来智能基础设施的关键组成部分，重点在于智能化生产系统和过程，以及网络化分布生产设施的实现。

㊀ 蒙禹霏．"工业4.0"背景下德国技术创新与经济高质量发展研究[D]．广州：广东外语外贸大学，2020.

㊁ 德国联邦经济事务和能源部．The background to Plattform Industrie 4.0[EB/OL]．(2021-01-15)[2021-02-05]．https://www.plattform-i40.de/PI40/Navigation/EN/ThePlatform/Background/background.html.

㊂ 史世伟，寇蔻．德国"工业4.0"战略的进展与挑战（上）[EB/OL]．澎湃研究所，(2018-07-11)[2021-01-15]．https://www.thepaper.cn/newsDetail_forward_2252542.

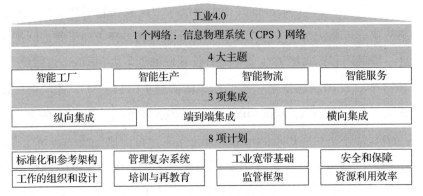

图1-6 德国"工业4.0"战略框架("1438")模型

资料来源：夏妍娜，赵胜．中国制造2025：产业互联网开启新工业革命[M]．北京：机械工业出版社，2016．

智能生产的侧重点在于将人机互动、智能生产物流管理、3D打印等先进技术应用于整个工业生产过程，并对整个生产流程进行监控、数据采集，便于进行数据分析，从而形成高度灵活、个性化、网络化的产业链。生产流程智能化是实现"工业4.0"的关键。

智能物流主要通过互联网、物联网和企业内网，整合物流资源，充分发挥现有物流资源供应方的效率。需求方则能快速获得匹配服务并能得到智能物流支持。

智能服务通过大数据提供更多的服务，"智能产品＋状态感知控制＋大数据处理"将改变产品的现有销售和使用模式，例如，催生了在线租用、自动配送与返还、优化保养、设备自动预警与自动维修等智能服务新模式。

高集成是第四次工业革命的一般特点之一。为了实现"工业4.0"的战略目标，需要实现3项集成：企业内部灵活且可重新组合的网络化制造体系纵向集成；贯穿整个价值链的端到端工程数字化集成；企业间价值网络横向集成。

此外，德国"工业4.0"工作组认为研发活动需要恰当的产业和产业政策支撑，需要在8个关键领域（标准化和参考架构、管理复杂系统、工业宽带基础、安全和保障、工作的组织和设计、培训与再教育、监管框架、资源利用效率）采取行动。

当前，德国"工业 4.0"战略已经取得初步成效，"工业 4.0"战略的实际应用案例已经出现在德国的许多地区。数字化呈现出蓬勃发展之势，从企业生产数字化，到宽带网络扩建以及相关法律制定都有实质性的推进，西门子、菲尼克斯电气、倍福和库卡机器人等企业都在"工业 4.0"时代奋力前行。比如西门子工厂端到端数字化系统实现了从订单、设计、生产到物流的高自动化、高速化、高效化和高精度化，产能提高了 8 倍，合格率提高到 99.998 8%，制造执行系统 Simatic IT 和全集成自动化解决方案（TIA）能将产品及生产全生命周期进行集成，缩短 50% 的产品上市时间⊖。

（3）**美国工业互联网**。"工业互联网"的概念最早由通用电气于 2012 年提出，随后美国五家行业龙头企业联手组建了工业互联网联盟（IIC），将这一概念大力推广开来。在美国，"工业 4.0"的概念更多地被"工业互联网"取代，尽管名称不同，但这两个概念的基本理念一致，就是将虚拟网络与实体连接，形成更有效率的生产系统。

从政策层面来看，美国政府在 2008 年金融危机后将发展先进制造业上升为国家战略，希望以新的革命性的生产方式重塑制造业。从行业层面来看，行业组织工业互联网联盟的组建，宣告了企业界进军第四次工业革命的号角已经吹响。与德国强调的"硬"制造不同，软件业和互联网经济发达的美国更侧重于在"软"服务方面推动新一轮工业革命，希望用互联网激活传统工业，保持制造业的长期竞争力。

2012 年 3 月，美国政府首次提出建设"国家制造业创新网络"，建立最多 45 个研究中心，加强高等院校和制造企业之间的产学研有机结合⊖。2013 年 1 月，美国总统执行办公室、国家科学技术委员会和高端制造业国家项目

⊖ 张畅. 探析德国"工业 4.0"战略成效与问题 [EB/OL]. 中国社会科学网, (2019-08-06) [2021-03-05]. http://www.cssn.cn/skjj/skjj_jjjd/skjj_jddt/201908/t20190806_4951682.shtml.

⊖ 杨博. 落子"工业互联网"美国工业 4.0 着眼"软"实力 [EB/OL]. 中国政府网, (2016-05-13) [2021-03-05]. http://www.gov.cn/zhuanti/2016-05/13/content_5072984.htm.

办公室联合发布了《国家制造业创新网络：一个初步设计》[一]，投资 10 亿美元组建美国国家制造业创新网络（NNMI），集中力量推动数字化制造、新能源以及新材料应用等先进制造业的创新发展，打造一批具有先进制造业能力的创新集群。美国国家制造业创新网络的重点研究领域包括：开发碳纤维复合材料等轻质材料，提高下一代汽车、飞机、火车和轮船等交通工具的燃料效率、性能以及抗腐蚀性；完善 3D 打印技术相关标准、材料和设备，实现利用数字化设计进行低成本、小批量的产品生产；创造智能制造的框架和方法，允许生产运营者实时掌握来自全数字化工厂的"大数据流"，以提高生产效率、优化供应链，并提高能源、水和材料的使用效率等。

美国工业互联网的实行有效促进了高端制造业的发展。当前美国制造业已经转向附加值最高的尖端制造领域，其高新技术产业、高端制造业占据着全球制高点。美国在国防、航空航天、生物制药、精密化工、高性能材料、半导体和信息技术等领域均领先全球。以半导体为例，根据美国大数据公司 Statista 发布的数据，2019 年，美国半导体行业占有 47% 的全球市场份额[二]，遥遥领先于世界上其他国家。

1.1.2 新生产要素——大数据

2020 年 3 月 30 日，中共中央、国务院印发的《关于构建更加完善的要素市场化配置体制机制的意见》提到"加快培育数据要素市场"。数据正在成为比肩土地、劳动力、资本和技术的"第五生产要素"。培育数据要素市场，推动数字经济发展，成为重要的战略方向。当前，全世界正在快速迈进

[一] Manufacturing USA. National Network of Manufacturing Innovation: A Preliminary Design [EB/OL]. (2013-01-15)[2021-03-05].https://www.manufacturingusa.com/reports/national- network-manufacturing-innovation-preliminary-design.

[二] Statista. Share of the global semiconductor industry by country in 2018 and 2019[EB/OL]. (2020-01-07)[2021-03-05].https://www.statista.com/statistics/510374/worldwide-semiconductor-market-share-by-country.

数据时代，我们周围的世界正在发生深刻的变革。历史经验表明，每一次经济形态的重大变革，必然催生新的生产要素，同农业经济时代以劳动力和土地、工业经济时代以资本和技术为新的生产要素一样，在数字经济时代，数据成为新的关键生产要素。

在1996~2020年的25年中，超级计算机的计算能力提升了近8万倍。在1981~2020年的40年中，计算的能耗效率提升了6个数据级。在1971~2020的50年中，1GB存储空间的成本从1 000万美元降到0.02美元[○]。2010年全球数据量刚刚突破1ZB（1ZB ≈ 10^{12}GB），国际数据公司（International Data Corporation，IDC）在其发布的《数据时代2025》白皮书中预测，2025年全球数据量将达到163ZB，中国将在2025年成为全球最大的数据圈。

不同社会形态下的生产力，都可以从劳动者、生产工具和生产要素三个维度去理解和认识（见表1-2）。

表1-2　不同社会形态下的生产力特征

社会形态	劳动者	生产工具	生产要素
农业经济	从事体力劳动的农民	手工工具 生产工具有效减轻了人类体力劳动的负担	土地 土地是人类社会生产和再生产最重要的资源
工业经济	产业工人 脑力劳动者大量涌现	能量转换的工具 蒸汽机、内燃机、电动机推动了火车、轮船、机械、机床的大规模使用	劳动对象被抽象为资本
数字经济	智力劳动者成为主体，越来越多的人成为知识创造者	智能工具 工业社会的能量转换工具为智能化工具所驱动	"比特"化的数据 能源、资源、资本的比特化生产和社会活动围绕着数字化信息而展开

资料来源：中国信息化百人会，阿里研究院. 数据生产力崛起：新动能 新治理 [R/OL].（2020-09-15）[2021-01-15].https://www.dx2025.com/wp-content/uploads/2020/09/the_rise_of_data_productivity_new_driving_force_.pdf.

○ 中国信息化百人会，阿里研究院. 数据生产力崛起：新动能 新治理 [R/OL].（2020-09-15）[2021-01-15].https://www.dx2025.com/wp-content/uploads/2020/09/the_rise_of_data_productivity_new_driving_force_.pdf.

在农业经济下，劳动者以体力劳动为主，用手工工具在土地上进行耕作，创造社会财富。此时，技术（以农业技术为主）、劳动力、土地构成生产要素组合，土地是人类社会生产和再生产最重要的资源。生产工具方面，农业技术和生产工具的使用有效提高了人类劳动生产力，减轻了体力劳动的负担。

在工业经济下，劳动者从事的劳动由体力劳动和脑力劳动两部分组成，主要是使用能量驱动的工具进行社会化大生产，自动化、机械化的发展取代了部分劳动者的体力劳动，让更多体力劳动者转型为使用、控制机械的脑力劳动者。此时，能源、原料、资本成为最重要的生产资料，技术（以工业技术为引领）、资本、劳动力、土地构成生产要素组合。生产工具方面，蒸汽机、内燃机、电动机推动了火车、轮船、机械、机床的大规模使用。

在数字经济下，工业时代的脑力劳动者转型为知识创造者，能量转换工具升级为智能工具，数据成为除技术、资本、劳动力、土地之外的第五生产要素，数字化、网络化、智能化使系统像人一样思考，取代了部分劳动者的脑力工作，使脑力劳动者加速转型为知识创造者。数据作为数字经济时代全新的、关键的生产要素，贯穿于数字经济发展的整个流程，与其他生产要素不断组合迭代、交叉融合，引发生产要素多领域、多维度、系统性、革命性的群体突破，加速产生新技术（以数字技术为代表）、新产业、新模式、新业态。数据生产力的本质是人类重新构建一套认识和改造世界的方法论，基于"数据＋算力＋算法"的模式，通过在赛博世界中构建物质世界的运行框架和体系，推动生产力的变革从局部走向全局、从初级走向高级、从单一走向系统。这一变革推动生产要素从自然资源拓展到数据要素，实现资源优化配置从单点到多点、从静态到动态、从低级到高级的跃升[1]。

---

[1] 中国信息化百人会，阿里研究院. 数据生产力崛起：新动能 新治理 [R/OL].（2020-09-15）[2021-01-15].https://www.dx2025.com/wp-content/uploads/2020/09/the_rise_of_data_productivity_new_driving_force_.pdf.

1.1.3 新经济形态——数字经济

2016 年，G20 杭州峰会发布的《二十国集团数字经济发展与合作倡议》将数字经济定义为：以使用数字化的知识和信息作为关键生产要素、以现代信息网络作为重要载体、以信息通信技术的有效使用作为效率提升和经济结构优化的重要推动力的一系列经济活动。数字经济是继农业经济、工业经济之后的一种新的经济发展形态。当前，新一轮科技革命和产业变革在全球范围内蓬勃发展，数据价值化加速推进，数字技术与实体经济集成融合，产业数字化应用潜能迸发释放，新模式、新业态全面发展。2021 年 3 月，十三届全国人大四次会议通过的《中华人民共和国国民经济和社会发展第十四个五年规划和 2035 年远景目标纲要》明确指出，要"打造数字经济新优势""加快推动数字产业化""推进产业数字化转型"。

1. 数字经济的"四化"框架

在数字经济的发展过程中，数字技术不断改进，带动数字产业蓬勃发展，赋能传统产业进行数字化转型，同时，数字化治理逐渐取代传统治理模式，帮助组织提升治理能力。数据的价值逐渐显现，成为第五生产要素。因此，数字经济的发展可以划分为"四化"，分别是数字产业化、产业数字化、数字化治理和数据价值化，如图 1-7 所示⊖。

数字产业化：指通过现代信息技术的市场化应用，将数字化的知识和信息转化为生产要素，推动数字产业的形成和发展。数字产业化是数字经济发展的先导产业，以信息通信产业为代表，具体包括电子信息制造业、电信业、软件和信息技术服务业、互联网行业等，为数字经济发展提供技术、产品、服务和解决方案。

产业数字化：是数字经济发展的主阵地，是指传统产业应用数字技术后所带来的生产数量和效率的提升，其新增产出构成数字经济的重要组成部

⊖ 中国信息通信研究院. 中国数字经济发展白皮书 [R]. 2020.

分。产业数字化包括但不限于工业互联网、"两化"融合、智能制造、车联网、平台经济等融合型新产业、新模式、新业态。

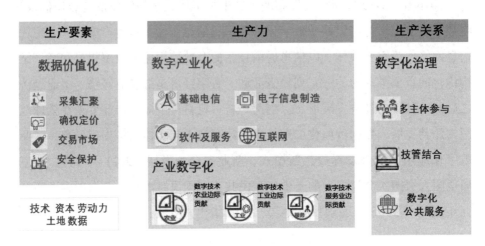

图1-7 数字经济的"四化"框架

资料来源：中国信息通信研究院. 中国数字经济发展白皮书 [R/OL]. (2021-04)[2021-06-25]. www.caict.ac.cn/kxyj/qwfb/bps/202104/P020210424737615413306.pdf.

数字化治理：是数字经济创新快速健康发展的保障，是运用数字技术，建立健全行政管理的制度体系，创新服务监管方式，使行政决策、行政执行、行政组织、行政监督等体制更加优化的新型政府治理模式。数字化治理包括但不限于以多主体参与为典型特征的多元治理，以"数字技术＋治理"为典型特征的技管结合，以及数字化公共服务。

数据价值化：价值化的数据是数字经济发展的关键生产要素，加快推进数据价值化进程是发展数字经济的本质要求。数据价值化包括但不限于数据采集、数据标准、数据确权、数据标注、数据定价、数据交易、数据流转、数据保护。

其中，数字产业化代表了新一代信息技术的发展方向和最新成果，产业数字化推动实体经济发生深刻变革。数字产业化和产业数字化蓬勃发展，加快了人类经济生产和生活形态的重塑进程，是数字经济的核心。

2. 中国数字经济发展现状

（1）**数字经济成为中国经济发展新引擎**。中国数字经济增加值规模由 2005 年的 2.6 万亿元增加至 2020 年的 39.2 万亿元。与此同时，数字经济在 GDP 中所占的比重逐年提升，由 2005 年的 14.2% 提升至 2020 年的 38.6%，数字经济从业人员也已超 2 亿人。另外，在全球经济增长乏力甚至衰退的背景下，中国数字经济持续保持高速增长，2020 年增速达 9.7%，约是同期 GDP 名义增速的 3 倍[一]，成为稳定经济增长的关键动力，数字经济正在成为驱动经济增长、吸纳就业的新引擎。

（2）**数字经济基础设施逐渐完善**。根据赛迪顾问数据显示，2019 年中国数据中心数量大约为 7.4 万个，大约占全球数据中心总量的 23%[二]；根据中国互联网络信息中心的统计数据，截至 2019 年 12 月，我国 IPv6 地址数量 50 877 块 /32，较 2018 年年底增长 15.7%，稳居世界前列[三]。

（3）**中国数字经济向三次产业加速渗透**。在三次产业方面，数字经济发展呈现出不平衡的特点（见表 1-3）。服务业是产业数字化发展最快的领域，三次产业数字化发展深入推进。2020 年，我国服务业、工业、农业数字经济占行业增加值的比重分别为 40.7%、21.0% 和 8.9%，分别同比提升 2.9、1.5 和 0.7 个百分点。产业数字化转型提速、融合发展，向深层次演进。

表 1-3　2020 年中国产业数字化相关行业运行情况

产业数字化相关行业	占行业增加值比重	同比提升
服务业数字经济	40.7%	2.9%
工业数字经济	21.0%	1.5%
农业数字经济	8.9%	0.7%

资料来源：根据《人民日报》及工业和信息化部发布数据整理。

[一] 中国信息通信研究院. 中国数字经济发展白皮书 [R/OL]. (2021-04)[2021-06-25]. www.caict.ac.cn/kxyj/qwfb/bps/202104/P020210424737615413306.pdf.

[二] 凌纪伟. 大数据中心产业迎来又一轮爆发 [EB/OL]. 新华网, (2020-07-07)[2021-01-15]. http://www.xinhuanet.com/tech/2020-07/07/c_1126204224.htm.

[三] 祁培育. 我国网民规模突破 9 亿 [EB/OL]. 中国政府网, (2020-04-28)[2021-01-15]. http://www.gov.cn/xinwen/2020-04/28/content_5506992.htm.

（4）数字经济内部结构持续优化。从数字经济内部结构看，我国的数字经济发展呈现出数字产业化占比逐年下降、产业数字化占比逐年提升的趋势（见图1-8），同时，数字化治理稳步推进，数据价值化初步发展。

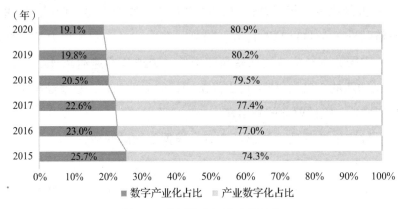

图1-8 我国数字经济内部结构

资料来源：中国信息通信研究院. 中国数字经济发展白皮书 [R/OL]. (2021-04)[2021-06-25]. www.caict.ac.cn/kxyj/qwfb/bps/202104/P020210424737615413306.pdf.

在数字产业化方面，我国数字产业化实力进一步增强，规模持续扩大。据国家统计局的数据，我国软件业务收入从2016年的4.9万亿元增长至2020年的8.16万亿元；计算机、通信和其他电子设备制造业营业收入由2016年的10万亿元增长至2020年的12万亿元；大数据产业规模从2016年的0.34万亿元增长至2020年的超过1万亿元。数字技术新业态层出不穷，一大批大数据、云计算、人工智能企业创新发展，产业生态体系更加完备，正向全球产业链中高端迈进。

在产业数字化方面，我国产业数字化向更深层次、更广领域探索，数字技术带动传统产业产出增长、效率提升的作用进一步强化。2020年，制造业重点领域企业关键工序数控化率、数字化研发设计工具普及率分别达到52.1%和73%；规模以上工业企业生产设备数字化率达到49.4%⊖。数字工厂

⊖ 国家互联网信息办公室. 数字中国发展报告（2020年）[R].2021.

仿真、企业资源计划（ERP）系统、制造执行系统（manufacturing execution system，MES）、智能物流等广泛应用，促进企业提升制造品质和生产效率。电子商务、平台经济、共享经济等数字化新模式相继涌现，服务业数字化升级前景广阔，工业互联网、智能制造等全面加速，工业数字化转型孕育广阔的成长空间。

在数字化治理方面，我国社会治理处于数字化转型阶段。近年来，大数据、人工智能、区块链等数字技术被广泛应用于公共事务管理、智慧城市等社会治理领域中，加速了社会治理的数字化转型进程。在数字政务方面，随着"互联网+政务服务"深入推进，政务服务网上办理便捷性不断提升，从"一号、一窗、一网"向"一网、一门、一次"加速转变，"最多跑一次""不见面审批""全程网办、一网通办"等先进模式在国内的应用范围不断扩大。中央党校（国家行政学院）电子政务研究中心发布的《省级政府和重点城市一体化政务服务能力（政务服务"好差评"）调查评估报告（2021）》显示，全国一体化政务服务能力总体指数为"非常高"的地区从2016年的3个增加到2020年的8个，总体指数为"高"的从2016年的9个增加到2020年的18个，总体指数为"低"的连续两年为0个[⊖]。在智慧城市方面，"数字治堵""数字治城""数字治疫"等城市大脑的创新成果已经被广泛用于提升交通、街区、文旅、卫健等系统的治理能力方面，城市管理者可以依托城市大脑，合理配置公共资源，做出科学决策，提高城市治理效能。例如，杭州的"城市大脑"集成了包括警务、交通、文旅、健康在内的11大系统，推出了便捷泊车、舒心就医、30秒入住、20秒入园、10秒找空房、电梯智管等48个应用场景，解决了市民生活中的诸多痛点。

在数据价值化方面，数据价值化遵循数据资源化（将无序、混乱的原始数据转变为有序、有使用价值的资源，形成数据使用价值）、数据资产化（促

⊖ 中央党校（国家行政学院）电子政务研究中心. 省级政府和重点城市一体化政务服务能力（政务服务"好差评"）调查评估报告（2021）[R]. 2021.

进数据流通交易，形成数据交换价值）、数据资本化（通过数据信贷融资与数据证券化，实现数据要素的社会化配置）的逻辑流程。在数据资源化方面，当前，数据采集、数据标注产业蓬勃发展。以百度众测为例，其拥有 1 万名专职外场数据采集员，覆盖 40 多个国家和地区，通过其众包平台向数据采集员分配任务，在短期内满足客户采集需求。在数据资产化方面，数据确权、数据定价、数据交易的方式方法层出不穷。以数据确权为例，2019 年 9 月我国开通数据确权平台"人民数据资产服务平台"，对数据的合法合规性进行审核。北京、深圳、广州等数据要素发达的城市纷纷推出数据确权试点项目。在数据资本化方面，数据证券化、数据质押融资、数据银行、数据信托等数据资本化形式尚处于起步阶段。国内已有相关企业开展数据资本化的创新性探索。例如，中航信托发布了国内首个基于数据资产的信托产品，受托人通过一定的方式对数据资产进行运用并使其增值，产生收益后向投资者进行信托利益分配[⊖]。

1.2 何谓数据赋能

数据赋能是指企业遵循数据感知、智能认知、动态决策、精准执行的逻辑流程，通过建立适当的数据感知机制感知事物、获取数据；运用分析模型将海量数据转化为有价值的信息和知识，从而认知事物；针对多元的应用场景开展动态决策，对数据资源、物力资源、人力资源、财务资源等各类资源进行高度整合，推动企业各项活动高效、有序地开展；依据动态决策的结果精准执行行动方案，实时反馈、动态控制，从而实现更加有效的价值创造过程。其中，数据感知是基础，利用多种信息技术帮助企业获取各种数据；智能认知是保障，保证企业正确分析并理解现象产生的原因，同时在预测未来

⊖ 中国信息通信研究院. 数据价值化与数据要素市场建设报告（2021 年）[R]. 2021.

的基础上做好准备；动态决策是关键，使企业具有动态响应和决策能力，实现自主适应，站得更高、看得更远；精准执行是手段，是整个数据赋能价值创造的落地环节，以精准性、实时性、动态性为特征。

从图 1-9 可以看出，数据赋能的模式使数据沿着"数据－信息－知识－智慧－价值"的方向转化，以多维数据流统御资金流、物流和人员流，实现数据与组织的融合，提升组织的智能化程度，全面提升组织研发、生产、营销、服务等各个环节的价值创造能力。

图 1-9　数据赋能的 6C 模式

1.2.1　数据感知

数据感知是指企业利用信息通信技术建立数据连接方式、构建连接机制，从观测对象中获取数据，以供企业进行数据分析的过程。

1. 数据感知的数据源

观测数据是通过观测工具获取的数据。数据源（观测对象）主要存在于三个领域：消费领域、工业领域和公共领域。

（1）消费领域数据源。在消费领域中，先后形成了"货"的时代、"场"的时代、"人"的时代和"人货场"融合的时代。"货"的时代是指货物短缺、供不应求的时代，此时渠道为王，品牌方无法越过经销商直接与消费者取得联系；"场"的时代是指以争夺线下卖场为主要竞争方式的时代，此时百货商场火爆，铺位为王，顾客在线下聚集，从而形成转化；"人"的时代是指流量为王的时代，通过社交、电商、平台聚集流量，将线上线下融合达成销售。

当前，消费领域的数据进入了"人货场"融合的时代（见图 1-10）。数据为王，零售进入"全触点"时代。"人货场"融合的时代的数据主要来源于店员导购、社交广告、搜索、支付后关注等"人"的行为，销售、被选择、被定制等"货"的数据和互动大屏、扫码或刷脸等"场"的数据。这些数据并不是分割的，往往同时存在于一个消费者的同一购物过程中。相比于消费领域中"货"的时代、"场"的时代和"人"的时代，"人货场"融合的时代数据获取更加智能化、个性化。

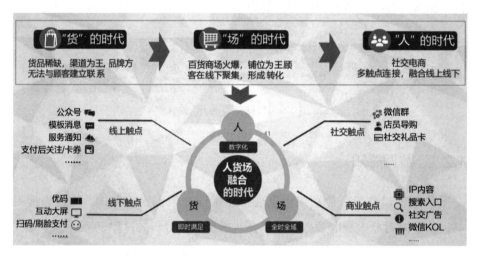

图1-10 消费领域的数据进入"人货场"融合的时代

资料来源：腾讯研究院. 2020数字中国指数报告：未来经济，数字优先[R/OL].（2020-09）[2021-05-19]. https://pdf.dfcfw.com/pdf/H3_AP202009251417322588_1.pdf?1601061080000.pdf.

（2）工业领域数据源。在工业领域中，工业数据的总和被称为"工业大数据"，主要分为三类，即企业信息化数据、工业物联网数据以及外部跨界数据。其中，企业信息化和工业物联网中产生的海量时序数据是工业数据规模变大的主要来源⊖。

⊖ 工业互联网产业联盟. 中国工业大数据技术与应用白皮书[R/OL]. (2017-07)[2021-05-27]. http://www.cac.gov.cn/files/pdf/baipishu/gongyedashuju2017.pdf.

企业信息化数据主要是指企业在运行制造执行系统（MES）、企业资源计划（ERP）系统、产品生命周期管理（product lifecycle management，PLM）系统等自动化与信息化系统中产生的数据。

工业物联网数据是指工厂中工业物联网系统通过传感器、仪器仪表和智能终端等自动采集的物料、设备、产品、环境的数据。这些数据主要用于智能生产和智能服务，为智能工厂生产调度、质量控制和绩效管理提供实时数据基础；通过传感器感知产品运行状态信息，帮助用户降低装备维修成本、提高运行效率、提供安全保障。

外部跨界数据主要包含企业供应链、价值链和跨产业链上的数据，如企业产品供应链和价值链中来自原材料、生产设备、供应商、用户和运维合作商的数据。

（3）公共领域数据源。在公共领域中，政府数据对企业的经营发展有着重大影响。公开的政府数据通常被定义为使用公共资源生成的，能在创新应用程序中重复使用和重新打包的数据，也被称为政务数据或公共数据，一般包含政府政策、法律法规、政府统计数据和政府研报数据等。例如，《中国制造2025》属于政府政策，《中华人民共和国数据安全法》属于法律法规，《广东统计年鉴（2020）》属于政府统计数据，《2020中国地方政府数据开放报告》属于政府研报数据。目前，我国正在积极推进政府数据共享。复旦大学联合国家信息中心数字中国研究院发布的《2020中国地方政府数据开放报告》显示，截至2020年4月底，我国已有130个省级、副省级和地级政府上线了数据开放平台，其中省级平台17个，副省级和地级平台113个。全国政府数据开放数据集总量增长速度较快[⊖]。

2. 数据感知方式

数据感知方式分为软感知和硬感知两种，如图1-11所示。软感知指的

⊖ 复旦大学，国家信息中心数字中国研究院. 2020中国地方政府数据开放报告 [R/OL]. (2020-07-30)[2021-06-28].http://www.echinagov.com/info/285077.

是在"软件"层面的感知，使用软件或各种程序进行数据收集，通常不依赖于物理设备。例如，网页或 App 中的"埋点"、消费者的点击、购买数据、电子产品系统上的系统日志（system log）、通过爬虫获取的网络数据等。这些收集对象存在于数字世界中，收集者通过自动运行的程序或脚本获取。硬感知指的是"硬件"层面的感知，是使用设备和装置进行的数据收集，收集对象为物理世界中的物理实体（人、设备、产品、环境）或以物理实体为载体的信息、时间、流程、状态等。例如，语音、视频、OCR（图像识别）、RFID、条形码或二维码、人脸识别、传感器等。硬感知过程是数据从现实世界向数字世界的转化过程，大部分可以由既定的程序自动感知和传导，有些需要人来操作。

	软感知	硬感知
感知方式	使用软件或者各种程序进行数据收集，收集对象存在于数字世界中，收集者通过自动运行的程序或脚本获取	利用现实的设备或装置进行数据收集，收集对象为物理世界中的物理实体（人、设备、产品、环境）或以物理实体为载体的信息、时间、流程、状态等
感知过程	数据在数字世界中传递	数据从现实世界传递到数字世界
典型应用	埋点、系统记录、网络爬虫、消费者的点击、购买数据	语音、视频、OCR、RFID、条形码或二维码、人脸识别、传感器

图 1-11　数据感知方式

资料来源：华为公司数据管理部．华为数据之道 [M]．北京：机械工业出版社，2020．

例如，广州赛意信息科技股份有限公司（以下简称"赛意信息"）和百丽集团通过合作，进行门店现场数据采集，将原本高密度的线下门店由劣势转为优势。通过在鞋子内部注入 RFID 芯片，并在店铺安装可以识别和感应 RFID 的电子地毯，客户在试穿的同时可以采集门店内每款鞋的试穿率、时长及销售转化率等数据，然后通过大数据分析，精准掌握哪些款式受欢迎，哪些不受欢迎,顾客的需求和偏好在后台被动态监测,而后反馈到上游的生产环节。对试穿率高但销售转化率低的款式及时进行调研,反过来指导生产过程改进,这样既提升了线下零售效率,又降低了库存。

1.2.2 智能认知

数据赋能中的智能认知是指借助一系列将物理世界运行原理逻辑化、代码化的分析模型,对数据进行加工和处理,为智能行为的实现提供重要依据。

1. 智能认知的常用技术

(1)**统计分析**。统计,顾名思义是将信息统括起来进行计算,它是对数据进行定量处理的理论与技术。统计分析,常指对收集到的有关数据资料进行整理归类并进行解释的过程。统计分析是统计工作五个阶段(统计设计、资料收集、整理汇总、统计分析、信息反馈)中最关键的一步。如果缺少这一步或这一步做得不好,都将降低统计工作的效用。

(2)**数据挖掘**。数据挖掘(data mining)又称数据库中的知识发现(knowledge discovery in database,KDD),是目前人工智能和大数据领域研究的热点问题。所谓数据挖掘是指通过算法从大量的数据中找出隐藏于其中的信息和知识的过程。数据挖掘是一种决策支持过程,它主要基于机器学习、模式识别、统计学、数据库、可视化等技术,高度自动化地分析数据,做出归纳性推理,从中挖掘出潜在的模式。数据挖掘的常见应用有关联规则、分类、聚类等。

(3)**深度学习**。深度学习是机器学习的分支,是一种以人工神经网络为架构,对资料进行表征学习的算法。一层神经网络会把大量矩阵数字作为输入,通过非线性激活方法取权重,再产生另一个数据集合作为输出。这就像生物神经大脑的工作机理一样,通过合适的矩阵数量,将多层组织链接在一起，形成神经网络"大脑"进行精准复杂的处理，也就像人们识别物体、标注图片一样。深度学习是从机器学习中的人工神经网络发展出来的新领域。早期所谓的"深度"是指超过一层的神经网络。但随着深度学习的快速发展，其内涵已经超出了传统的多层神经网络，甚至机器学习的范畴，逐渐朝着人工智能的方向快速发展。

（4）**数字仿真**。数字仿真是通过将包含了确定性规律和完整机理的模型转化成软件的方式来模拟物理世界的一种技术。只要模型正确，并拥有完整的输入信息和环境数据，就可以基本正确地反映物理世界的特性和参数。如果说建模是模型化我们对物理世界或问题的理解，那么仿真就是验证和确认这种理解的正确性和有效性。所以，数字化模型的仿真技术是创建和运行数字孪生体、保证数字孪生体与对应物理实体实现有效闭环的核心技术。

（5）**自然语言处理**。自然语言处理主要针对词语、段落或篇章进行处理。主要的使用方法分别基于规则和统计两方面。基于规则的方法是根据语言相关的规则人工对文本数据进行处理；基于统计的方法是通过大规模的数据集统计分析，最终实现对文本数据的处理。数据集的好坏对自然语言处理模型的性能有着很大影响。所以，只有拥有强大的数据支撑，才可以更好地对文本进行进一步的处理和分析。基于中文的自然语言处理主要研究的内容包括分词、词性标注、词义消歧、文本分类和语言建模等[①]。

2. 智能认知的三大功能

（1）**描述**。描述是指从数据中总结、抽取相关的信息和知识，帮助人们分析发生了什么，并呈现事物的发展历程，如车间运行状态可视化、销售数据可视化等。在第四次工业革命和数字经济的大背景下，信息化与智能化蓬勃发展，带动了制造系统由原来的能量驱动向数据驱动转变，实现生产过程工艺智能优化和过程合规智能管理，"黑灯工厂""无人工厂"越来越成为智

---

① 何铠. 基于自然语言处理的文本分类研究与应用 [D]. 南京：南京邮电大学，2020.

能制造的发展趋势，制造车间的数据智能化描述至关重要。

例如，广州白云电器设备股份有限公司（以下简称"白云电器"）在广州神山基地的"数字化工厂"，采用了自动化制造流程，配备智能生产实时状态监控系统（见图1-12），大部分生产运作都不需要人工参与，通过智能制造技术，将制造过程中物料、设备、产品和环境等信息集成到数据看板中，供工厂控制人员统一协调、优化配置。据白云电气集团有限公司（以下简称"白云电气集团"）董事长助理程咏斌现场向我们介绍，这间单体建筑的数字工厂，由于采用了数据赋能技术，可以实现规模化柔性制造，生产效率得到显著提高，投产后每年的产值达到30亿元。

图1-12　白云电器"数字化工厂"数据看板

资料来源：本书作者调研时拍摄。

（2）**诊断**。诊断是指从描述中知道"是什么"后，解释为什么会发生，分析事物之间的关联关系、发展模式等，解释特定现象发生的原因。其核心工作是建立数据之间的联系，从而理解数据之间的因果关系，最终为特定的业务或事件找到驱动因素或诱因，如故障诊断、故障定位等。例如，日立集团医疗健康事业部从20世纪90年代中期开始，利用IoT/M2M系统为设备的各种感应器数据设定阈值，之后由技术人员观察数据变化，并判断是否需要维护以及确定零件更换时间。这种故障预测方法需要技术人员依据经验判断，而日立医疗健康事业部在全世界运营中的医疗设备有上千种，技术人员很难精确地监测所有的设备。为解决此问题，日立医疗健康事业部构建了故障预兆诊断服务系统，累积了大量感应器数据，委托研究所利用大数据分析软件，按照趋势分析的方法对数据进行归类和分析，进而构建故障成因模型，形成独有的群集分析诊断算法，实现远距离诊断设备状态，提前检测出导致故障发生的状态变化和异常情况。日立医疗健康事业部运用故障预兆诊断服务系统后，设备因故障而无法使用的时间减少了16.3%，提高了医院的医疗水平，降低了设备故障成本⊖。

（3）预测。预测是指解释将会发生什么，判断事件未来发生的可能性，如设备剩余寿命预测、故障预测、销量预测等。智能制造的核心领域之一是基于历史大数据和领域经验知识，采集实时生产数据，实现生产要素的建模，根据模型评估相关风险因素，预测生产过程中产品质量与加工设备等的下一状态，将预测值与目标设定值实时比较，并通过对关键制造数据的科学调优，最终实现车间绩效的优化⊜。例如，美国通用电气公司在其工业互联网平台 Predix 上利用数字孪生技术，对飞机发动机进行实时监控、故障检测和预测性维护。应用程序根据数字孪生不断比较实际数据和预测数据。例如，将实际刹车片温度与刹车片温度阈值进行比较，记录偏离正常阈值的刹车片，以便安排主动维护⊜。再如，特斯拉公司为其生产和销售的每一辆电动汽车都建立了数字孪生模型。每辆电动车每天报告其日常数据，通过数字孪生

⊖ 日立集团. 运用长期经验和先进分析技术进行"医疗设备故障预兆诊断" [EB/OL].(2017-03)[2021-02-05]. https://social-innovation.hitachi/zh-tw/case_studies/mri_predictive_maintenance/.

⊜ 陶飞，程颖，程江峰，等. 数字孪生车间信息物理融合理论与技术 [J]. 计算机集成制造系统，2017，23(08):1603-1611.

⊜ 树根互联. 一图读懂：如何利用数字孪生帮助企业创造价值 [EB/OL]. (2020-07-30)[2021-01-25]. https://mp.weixin.qq.com/s/mXu7xGstCIhWQVwgTvruWg.

的模拟程序使用这些数据来发现可能存在的异常情况并及时采取纠正措施。通过数字孪生模型，特斯拉每天可获得相当于 160 万英里（1 英里 =1 609 米）的驾驶体验，并在不断的学习过程中反馈给每辆车⊖。

1.2.3 动态决策

动态决策是指企业在通过智能认知提炼出有价值的信息和知识的基础上，通过智能评估、智能求解、模拟择优等方式确定最优方案的过程。该过程具有实时性、动态性、高频性，根据实时反馈的信号做出决策。企业通过动态决策能进行无人为或低人为干预的动态资源优化配置，从而实现资源利用的最优化和价值创造的高效化。

在大数据、云计算、人工智能等新兴数字技术的支持下，制造企业可以在设备互联、生产线互联、车间互联、工厂互联、合作伙伴互联、数据平台互联等多层连接以及可视化呈现等分析模型的基础上，通过以智能学习、动态决策为主要应用场景的智能模式来实现生产制造的智能化、柔性化、精细化。随着个性化定制逐步成为大众主流的消费方式，以及智能技术向制造业逐渐渗透，数据赋能制造企业的生产方式逐渐向数字化工厂、无人工厂转变，动态决策在其中发挥着重要作用。

例如，智能制造中常用的高级计划与排程（Advanced planning and scheduling，APS）系统，其最重要的属性就是具有动态决策功能，能根据企业多种多样的生产约束条件，制订最优的生产计划。当前很多制造企业都在规划建设数字化智能工厂，并且随着智能制造热潮的持续推进，APS 智能计划排产成了中国制造企业建设数字化智能工厂的刚性需求，可以帮助企业进行资源和系统整合集成优化，实现最优化的排程，通过合理的计划排程，实现按需生产、精益制造、柔性运作，实现企业生产与经营的无缝衔接。以梦洁家

⊖ 德勤. 德勤中国智能制造深度报告：中国制造赶德超美的秘密 [R]. 2018.

纺的 APS 应用为例，为应对瞬息万变的家纺行业市场需求，提高产能利用水平，加强各品牌订单接单管理，梦洁家纺于 2020 年引入美云智数的 APS 系统，建立了生产计划和生产排程平台，通过 APS 系统实现快速产销协同、计划协同和生产备料协同，为经典品、新品、团购、电商等订单有序交付提供保障，在打通计划和生产执行信息流的基础上，实现计划指导生产，生产执行进度又及时反馈给计划进行调整，形成计划、采购和生产的闭环[1]。

1.2.4 精准执行

精准执行是指企业在数据感知获取数据，智能认知提炼数据并产生知识，动态决策形成资源优化配置和行动方案后，通过硬、软件设备实现对决策的响应反馈、精准控制的过程。精准执行是数据赋能的落地环节，是创造价值的直接手段。

精准执行分为两个方面：一是精准管控、实时调整。在生产端，企业基于数据开放利用，推动基于数据驱动的研发、生产、管理、营销、服务等业务流程的变革创新，逐步把数据作为价值创造的核心要素，打通生产现场数据流，促进生产制造全过程的数据感知、智能认知、动态决策和精准执行，实现生产物料精准配送、设备精准控制和生产智能管理。

二是精准预测、准确服务。在消费端和服务端，企业通过业务系统数据的弹性供给和按需共享，实现一体化柔性经营管理，使管理和服务更加精准有效。企业通过电商平台等数字化平台，获取多维度的消费领域数据，能更有效地识别消费者需求、预测销售情况、调整营销服务方案、优化企业资源配置，执行效果远胜于传统的基于少量样本而进行的经验决策[2]。

---

[1] 美云智数. 梦洁家纺：纺织鞋服解决方案 [EB/OL]. (2020-06-15)[2021-06-25]. http://www.meicloud.com/index/industry/case_info/id/23.html.

[2] 高婴劢. 企业数字化转型的四个"有为"与六个"数字化" [EB/OL]. 工业互联网世界，(2021-05-19)[2021-06-10]. https://mp.weixin.qq.com/s/NoVhbr_rZMxHqXFLxA62ag.

1.3 数据赋能制造业企业

1.3.1 制造业企业创新管理的三大系统与五条路线

根据切克兰德的软系统方法论，企业的创新系统可以划分为创新战略系统、创新活动系统和创新支撑系统三大系统[⊖]。创新战略系统属于企业顶层设计的内容，主要用于明确企业战略选择和决策；创新活动系统主要用于明确企业开展价值创造活动的主要内容，研发、生产和营销是企业直接创造价值的三个环节；创新支撑系统是指为保障企业各项价值创造活动得以顺利开展的人、财、物资源以及促进各要素协调运转的体制机制的集合。基于此，本书将企业开展创新活动划分为五条路线：战略决策、研究开发、生产制造、营销服务和组织管理。如图1-13所示，这五大创新模块既相互独立、又相互联系，共同构成企业全面创新发展的路径。

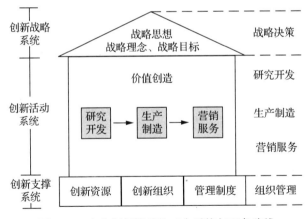

图1-13 企业创新管理的三大系统与五条路线

资料来源：张振刚，陈志明.创新管理：企业创新路线图[M].北京：机械工业出版社，2013.

⊖ 张振刚，陈志明，余传鹏.企业创新路线图：理论基础与概念框架[J].管理学报，2014，11(12): 1826-1833.

1. 企业创新管理的三大系统

根据切克兰德的观点，我们将企业创新系统分为创新战略系统、创新活动系统和创新支撑系统三大系统。

创新战略系统是包括企业创新战略的思想、理念和目标等抽象要素在内的概念系统，对应于企业创新的五条路线中的战略决策路线，是管理者、员工、股东、合作伙伴等利益相关者及其他非利益相关者对公司创新发展的合理及可操作的想法、思路、计划和决策等要素的集合。企业不仅要明确这些要素，还要将各要素构成一个完整的系统，满足战略决策可视化与可操作化要求。

创新活动系统是由企业研究开发、生产制造和营销服务等有逻辑的活动子体系构成的系统，介于创新战略系统与创新支撑系统之间。研究开发包含产品分析、产品和工艺设计、产品试制及验证等内容，企业需要运用数字技术赋能研发环节，以保证企业的核心竞争力。生产制造包含制造模式和制造流程，运用智能制造和工业互联网平台赋能制造新范式是当前的趋势。营销服务主要是了解客户的价值主张以及市场潜力、制定市场策略的过程，企业不仅需要理解客户的需求，还要学会创造消费者需求，实现客户价值主张、盈利模式、关键资源、关键流程的紧密结合。企业应将研究开发、生产制造和营销服务三大活动系统紧密结合，实现价值创造和高质量发展。

创新支撑系统是包括企业创新资源、创新组织及其相关管理制度等具有确定性的要素在内的系统，对应企业创新管理的五条路线中的组织管理路线，其核心是支撑创新活动系统与创新战略系统。如果把组织创新看作一个复杂机器，那么创新资源是这台机器的重要零件，创新组织是支撑各个零件相互连接的架构，而管理制度则是推动机器有效运转的程序及方法。因此，创新资源、创新组织、管理制度三个要素相互作用，缺一不可，共同支撑企业创新活动。下面将以大疆创新科技有限公司的三大创新系统为案例，更为直观地阐述企业创新的三大系统的应用。

· 实践聚焦 ·

大疆创新科技有限公司的三大创新系统

大疆创新科技有限公司（以下简称"大疆"）成立于2006年，现在已是空间智能时代的技术、影像和教育方案的引领者。自大疆成立以来，其主营业务从无人机系统拓展至多元化产品体系，在无人机、手持影像系统、机器人教育等多个科技领域成为全球领先的品牌，并持续在越来越多的科技前沿领域不断革新产品、服务与解决方案。截至2021年6月，大疆在9个国家设有17家分支机构，并且其销售与服务网络覆盖全球100多个国家和地区。2018年，全球知名风投调研机构CB Insights公布全球独角兽企业榜单，大疆排名第6位。2020年，大疆入选"2020福布斯中国最具创新力企业榜"。

大疆建设了一个包括战略系统、活动系统、支撑系统在内的系统全面的创新体系，如图1-14所示。

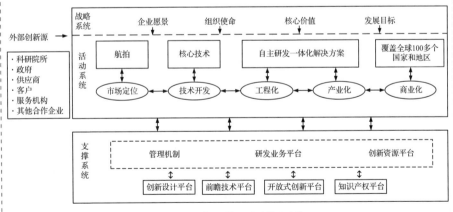

图1-14　大疆的三大创新系统

资料来源：本书作者绘制。

大疆在企业文化输出方面保持其创新的理念。①企业愿景：成为持续推动人类进步的科技公司；②组织使命：做空间智能时代的开拓者，让科技之美超越想象；③核心价值：激极尽志、品诚求真、乐享谦学；④发展目标：建设开放、合作、共赢、可持续的技术生态，与客户、伙伴携手推动产业良性健康发展。

大疆已经发展成为全球顶尖的无人机飞行平台、影像系统自主研发和制造商，始终以领先的技术和尖端的产品为其发展核心。大疆通过持续的技术创新，研发了具有自主产权的口袋飞机，并提出了"两年打基础，五年立品牌"的理念。在这个理念指导之下，2010～2012年大疆主打技术创新，通过两年时间构建了集研发、制造、营销于一体的基础设施，并整合公司资源进行科研创新。大疆从最早的商用飞行控制系统起步，逐步研发推出ACE系列直升机飞控系统，多旋翼飞控系统，筋斗云系列专业级飞行平台S1000与S900、多旋翼一体机Phantom与Ronin三轴手持云台系统等产品。2015年大疆实现销量的大幅度提升，现在已成为全球同行业中的领军企业，不仅填补了国内外多项无人机飞行器技术的空白，还形成了自身特点鲜明的无人机生产制造技术。截至2020年5月，大疆累计申请专利12 900余件，其中PCT国际申请4 260件，连续四年PCT专利申请量国内排名前十，全球商标布局57个国家和地区，注册1 500余件。

大疆在保证技术和产品质量领先的同时，通过组织创新不断地对制造流程进行优化处理，借助创新活动系统和创新支撑系统的不断匹配，取得了良好的运营效果。大疆以数字化、网络化、智能化为目标，构建了产学研三位一体的创新网络，从而显著提升了组织管理效率与研发效率。除此之外，大疆还通过技术创新将其产品扩展到了传感器与机器人等领域，并协同组织上的"一中心、多基地"模式，实现技术创新与组织创新的匹配发展。

> 资料来源：① 大疆官网.https://we.dji.com/zh-CN/about#story.
> ② 王满四，周翔，张延平.从产品导向到服务导向：传统制造企业的战略更新——基于大疆创新科技有限公司的案例研究[J].中国软科学，2018(11)：107-121.

2. 企业创新管理的五条路线

根据制造业企业的特性，本书将企业的创新系统细化为战略决策、研究开发、生产制造、营销服务和组织管理五条路线。

战略决策路线对企业的创新发展起到引领全局的作用，是企业基于内外部环境分析而凝练的关于未来创新发展的目标、战略与工作任务，包括创新理念、创新目标和创新战略等要素。战略决策是其他路线的前提，为研究开发、生产制造、营销服务和组织管理提供了整体方向。战略决策路线的价值在于它通过一系列工具和方法的运用，分析和阐述企业创新发展的远景预期和总体部署，进而指导企业技术研发、生产制造、市场营销和组织管理等层面的具体创新活动。它是企业未来创新发展的思想蓝图，反映了企业家的创新精神和经营哲学，凝聚了全体员工的共同价值追求，表达了企业未来创新的总体目标和阶段性目标。

研究开发路线可以是新技术的开发，也可以是原有技术的改善，还可以是几种未改变的原有技术的重新组合。不论是哪种技术创新，都是企业增强市场竞争力的重要途径，也是企业增加利润的有效方式。一般研究开发可以通过产品技术和工艺技术两个方面创新，这两个方面的创新都能增加企业研发创新能力，从而提升企业的竞争力。产品技术的创新就是以提升产品使用性能、理化性能等为目的进行的技术创新，包括开发出新的技术，以及将已有的技术进行应用创新；工艺技术的创新则是对生产过程中的要素配置、流程管理等的创新。随着数字孪生、仿真模拟等技术的发展，企业的研究开发也快速向数字化方向转型,大数据、人工智能等数字技术进一步缩短了研发周期,切实提高了研发效率和质量。

生产制造路线体现了制造企业生产制造方式的变化,在数字化时代更多地表现为生产的数字化、网络化、智能化。生产制造主要包括智能制造、柔性制造、精益制造等生产制造模式。运用大数据、云计算、人工智能和工业互联网等新一代数字技术将极大地改变制造业企业的生产制造方式,使得大规模定制化的柔性制造以及及时精准生产的精益制造成为可能。数据赋能生产制造可以极大地满足客户对产品定制以及企业对智能化生产、准时生产的要求。越来越多的企业通过建立数字化车间(黑灯车间)、智能工厂(无人工厂)对生产运行过程进行数字化规划、管理、诊断和优化,实现车间精准、柔性、高效、节能生产。

营销服务路线是企业基于市场需求与组织能力而制定的一系列与市场相关的营销服务行动方案,是连接企业与市场的重要桥梁,凝结了企业进行市场营销服务的实践智慧,是驱动企业获取利润、赢得市场,甚至成为市场领导者的重要路线。企业在重新系统地梳理市场营销管理的基础上,结合企业成长阶段与内外部环境变化绘制而成的营销服务蓝图,提供了一种切实可行的方法来确保企业市场计划的正确选择、正确优先排序以及进行可视化的描绘和总结。在数字化时代,企业从销售到服务等各个环节向数字化转型,纷纷提出新零售模式,实现品牌与消费者之间实时、在线、高效连接,全面满足消费者需求,并通过用户画像、个性化推荐等人工智能技术进行精准化的运用,提升价值创造能力。

组织管理路线是企业基于创新目标与工作任务而设计的关于创新组织、研发团队、创新资源配置及创新管理制度的行动方案,为战略决策、研究开发、生产制造、营销服务提供重要支撑。组织管理路线结合了企业创新中其他四条路线的内容,要求企业对内部的研发组织、研发团队、创新资源和管理制度有针对性地进行审视、设计与配置,以实现企业创新的目标。越来越多的企业通过数据赋能打造高效执行的数字化组织、创新型组织、学习型组织，实现组织管理特征和模式的转变，以及组织管理效率的提升。

1.3.2 数据赋能制造业企业创新管理的路径

数据赋能驱动企业创新管理的过程，就是企业通过构建相应的数据感知、智能认知机制建立数据获取渠道，运用相应的分析模型将海量数据转化为有价值的信息和知识，并创建多元的智能应用场景来开展智能学习和动态决策，保证战略决策的精准执行，进而推动企业战略决策、研究开发、生产制造、营销服务、组织管理等各项创新活动的顺利开展，实现企业创新的效果、效率和效益显著提升的过程。下面简要介绍数据赋能在企业战略决策、研究开发、生产制造、营销服务、组织管理五条路线中的重要内涵。

1. 数据赋能战略决策

数字时代的企业战略决策具有高频率、多中心和短流程的三大特点。工业时代的低频率战略决策机制适应不了数字时代动态变化环境的高频决策需求，同时以往线性控制的单中心决策机制要向网状协同的多中心决策机制转变，在决策层级上呈现扁平化、短流程的特点。数据赋能战略决策具有战略场景可视化、战略分析算法化、战略决策动态化三大新特征。战略场景可视化是指企业具有可视化的战略决策平台，能直观地提供实时信息，表达数据变化和趋势，使管理人员便于对企业进行全局监控、整体评估、寻找问题根源、判断发展趋势，并采取及时、精准的运营决策。战略分析算法化则是指可视化的战略决策平台背后的逻辑是基于数据的规律模型化、模型算法化、算法代码化、代码软件化，用软件化去优化物理世界的信息，使得物理世界与数字世界统一，从而基于算法模型对企业的设备、流程、供应链等方面的管理进行决策。战略决策动态化则是指可视化的战略决策平台是在线的、实时的、动态的。企业高层管理者可以异地实时浏览可视化的战略决策平台中的信息并做出在线决策，提高决策效率，解除空间限制。

数字化转型是数据赋能的新战略模式。数字化转型对企业而言不是选择问题，而是生存问题，是制造企业生存下去的必由之路，是数字经济时代企业创新发展中不可逆转的一种趋势。数字化转型战略是指利用数字资源和数字技术来优化资源配置、驱动组织创新和进行差异化价值创造的组织战略[1]。数字化转型的目标是实现降本、提质、增效。

制造业企业开展数字化转型的实践主要有三项重要任务：一是业务转型，包括开展智能化生产、网络化协同、个性化定制、服务化延伸、数字化管理等新业务形态；二是要素转型，围绕数据采集、传输、存储、应用和安全，部署企业的数据基础设施，如企业"上云用数赋智"；三是组织转型，在组织结构、组织文化（建立数字文化）、数字化人才和管理机制等方面进行创新和变革，以适应数字化战略的实施。制造业企业通过数字化转型实现业务转型、要素转型和组织转型，最终实现可持续的创新发展。

制造业企业开展数字化转型主要分为局部提效、全局优化和生态运营三个阶段：局部提效阶段以赋能生产为重中之重，赋能生产是指建立设备、产线、车间、工厂的连接，构建数据感知、智能认知、动态决策、精准执行的生产赋能体系，从而提高生产率；全局优化阶段是指利用数据驱动实现研究开发、生产制造、营销服务及组织管理等环节的高效协同，实现价值链的延伸和提升；生态运营阶段是指建立汇聚企业、产品、消费者等产业链资源的平台，形成共享、共创、共生、共赢的生态系统。

---

[1] 刘洋，董久钰，魏江. 数字创新管理：理论框架与未来研究[J]. 管理世界，2020, 36(07): 198-217.

· 实践聚焦 ·

上汽集团的数字化转型战略

随着云计算、物联网、大数据、人工智能等新兴数字技术不断融入汽车制造领域，广大消费者的需求正呈现出个性化和多元化趋势，在这一背景下，借助数字化手段高效满足市场需求，并实现降本、增效的目的，成为众多汽车制造企业保持高速增长的共同选择。

上海汽车集团股份有限公司（以下简称"上汽"）作为我国汽车制造行业巨头之一，早在2015年就将数字化转型作为企业创新发展的重要战略之一。当时，上汽首次提出"汽车新四化"战略——电动化、共享化、国际化、智能网联化，其中共享化、智能网联化则完全属于数字化转型的范畴。随后，上汽又提出"1+4"数字化战略，"1"代表产品数字化，即智能网联汽车，"4"则代表业务体系的数字化转型，即数字营销、智能制造、数字化研发和智慧园区。为了体现数字化转型升级之坚定，上汽还于2017年设立了"首席数字官"这一新职位，成为中国第一个设立该职位的车企。首席数字官的职责很明确，就是通过加强企业内部、企业与外部供应商和客户之间的关系互动和数据流动，推动企业传统的组织方式、运营模式与数字化技术的融合。

产品数字化方面，上汽打造了以荣威 RX5 MAX 为代表的智能化产品。2016年7月，上汽与阿里巴巴合作开发的"互联网汽车"荣威 RX5 自上市起就开始热销。2019年8月再推出 RX5 MAX，并搭载了不少解决消费者"痛点"的技术，如智能座舱，它不是解决开车更简单的问题，而是在车上能更有趣，所以从内饰设计到上层应用，都要开发专属于行车体验的应用，让用车过程感觉更好。RX5 MAX 也成为上汽的爆款智能化产品。

数字化营销方面，上汽希望以用户体验为导向。具体操作包括三个层次。第一，通过数字化手段来规范整个业务链运营的过程，将体验流程与标准在经销商体系内有效执行，并进一步实现数据化的量化运营。第二，用数字化工具服务用户，让用户的体验更好。如今，用户试驾预约、邀约都是通过线上工具进行的，预定以后，沟通过程的所有信息可以直接传递到系统中，大大简化了以前实体店用纸笔填写预约单的程序。第三，多元化触达客户。以前主机厂接触客户更多通过经销商，但现在可以通过多元化渠道——官网、App、小程序等。

智能制造方面，上汽建立了以上汽宁德生产基地为代表的智能工厂。该智能工厂以几十套系统的精细化构建作为基础，依靠工业互联网平台将底层数据进行完全融合和贯通，并且基于工业互联网的工业数据舱和工业数据大脑，将数据进行融合，建立工业数据仓库。在智能制造的过程中，运行了几十项人工智能（AI）应用，包括智能设备诊断、智能质量管控、智能工厂运营优化，以及智能供应链的过程管控等。

数字化研发方面，上汽构建了基于软件定义硬件的数字化研发体系。数字化研发是最具核心意义且难度最高的部分。2019 年，上汽开始建设由技术中心主导的研发数字化平台，将在知识管理平台、虚拟仿真管理平台、零部件智能设计系统、实验综合管理系统、样车试制管理系统等 10 余个方面推进实施。

智慧园区方面，上汽搭建了基于智慧园区的云架构，实现传感器和现场传感器的数据交互。平台与包括安防监控、消防预警、智能停车、环境监测、智能充电桩在内的 20 多个 IoT 系统进行数据交换，连接园区各硬件系统间的业务及数据孤岛，建立硬件设备、软件应用、用户之间的强链接关系，实现应用数据的动态采集，小颗粒、精细化的业务数据全面沉淀，为园区数据挖掘提供有力的数据支撑。

关于数字化转型战略的实施落地，上汽不断寻求与世界领先企业的合作。上汽不仅继续加深与 SAP 公司等"老朋友"的合作，还与华为等科技公司，以及阿里巴巴等互联网企业跨界探索，为数字化转型提供动力。事实上，这也正是上汽积极谋划的一种愿景：通过产业链上下游企业之间的彼此赋能和相互支撑，加速汽车产品与出行服务数字化的更新迭代，共享汽车行业数字化转型所创造的价值。

资料来源：根据上汽集团官网及其 2020 年年度报告资料整理。

2. 数据赋能研究开发

数据赋能研究开发的重要内涵是企业开展数字化研发。数字化研发是企业数字化转型的重要组成部分，是企业应用云计算、物联网、大数据、移动互联等先进信息技术，建立数字化的产品开发平台，集成计算机辅助设计（computer aided design，CAD）、计算机辅助工艺过程设计（computer aided process planning，CAPP）、计算机辅助工程（computer aided engineering，CAE）、产品数据管理（product data management，PDM）等系统工具，开展产品和工艺的三维立体设计、产品仿真、虚拟验证等研发活动，从而提升产品研发效率和绩效[⊖]。

数据赋能研究开发具有需求分析精准化、研发设计高效化和研发流程并行化的特征。首先，企业可以基于大数据技术和数据挖掘技术，通过对在线浏览记录、搜索记录和产品评论等数据的分析，发现消费者的潜在需求和偏好，实现需求分析的精准化，从而有针对性地进行产品研发设计。其次，企业通过数字化的产品开发平台和工具，可以更快捷、高效地实现产品创意。例如，服装制造企业可以通过服装 3D 数字化技术大大节省设计研发工作

⊖ 杨帆，韩红波，魏梅娟，等.基于模型、数据和流程驱动的数字化研发体系探索[J].国防科技工业，2019(11):50-51.

量，有效地减少产品设计研发的时间⊖。最后，企业使用PLM（产品生命周期管理）系统等研发工具可以使得研发流程从串行向并行演进，传统上相互独立、顺序进行的研发工作在时空上实现了交叉、重组和优化。

数字技术的使用催生了数字化协同研发和数字化知识管理的新模式。企业在数字技术的支撑下，可以在企业内部、产业链及社会三个层面开展协同研发，从而提高研发资源的配置和利用效率。在数字化研发中，企业实施数字化研发知识管理是提升自身创新能力的重要手段。知识管理系统（knowledge management system，KMS）是一系列应用于管理组织知识的信息系统，能为组织战略决策、智力资本开发和商业模式创新提供知识和智慧支撑⊖。制造业企业建立自己的数字化研发知识管理系统对研究开发创新具有重要意义，能够帮助企业有效管理标准化的研发过程知识和体系化、模块化的产品知识。

·实践聚焦·

中国航天科工二院成功研发云雀协同研发平台

中国航天科工集团第二研究院（以下简称"中国航天科工二院"）二部自主研发的云雀协同研发平台充分利用数字化、信息化和网络化手段，以云端实时在线工作方式取代以往传统的面对面工作方式。该平台还通过微服务架构构建面向科研生产多场景的协同应用，目标是提供协同研讨、在线会议、工具管理和协同设计等功能。

云雀协同研发平台以效率提升为根本，提供团队协同研讨、设计任务协同、知识资源共享和快速协同仿真等核心功能，实现了研发团队的

⊖ 付晓萌. 3D数字化打破虚实界墙，让服装设计研发提速增效 [EB/OL]. (2019-04-22) [2021-03-04]. https://news.163.com/19/0422/11/EDC71G55000189DG.html.

⊖ 叶春森，汪传雷，梁雯. 基于云计算的企业知识管理系统再造体系研究 [J]. 情报理论与实践，2016,39(03):80-84.

高效协同以及研发成果的清晰管控和研发知识的积累重用，可将产品设计效率提升 4～5 倍。云雀协同研发平台定位于科研生产即时通信与业务协同软件，旨在利用信息化、数字化和网络化手段提升科研生产沟通协同效率，提升科研生产数字化资源统筹应用效果，具有协同研讨、协同设计、知识管理、协同编辑、协同仿真等功能。

经过国家国防科技工业局测评中心测评，云雀协同研发平台是国内首个通过分级保护测评的机密增强型协同研讨系统，2019 年年底面向中国航天科工二院正式上线，对推进国防军工企业数字化协同研发具有重要意义。

资料来源：经济日报新闻客户端. 中国航天科工二院成功研发云雀系统 [EB/OL].（2020-03-27）[2021-06-27]. http://static.jingjiribao.cn/static/jjrbrss/rsshtml/20200327/242855.html.

3. 数据赋能生产制造

数据赋能生产制造的核心是制造范式的变革。具体体现为：在数据驱动下，企业制造活动不断向数字化、网络化、智能化、绿色化方向发展，催生了以数字孪生、柔性生产、敏捷生产、精益生产等为代表的新制造范式，实现生产效率、产品质量及经济效益的极大提升。

数据赋能生产制造的新特征包括数字化、个性化和服务化。首先，生产制造数字化是指利用数字孪生、数字仿真、边缘计算等数字技术，在大数据驱动下实现实体制造与虚拟制造的实时交互。其次，生产制造个性化是指将数字技术与柔性制造技术相结合，以模块化设计为基础，以接近大批量生产的效率和成本提供能满足客户个性化需求的一种智能服务模式。最后，生产制造服务化则是指制造业企业通过创新优化生产组织形式、运营管理方式和商业发展模式，不断增加服务要素在投入和产出中的比重，从以加工组装为主向"制造＋服务"转型，从单纯出售产品向出售"产品＋服务"转变。

智能制造是数据赋能企业生产制造的新模式，也是传统制造企业转型升级的重要方向。我国在《智能制造发展规划（2016—2020年）》中对智能制造给出了明确定义：智能制造是基于新一代信息通信技术与先进制造技术深度融合，贯穿于设计、生产、管理、服务等制造活动的各个环节，具有自感知、自学习、自决策、自执行、自适应等功能的新型生产方式。信息物理系统（CPS）是智能制造发展的重要基础。信息物理系统强调计算资源与物理资源间的紧密结合和协调，提供了将相关制造事物映射到计算空间的理论框架，从而可以实现制造系统的轻松建模，具有适应性、自主性、高效性、功能性、可靠性、安全性和可用性等特点。信息物理系统为生产制造智能化提供了有力的技术支撑[1]。

工业互联网平台是智能制造发展的关键数字基础设施。工业互联网平台是在传统云平台的基础上叠加物联网、大数据、人工智能等新兴技术，构建更加精准、实时、高效的数据采集体系，建设包括存储、集成、访问、分析、管理功能在内的赋能平台，实现工业技术、经验、知识的模型化、软件化、复用化，以工业App的形式为制造业企业的各类创新所应用，最终形成资源富集、多方参与、合作共赢、协同演进的制造业生态。工业互联网引发生产范式变革，推动形成数据驱动制造模式，将为制造业企业重塑整个生产制造体系、塑造新型生产力、构建新型生产关系，成为制造业转型升级的新引擎。

· 实践聚焦 ·

美的灯塔工厂

灯塔工厂（lighthouse factory）项目由世界经济论坛（WEF）和麦肯

---

[1] 张映锋，张党，任杉.智能制造及其关键技术研究现状与趋势综述[J].机械科学与技术，2019，38(03)：329-338.

锡咨询公司在2018年发起，旨在从全球上千家工厂中选出数字化制造与全球化4.0的示范者。截至2021年9月，全球共有90家工厂入选"灯塔工厂榜单"。其中，中国拥有31家灯塔工厂，占全球灯塔工厂总数的34%，是目前世界上灯塔工厂数量最多的国家。合格的灯塔工厂需要满足以下4项标准：实现重大影响、成功整合多个用例、拥有可扩展的技术平台、在关键的推动因素（如管理变革、能力构建等）中表现优异。灯塔工厂的遴选大致包括以下环节。（1）通过"全球灯塔网络应用调查"提交问卷，提名候选工厂。（2）项目组织者对提名工厂进行内部评估，以确定其数字化转型是否足够成熟、是否能够作为灯塔候选人。（3）世界经济论坛派小组前往提名的候选工厂进行实地访问（访问可能以线上线下结合的方式进行），查看工厂的技术用例，并与工厂人员面谈。在实地访问后，小组形成并提交候选工厂的最终报告。（4）由世界领先的第四次工业革命的专家组成的独立委员会对候选工厂进行评估，选出新的灯塔工厂，并将结果由世界经济论坛公布。

目前，美的已有两家工厂入围"灯塔工厂榜单"，一家是位于广州的空调工厂，另一家是位于顺德的微波炉工厂（见图1-15）。美的灯塔工厂正在实施全面数字化、全面智能化战略。全面数字化是指基于"T+3"的全价值链核心要素信息的全面可视化、实时化。全面智能化则是指数据驱动业务执行层的智能化控制以及辅助管理层的实时、快速决策。2021年11月，本书作者团队前往美的空调广州工厂调研，广州工厂信息化建设的负责人陈善存先生向我们介绍了工厂"T+3"模式的运行情况和其中的成功用例。

"T+3"是一种基于用户订单拉动的运营模式。"T"是周期的意思，"T+0"为订单下达周期，"T+1"为生产备料周期，"T+2"为成品生产周期，"T+3"为物流到货周期。"T+3"模式就是将接收用户订单、原材料备货、工厂产品生产、物流配送四个周期,通过升级制造设备和工艺、优化制造流程、产供销联动等方式进行压缩,将每个周期的时间压缩至3天甚至更短。如图1-16所示,美的广州工厂在"T+3"的各个环节实现了数字化、智能化管理。

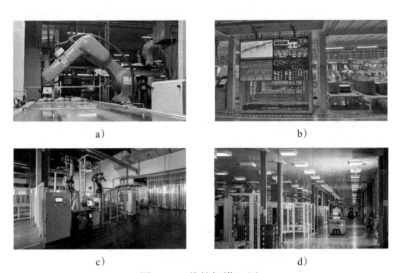

图1-15 美的灯塔工厂

资料来源:"美云智数"微信公众号。

T+0 订单下达周期		T+1 生产备料周期			T+2 成品生产周期				T+3 物流到货周期		
订单数字化		采购数字化	供方数字化	物流数字化	生产数字化	品质数字化	人员数字化	设备数字化	成品数字化	发运数字化	结算数字化
PSI计划		需求下发	供方计划	物流计划	生产透明	来料检验	考勤管理	设备互联	码垛集成	货柜调度	费用管理
产能可视		供方确认	供方生产	在线盘点	工艺优化	AI检验	岗位技能	点检保养	入仓管理	装柜进度	人工成本
智能排程		产能匹配	供方配货	物流调度	自动送料	成品检验	绩效管理	远程运维	仓储管理	下线直发	物料成本
直发标识		供应优化	供方发货	入场物流	异常识别	测试评价	工资核算	智能控制	在线盘点	车辆监控	库存结算

图1-16 全面数字化的"T+3"模式

资料来源:作者根据调研资料整理绘制。

在订单下达周期，美的广州工厂实现了订单数字化，具体包括 PSI（进销存）计划、产能可视、智能排程、直发标识等多项内容。其中，智能排程是工厂具有重大影响的用例。美的广州工厂使用美的自主研发的 APS，该系统涵盖预测、产销平衡、订单承诺、生产物料计划、车间排程等功能，能够充分考虑全价值链中的约束因素，助力工厂实现供应链需求、计划、执行全流程协同的数字化、智能化、可视化和透明化。在 APS 的赋能下，美的广州工厂的排产效率提升 70%。

在生产备料周期，美的广州工厂实现了采购数字化、供方数字化和物流数字化。具体而言，工厂实现了从需求下发、供方确认、供方计划、供方生产、供方配货、供方发货、供方进厂到卸货全流程的数字化管控，为精益生产模式的实施奠定了坚实基础。

在成品生产周期，美的广州工厂实现了生产数字化、品质数字化、人员数字化和设备数字化。其中，品质数字化中的 AI 检验是工厂具有重大影响的成功用例。美的广州工厂将 AI 与大数据技术相结合，将视觉检测终端设备通过网络连接到云端，在云端实现图像大数据的收集，并将这些数据在深度学习框架中予以训练，从而获得敏捷、高性能的通用化缺陷检测能力。目前，该技术已应用到电子插件检验、总装喷墨检验、总装轴承检验、注塑面板检验等多个环节，使检验成本降低 55%。

在物流到货周期，美的广州工厂实现了成品数字化、发运数字化和结算数字化。美的广州工厂的全流程物流也是具有重大影响的成功用例。美的通过数字技术优化全国的仓网布局，在我国大陆 31 个省份的行政中心城市和关键客户需求城市构建了符合快消行业特点的供应链交付网络，实现全国 118 个物流中心的共同仓储、共同配送，2 000 多个终端网点提供大件家电的送装一体化服务。同时，通过数字技术提升仓储配送之间的协同作业效率，实现车辆路线的科学规划和车辆在途运输的可见可控。通过物流数字化，美的广州工厂的订单交付周期缩短56%。

综上所述，美的广州工厂在工业互联网平台的赋能下，在多个用例上实现了重大影响，构建了端到端的价值链数字化运营能力。

资料来源：作者根据现场调研资料整理。

4. 数据赋能营销服务

营销服务是企业价值创造及传递过程的关键环节，是企业价值流程的放大器与变现器，通过影响客户的感性认知，将理性创造过程形成的价值向市场传播与扩散，实现产品价值的商业化、规模化和大众化。结合"中国制造2025"的时代背景与新一轮科技革命的战略机遇，制造企业营销服务有了新的思维、新的工具与新的方法，通过积极运用大数据、云计算、人工智能等新一代信息技术开展营销服务创新，可以提升企业的价值共创能力，实现价值提升。

数据赋能营销服务的新特征包括客户管理精细化、产品推送精准化、渠道布局网络化、销售管理智能化。其中，客户管理精细化是指使用历史数据对客户进行分层，一般可根据数据库中客户的订单金额、产品偏好等信息将客户分为核心客户、重点客户、一般客户等，留住核心客户，培养重点客户，优化一般客户。产品推送精准化是指运用大数据分析技术对用户画像进行分析，使营销活动做到千人千面的精准化推送，尤其是移动互联网时代手机App的广泛使用，使得产品推送精准化成为可能。渠道布局网络化是指搭建数字化渠道管理平台，实现线上线下渠道的高效协同与网络布局，提升市场信息的采集分析和物流运输的效率。销售管理智能化是指建立销售管理系统，实现对销售情况的可视化监测和预测。

数据赋能营销服务的新模式有C2B模式、"智能+"模式和场景营销模式等。其中，C2B（customer to business）模式又称为个性化定制模式，被视为数字化时代的核心商业模式，具有以客户为导向、企业与客户互动、数据驱动以及产品快速迭代等特征。"智能+"模式的内涵则是从技术出发的跨界融合，构建技术和产业跨界融合的数字生态。"智能+"模式能用数字技术捕获消费者信息，感知消费者需求，并与消费者产生智能在线互动，例如新零售的智能穿戴设备领域。另外，场景营销模式是近几年的热议话题。互联网的本质是一种连接，场景则是一种连接方式。场景营销将用户活动按照各类场景进行梳理和划分，进行差异化营销，根据不同用户的使用习惯和感知关注点推送不同的业务，最大限度地满足用户需求，提升使用黏性。精准识别用户的场景化需求，并为用户提供个性化、场景化的信息、产品和服务，以场景触发消费行为。

・实践聚焦・

科大讯飞助力乐城超市实施精准营销策略

在商超行业产品和服务同质化、竞争激烈的大背景下，生鲜连锁超市品牌乐城超市加强营销服务创新，从众多知名商超中脱颖而出，形成了差异化的竞争优势。人工智能、大数据、机器人等新兴数字技术的发展，让营销服务环节的数字化、精细化成为可能。乐城超市主张重新回归零售精神的本源，运用机器人等新兴技术实施精准营销策略。

科大讯飞推出的智能服务机器人（Robot, A.I. and Bigdata, Offline and Online, RAIBOO）作为线下连接用户的全新的互动式智能媒介平台，将线下、线上数据深度融合，能给营销领域带来营销主动化、目标精准化、品牌人格化及效果可量化四大突破。2021年11月，本书作者团队前往位于广州的科大讯飞华南总部调研。公司产业发展中心总监杜轶锋先生向我们介绍，科大讯飞RAIBOO通过人脸识别、语音语义、券码打印、触屏互动、肢体动作、视频影音等多种功能,能实现商家与消费者实时互动并进行品牌传播的目的。

在具体的执行中,科大讯飞助力乐城超市实施精准营销可以分为以下四个步骤:

(1)消费者进入店铺以后,智能服务机器人就能开启主动迎宾模式,吸引消费者注意力并引导对话互动,同时进行 WiFi 信号扫描,对消费者 ID 进行后续跟踪与实时分析。

(2)当消费者开始与机器人进行互动之后,机器人会充分利用科大讯飞独有的 AIUI 语音技术和丰富的语音资源库主动与消费者展开多轮对话,精准识别并理解消费者的各种方言,即便人声嘈杂也能有效获取声音信息。进一步地,还可以通过引导消费者进行互动式触屏操作,让消费者主动了解超市品牌和最新活动。与此同时,机器人会提取消费者在实时对话中的有效信息,准确获取消费者的核心诉求和目标,有针对性地进行响应。

(3)在特别定制的问卷调查环节中,问卷根据人流量自动下发,通过智能机器人的引导,使得用户在不知不觉中完成问卷调查并获得特定奖励。

(4)在机器人与消费者的实时交互过程中,机器人会根据与消费者的交互信息及购买意向和需求,产生会员注册页面并引导消费者提交手机号码完成会员注册,注册完成后通过券码打印功能,给消费者提供促销活动的优惠券,刺激消费者主动完成购买。同时,通过机器人交互注册的会员信息将为线上渠道导流并完善企业客户关系管理。

乐城超市销售统计数据及科大讯飞大数据研究院与讯飞语音云平台的数据显示,智能服务机器人在店促销期间,乐城超市的总客单数达 51 672 笔,相当于 10% 的客流转化。通过"店面+机器人"的促销方式,门店单品日均销量迅速增长 58%，通过"店面＋机器人＋短信"的促销方式，门店单品日均销量呈 10 倍增加，极大地提升了销量。

资料来源：作者根据调研及公开资料整理。

5. 数据赋能组织管理

数据赋能组织管理的重要内涵是组织的数字化变革。数据要素驱动组织管理，通过建立数字化平台提升组织内部信息交互、团队协作和知识共享的效率，具有层次结构扁平化、组织功能平台化、管理模式智能化、决策权力自主化等新特征。其中，层次结构扁平化是指减少组织内部层次，淡化人员等级，构筑扁平化组织结构以灵活应对市场的变化。组织功能平台化是指企业能成为连接客户社群、制造商、渠道商、产业供应链以及投资资本的平台，作为平台型企业赋能其他企业。管理模式智能化是指运用云计算、物联网、大数据和人工智能等数字技术将企业的人员流、物流、资金流、信息流集成化处理，实现智能化整合。决策权力自主化是指组织为基层员工决策赋予更多权力，避免因科层制层级决策机制不符合当下不确定的市场环境而带来不利影响，为决策者提供更多的赋能空间。

数据驱动组织管理模式从管理向赋能转变，打造赋能型组织符合新型管理理念和时代潮流，企业的组织架构将呈现典型的"小前台＋大中台"的特点。进入数字时代，传统的组织体系已经无法适应新的技术变革和人才需求，比如以组织运行的权利导向为主，而非客户导向；决策重心过高、层次多，无法提高对市场的反应速度；组织封闭，不开放；组织的"雇佣军"文化，价值观不统一。未来的组织要变得更轻、更简单，就必须"去中介化、去边界化、去戒律化、去权威化、去中心化"，也就是说，面对新时代，企业必须进行组织变革。打造数据赋能型组织是组织变革的重要抓手，只有变革组织，才能持续激活组织价值创造要素。只有创新组织模式，重构组织与人的关系,才能打造组织赋能平台,构建组织新治理与新生态。随之变化的是组织架构呈现"小前台+大中台"特征,高敏捷的"小前台"是由跨职能的人员组成前台业务团体,赋予业务决策权,自负(或部分自负)盈亏。强赋能的"大中台"则是跨职能、跨区域共享的业务支持平台,拥有数据驱动能力,紧贴业务为前台提供服务。构建"小前台、大中台"的组织结构,赋能一线,提升组织敏捷性,打造业务之间的高效协同机制,是智能组织演化的高效手段。

· 实践聚焦 ·

小米的平台生态型组织管理模式

小米的组织管理模式呈现出"平台+生态"的特点,经过11年的探索,已经形成了独特的小米生态圈。小米通过其生态圈连接客户、与客户交互,实现了快速成长。

小米自创立以来,就以满足客户的个性化需求、极致化体验为重要目标,不断为客户提供超高性价比的产品和服务,并通过社会化、精准化、在线化的营销模式,让广大客户参与到产品的开发测试中,将客户转化为"米粉",实现了在较大程度满足客户需求的同时,较快提升新产品的开发效率和效果,形成社会化营销的互联网营销模式,在很大程度上节省了传统线下渠道的分销成本。

从平台到生态,再到社会化分工和生态化运营,小米不断朝着平台生态型企业发展。小米通过平台化方式实现了小米生态圈的构建,以MIUI系统为基础逐步实现了各产品线的平台化运营,并逐步发展为小米生态圈,通过"投资+技术+品牌赋能"的形式,与生态圈企业进行社会化分工协作,实现了小米系产品的快速创新迭代和迅速的规模化生产、低成本运营。

小米自创立以来就是一家具有互联网基因的企业。它通过互联网的方式快速切入了手机市场，并将成功经验复制到电视、空气净化器、智能穿戴设备等其他市场。小米模式对于组织创新的启示主要在于以下几点：

（1）组织创新不是一成不变和单独存在的，是在企业战略和经营目标下企业整体创新的一个部分和过程。这是一个持续动态的过程，我们不能孤立和静态地看待组织创新。

（2）组织创新不局限于企业自身和内部员工，在数字化时代，生产者本身也是消费者，消费者本身也是参与者和传播者，生产者和消费者的界限逐渐模糊。企业应该将视野扩大至整个产业链条和价值链条当中，并重新审视自己的地位和价值，让产业环节和价值环节的成员都能参与到创新过程中，并分享创新的价值，从而赋能产业发展，推动这个产业体系向着平台化、生态化的方向前进。

（3）企业经营可以跨界，但组织创新没有边界。小米通过生态型、平台化打造，成功地实现了对其他传统行业的跨界经营，当然，这一跨界是紧密围绕着"客户及技术"这一核心开展的。但值得深思的是，传统企业管理思维中强调的"边界思维"在当前盛行"变道超车"的互联网企业是否还有效，企业如果要想实现"变道超车"，那么组织创新就不能设置边界。小米的平台生态型组织管理创新模式给予广大传统制造业企业以重要启示。

资料来源：① 张化尧，薛珂，徐敏赛，等.商业孵化型平台生态系统的价值共创机制：小米案例 [J]. 科研管理，2021，42（03）：71-79.
② 宋立丰，刘莎莎，宋远方.冗余价值共享视角下企业平台化商业模式分析——以海尔、小米和韩都衣舍为例 [J]. 管理学报，2019，16（04）：475-484.

概言之，如图 1-17 所示，数据赋能制造业企业创新管理是通过建立横向集成、纵向打通、端到端一体化的数据感知、智能认知、动态决策和精准执行赋能企业创新发展的战略决策、研究开发、生产制造、营销服务和组织管理，有效促进企业核创新能力、流创新能力、源创新能力，以及效果、效率、效益、效能"四效"（见图 1-18）的提升，为企业创造经济价值和核心竞争力的过程。

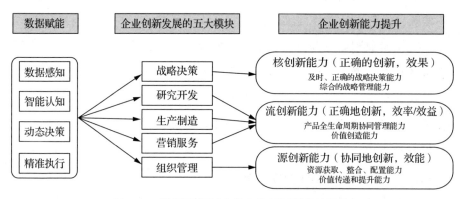

图 1-17　数据赋能制造业企业创新管理的路线

图 1-18　数据赋能的"四效"

第一，效果。企业首先需要保证创新方向的正确性，才可能获得好的效果。人类的经验决策容易出现错误，数据赋能可以为企业构建客观的理论模型和提供科学的分析，提高企业及时、正确的战略决策能力和综合的战略管理能力，助力企业选择正确的创新。效果体现企业的核创新能力，是指企业相比于主要竞争对手在创新方面的核心能力，主要表现为企业具有及时、正确的战略决策能力以及综合的战略管理能力，从而快速响应环境的变化，引领企业在正确的创新道路上不断前进。

第二，效率。获得高效率的关键是正确地做事情。如果说效果是企业成功的前提，那么效率是企业获得持续竞争力的必要条件。数据赋能促进数据连通和端到端的集成管理，提高企业产品全生命周期协同管理和价值创造能力，从而提高企业效率。效率体现企业的流创新能力，是指企业具备不断改善内部价值链以及管理企业与外部供应链、产业链关系的一种能力，主要表现为企业具有产品全生命周期协同管理能力和价值共创能力，能够通过持续的流程优化、供应链管理、客户关系管理，提升企业内部和产业链上的价值创造能力。

第三，效益。效益是效果、效率提升，以及经济、社会、环境价值创造的综合化体现，是企业家系统思考企业发展，综合集成各种资源，有效管理企业，进行价值创造的结晶⊖。数据赋能企业创造包括经济价值、社会价值、环境价值在内的多种价值，全面提升企业效益。

第四，效能。效能是协同创新能力的体现，是企业通过内外部合作，与供应商共同成长、与经销商协同共赢，并进行价值传递和提升的过程。数据赋能让企业信息在企业内部纵向集成、在企业间横向集成，从而促进企业资源获取、整合、配置能力的提升，以及信息和知识转移、共享能力的增强。效能体现企业的源创新能力，是指企业创新体系由点及线、由线及面、由面及体协同发展，是生态共赢的关键。

⊖ 张振刚. 格力模式 [M]. 北京：机械工业出版社，2019.

> **本章小结**
>
> 　　数据赋能是指企业遵循数据感知、智能认知、动态决策、精准执行的逻辑流程，通过建立适当的数据感知机制感知事物、获取数据；运用分析模型将海量数据转化为有价值的信息和知识，从而认知事物；针对多元的应用场景开展动态决策，并保证决策的精准执行，从而实现价值创造的过程。数据赋能的最终目标是为企业创造价值，数据感知是基础，智能认知是保障，动态决策是关键，精准执行是手段。
>
> 　　数据主要通过五大模块赋能企业创新管理，分别为战略决策、研究开发、生产制造、营销服务、组织管理五大模块。数据赋能提升企业创新能力，主要表现为：正确的创新，提高及时、正确的战略决策能力和综合的战略管理能力；有效地创新，提高企业产品全生命周期协同管理能力和价值创造能力；协同地创新，提高企业资源获取、整合、配置能力，以及信息和知识转移、共享能力，促进企业价值的传递和提升。

第 2 章
CHAPTER2

数据赋能战略决策

引导案例

金域医学的数字化转型战略

广州金域医学检验集团股份有限公司(以下简称"金域医学")是一家以第三方医学检验及病理诊断业务为核心的高科技服务企业,通过不断积累的"大平台、大网络、大服务、大样本和大数据"等核心资源优势,致力于为全国各级医疗机构提供领先的医学诊断信息整合服务。应金域医学董事长梁耀铭先生邀请,本书作者团队多次深入金域医学调研,与企业高管一起研讨数字化转型升级方案的制订。

金域医学作为中国第三方医学检验行业的开创者与引领者、第三方医学检验行业与数字经济融合的先行者,其规模占我国第三方医学检验行业约 1/3 的市场份额。金域医学建有国内领先的实验室网络，是目前中国服务范围最广、检测项目最多、质量认证最多的第三方医学检验机构，在内地及香港、澳门地区设立了38家中心实验室，服务23 000多家医疗机构，迄今已建立2 300多个物流服务网点，覆盖全国90%以上人口所在的区域；实验室可提供的检测项目超2 800项，年检测标本量超1亿例，积累了全球领先的东方人种大样本、大数据库；实验室共获得包括ISO15189、美国CAP在内的国内外认证认可证书40余张，检测结果被全球70多个国家和地区认可。面对数字经济时代的机遇与挑战，金域医学制定了"坚守医学检验主航道，以客户为中心，以临床和疾病为导向，通过多技术平台整合和提供卓越服务，成为中国第三方医学检验行业长期领导者"的总体战略。梁耀铭董事长向我们介绍，数字化转型战略是金域医学发展的重中之重。

  金域医学的数字化战略主要由IT战略和实施策略两部分组成。IT战略的主要内容有：一是实现外部客户与内部生产要素的互联互通，提升了效能；二是通过数字技术赋能公司对外提供以临床与疾病为导向的精准营销与服务，对内精细化运营，提升了效率；三是通过建设医学健康大数据、探索医疗AI来增强公司精准诊断创新能力，例如与腾讯等企业合作发明了宫颈癌智能诊断仪器，显著地提升了诊断的速度和精准度，提升了效果；四是通过数据赋能企业的经营管理系统，显著提升了企业的综合管理能力，例如在2020年的"新冠肺炎"疫情防控中，金域医学不辱使命，勇于担当，获得了政府和社会各界的广泛赞誉，提升了效益。

  实施策略包括：一是通过企业的数据中台系统管理，实现资金流、物流、信息流、服务流的优化；二是通过完善数字化营销与服务系统来改善客户体验；三是盘活大数据资产，打通产业的上游和下游渠道环节，着力提供数据服务；四是大力加强企业的数字化转型升级培训，从思想上、文化上、制度上、投入上，大力推进数字化战略。

2020年5月，在梁耀铭董事长的亲自组织和推动下，本书作者团队参与并帮助金域医学制定了"两库一中心一基地"的数字化转型升级建设规划，计划利用3～5年时间将金域医学打造成健康医疗领域的信息化和数据化企业，成为国家公共卫生疾病防控和医学科研的重要支撑，成为第三方医学检验数字经济产业示范应用基地。

"两库"指建设智能化的生物医学样本资源库、医学检验与病理诊断大数据库，提供标准化、高质量、开放性、临床资料齐全的生物样本资源和海量医学数据，为国家相关机构和部门开展科学研究及技术创新提供基础性的支持，为制药企业研发新药提供大样本数据支撑，为医院和医生提供诊断所需的大数据服务。

"一中心"指智慧医学检验与大健康技术创新中心，运用新一代信息技术对全国样本检测产出的海量数据进行采集、处理、存储、整合、挖掘和解析，以生命科学技术与信息技术的融合创新为手段，驱动医学检验和诊疗技术向可定量、可计算、可调控、可预测的方向跃升，不断孵育出适应临床发展的医学检验和大健康产业新技术、新产品、新模式和新业态。建设"政产学研"协同创新、开放式创新、交互式参与创新、资源共享、国际化合作程度高，涵盖医学检验、病理诊断和大健康上下游产业链的技术创新中心。顺应智慧医学检验与大健康产业的发展趋势，建立以疾病为导向，智慧医学检验及诊断的个性技术、共性技术、关键技术和前瞻性技术研发层级和体系。

"一基地"指第三方医学检验数字经济产业示范应用基地，探索医学检验诊断的智能化、数字化发展模式，以 5G、大数据、云计算、工业互联网与医学检验诊断行业的深度融合为重点，加强智脑、智网、智库、智检、智诊、智服的基础建设，充分发挥金域医学的平台性、综合性、整合性功能，开展产业创新、科技创新、商业模式创新和产品创新，为国家和社会提供更优质、更高效、更丰富的智慧医学检验诊断服务。

目前，金域医学已建立国内覆盖范围最广、涉及民族最多、疾病种类最全的全生命周期的大数据样本库，每年新增1亿例以上的样本信息数据。率先探索并利用数据赋能流程管理，推进流程管理信息化、数字化、智能化。同时通过数据联接、交易联动、发展联体，构建金域医学的"学术网、物流网、实验室网、客户网、信息网"，实现"五网合一"、相互促进。通过数据赋能四部曲——数据感知、智能认知、动态决策、精准执行（见表2-1），共同推动公司高质量发展，带动第三方医学检验行业健康发展。

表 2-1　金域医学数据赋能四部曲

层级	方式	定义	举措
数据感知	智网	基于数据与资源互联互通的医学检验诊断新模式	建立以中心实验室为核心，区域实验室为支点的医学检验数据网络，打通数据交互渠道
	智检	基于AI技术的智慧实验室	开展AI宫颈癌筛查、AI辅助免疫组化定量、疾病知识图谱等医学检验AI探索及应用
智能认知	智库	基于海量医学数据的智能样本库、医学大数据库以及将数据变成信息的过程	梳理超过3.54亿份历史报告单及39.1万张数字切片，医学检验数据存量超过1.2PB

(续)

层级	方式	定义	举措
智能认知	智脑	基于云计算与AI技术的业务数据智能整合与决策辅助	①建立管理驾驶舱，监控公司各项日常运营数据状态，助力企业运营效率提升 ②建立KMCS医生管理系统，1 200多家客户对接系统，金域医学公众号，金域小百度等客户服务沟通系统。样本实现从客户下单到物流运输、实验室接收检测、报告传输或配送全流程的信息化监控、实时预警
动态决策	智诊	基于知识图谱的诊断信息整合与决策辅助	开发多平台智能综合报告单系统，辅助个性化治疗，优化医生及患者诊疗体验
精准执行	智服	基于智能化、信息化的客户服务，实现联接、联动、联体	设立智能化临床咨询三级客户服务体系，并通过工单管理实现智能客服监控与质检

资料来源：作者根据调研资料整理。

2.1 数据如何赋能战略决策

企业可以通过构建数据感知、智能认知、动态决策、精准执行的机制赋能战略决策，如图2-1所示。

首先，数据感知。企业通过数据感知从外部数据源（政府、社会、市场、供应链企业、竞争对手等）以及内部数据源（研发部门、生产部门、市场部门、财务部门、人力资源部门等）获取数据（外部数据、内部数据）。

其次，智能认知。通过构建物理模型、概念模型和数学模型，将外部数据和内部数据分别转化为可用于分析决策的信息，并提供决策参考方案。例如，运用RFM模型可以对消费者最近消费的频次、数量进行分析，进而筛选出优质的营销对象。

70　数 据 赋 能

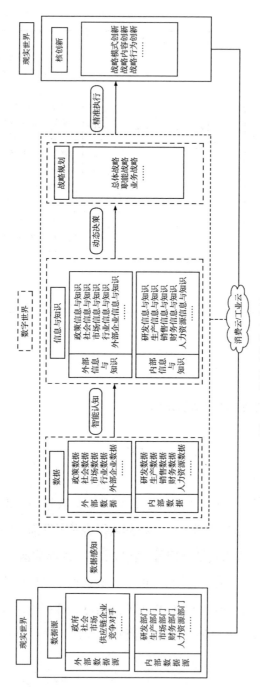

图 2-1　数据赋能战略决策的机制

再次，动态决策。在获得信息和知识的基础上，对企业的发展战略、职能战略和业务战略等不同层面的战略进行智能求解、模拟择优，通过不断的仿真分析，选出最优的战略。例如，广州数说故事信息科技有限公司（以下简称"数说故事"）根据"人货场"分析模型，运用大数据分析手段，可以帮助企业加快产品迭代，促进企业产品的全生命周期管理。

最后，精准执行。企业通过大数据赋能，可以运用工业软件对生产的全过程进行精准的物料配送管理。例如，格力电器总部钣金厂的张厂长告诉作者，运用数据赋能齐套排产、落地反冲、定额领料，可以将生产管理精确到个位数的螺丝钉，从而极大地提高效率、降低成本、防范腐败。

2.2 数据赋能战略决策的特征

2.2.1 战略场景可视化

在计算机学科的分类中，利用人眼的感知能力对数据进行交互的可视表达以增强认知的技术，称为可视化[一]。人类主要靠视觉接受信息，吸收知识。根据哈佛商学院的一项研究，人的大脑每天通过五种感官接受外部信息的比例分别为：味觉1.0%，触觉1.5%，嗅觉3.5%，听觉11.0%，视觉83.0%（见图2-2）。可视化能将不可见或难以直接显示的数据转化为可感知的图形、符号、颜色、纹理等，从而让人更容易地观察和理解数据背后的信息。可视化不仅仅是将抽象的数据以图形等形式表现出来，还涉及可视分析，即注重分析推理与交互，展示数据背后蕴藏的规律，如时序数据可视化可以通过建立预测模型，进行预测性分析和用户行为分析[二]。

[一] 唐泽圣，陈为. 中国大百科全书 – 电子与计算机 – 可视化条目 [M]. 北京：中国大百科全书出版社，2011.

[二] 沈恩亚. 大数据可视化技术及应用 [J]. 科技导报，2020，38(03)：68-83.

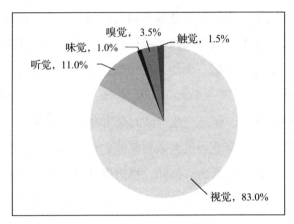

图 2-2　人类五种感官接受外部信息的比例

资料来源：Stolovitch H D, Keeps E J. Telling Ain't Training[M]. ASTD, 2011:19-22.

企业战略场景是指企业战略管理尤其是战略决策所需要具备的关键信息空间[1]。简单来讲，战略场景就是企业在进行战略决策时所面临的战略环境，具体包括外部环境（宏观环境、行业环境、竞争环境）和内部环境（资源、能力、核心竞争力）[2]。战略场景可视化将企业在进行战略决策时所需要的各种指标，如设备状态、产值、销量、市场占有率等以最直观的方式呈现，搭建起战略决策的"管理驾驶舱"[3]，就像汽车或飞机的仪表盘一样，随时显示关键业务的指标数据以及执行情况，便于企业管理者从海量的数据中快速获取有效的信息，从而为做出及时、科学的战略决策提供有力的支持。

从城市管理的层面，现在杭州、深圳、广州等许多城市都在致力于数

---

[1] 谢康，肖静华，邓弘林. 数字孪生驱动的企业战略场景建模与决策分析[J]. 中国信息化，2019(02):7-13.

[2] 汤普森，彼得拉夫，甘布尔，等. 战略管理：概念与案例（原书第 21 版）[M]. 于晓宇，王家宝，等译. 北京：机械工业出版社，2019.

[3] 管理驾驶舱的概念和理论是由比利时神经外科专家 Patrick M. Georges 在 1989 年提出的，后来 SAP 公司正式推出了管理驾驶舱系统的解决方案，将管理驾驶舱发展成为一种新型的企业管理工具。

字孪生城市建设。例如，交通、市政建设、生态保护、经济发展等，都可以在一个特大的屏幕中以数据和图像的方式展现出来，并能通过该系统现场指挥。

从企业管理的层面，许多企业都建有数字化管理视屏，形象、具体地展示企业的各种场景和量化数据。例如，白云电气集团的数字化工厂门口就有一个巨大的显示屏，显示工厂运营的各种数据和生产场景。白云电气集团董事长助理程咏斌告诉作者，通过管理场景可视化，可以让管理者迅速了解生产情况，及时正确决策。该可视化系统能够帮助管理者有效地掌控工厂柔性制造流程。

战略决策的过程中，战略场景可视化的实现包括三个步骤，分别是数据采集及清洗、战略信息提取、战略场景展示。

一是数据采集及清洗。数据是企业进行战略决策的基础，企业要科学地决策，先要获得海量的数据，包括企业内部数据（研发数据、生产数据、销售数据、财务数据、人力资源数据等）和企业外部数据（政策数据、社会数据、行业数据、市场数据、外部企业数据等）。数据的质量关系到决策的质量，由于战略决策所涉及的数据量庞大，未经处理的原始数据中可能包含了大量的无效数据；而且，对来自不同数据源的数据来说，其数据类型、命名方式、数据单元等可能存在较大差异，因此，在获取海量的数据之后，需要对原始数据进行数据清洗，将来自不同运行平台、编制语言、物理位置的数据按照统一格式提取出来，进行清洗、转换、集成后加载进入数据库，从而更好地进行后续的战略信息提取与战略场景展示[1]。

二是战略信息提取。战略信息提取就是从杂乱无章的数据中提取出与战略决策相关的信息并形成结论的过程。大数据的可得性使得更多的决策要素能被纳入决策方案的制定过程中，使得智能化决策变为可能，可以极大地提

---

[1] 叶英平，陈海涛，陈皓.大数据时代知识管理过程、技术工具、模型与对策[J].图书情报工作，2019，63(05):5-13.

高决策效率并产生更高的一致性与透明度；另外，人工智能分析方法和技术可以根据完整数据集综合分析并提供智能建议，将决策结果量化展示，在很多情形下可以避免决策者个人的主观理解和解释偏差[①]。

三是战略场景展示。可视化的结果将数据以一种直观、容易理解和操纵的方式呈现出来，充分发挥数据的价值。在可视化的呈现方面，企业可以将不同种类的绘图单元组合起来，每个绘图单元可以展现数据某个方面的属性，从而使决策者更快速地理解数据，发现问题。在战略场景的展示方面，管理者可以根据实际需求，确定要展示的信息（如研发信息、生产信息、销售信息、财务信息、人力资源信息等）及对应的展示形式（如甘特图、雷达图、折线图、饼图、柱状图、GIS 地图等），创建出各种类型的"驾驶舱"，从而更高效地进行战略决策。

例如，赛意信息自主研发的赛意制造运营管理系统（SMOM），为小熊电器提供柔性的软件支撑服务。该运营管理系统通过 MES（制造执行系统）+QMS（质量管理体系）+WMS（仓储管理系统）+ERP（企业资源计划）集成，将生产、物流、质量、人员管控数据进行统一整合管理，实现业务实时透明追溯、精准易查，供应链前后端数据实时拉通，"业财一体"为各级管理层决策提供实时数据支撑[②]。图 2-3 为赛意信息为小熊电器研发的 SMOM 系统的生产看板。该看板可动态展示小熊电器各生产线上的日产量、小时产能进度、计划产量、实时产量、生产达成进度等信息，能够帮助管理者分析生产状态，做出高效的决策，对生产事件快速响应。

[①] 陈国青，曾大军，卫强，等．大数据环境下的决策范式转变与使能创新[J]．管理世界，2020,36(02):95-105+220.

[②] 赛意信息官方公众号．赛意产品"组合拳"解决方案，打造小家电行业数字化标杆[EB/OL]．（2021-05-27）[2021-06-23].https://mp.weixin.qq.com/s/kkLkVnmSGALCoVdDMg2Msg.

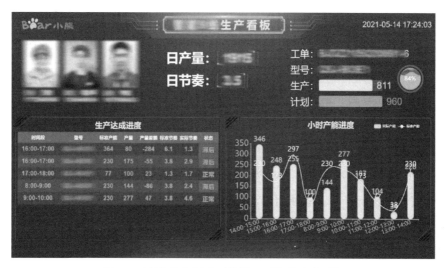

图 2-3　赛意信息制造运营管理系统的生产看板

资料来源：赛意智能制造公众号．赛意产品"组合拳"解决方案，打造小家电行业数字化标杆 [EB/OL]．(2021-05-27) [2021-06-23]．https://mp.weixin.qq.com/s/kkLkVnmSGALCo-VdDMg2Msg．

2.2.2　战略分析算法化

咨询公司麦肯锡将企业发展战略制定的流程归纳为七步：设定战略目标，定义经营单元，进行行业分析，产生战略选择，测试动态影响，选择、设计细节并实施和监控结果。战略分析是企业战略管理的重要组成部分，通过对企业外部环境（宏观环境、产业环境、竞争环境等）和内部环境（企业资源与能力等）进行分解，可以为战略选择和实施提供重要的依据。经典的战略分析工具有很多，例如，对企业的外部环境，可以采用 PEST 方法分析宏观环境，采用产品生命周期、波特五力模型、关键成功因素方法分析产业环境。对企业的内部环境，可以采用价值链分析、业务组合分析的方法，以及内外部环境相结合的 SWOT 分析方法。

进入数字经济时代，经典的战略分析方法可以结合大数据分析和智能算法,以取得更好的创新和突破。大数据、物联网、人工智能、云计算等技术的发展掀起了 IT 产业又一次颠覆性的技术变革,正在重新定义企业决策的过程和方式。

"数据+算力+算法"带来了新的服务模式和决策机制,如图 2-4 所示,包括四个阶段:一是描述(发生了什么),二是诊断(为什么会发生),三是预测(将会发生什么),四是决策(应该怎么办),最终实现优化资源配置效率。"数据+算力+算法"中,数据是数字经济的基础,是智能制造的核心生产资料;以云计算、边缘计算为代表的算力的快速发展为处理海量数据提供了有力保障;以人工智能、机理模型为代表的算法技术帮助决策者发现规律并提供智能决策支持,提高决策的精准度和科学性,缩短决策周期。以 5G 技术等为代表的现代通信网络将三大要素紧密联系起来,让"数据+算力+算法"协同作业,发挥出巨大的价值⊖。

以法国达索公司开发的"数字心脏"为例,"数字心脏"具备四大功能:一是描述,心脏的血管哪一个地方堵了,堵了多少,可以 360 度去观察;二是诊断,为什么会堵,是什么样的原因造成了心脏血管堵塞;三是预测,如果没有人为干预,半年之后、一年之后会发生什么,例如这根血管会从堵了 30% 发展到 70%;四是决策,应该怎么办,是采取保守治疗,还是去做搭桥手术,给医生提供一个可以参考的解决方案⊖。

"数据+算力+算法"可以应用于外部环境分析。例如,经典的波特五力模型包括潜在进入者、替代品、供应商、购买者、产业内现有竞争者等因素。企业可以通过大数据手段,如爬虫技术和自然语言处理技术等,对这些影响企业发展的因素进行监测,辅助战略分析师和决策者做出战略选择,具

⊖ 毕马威,阿里研究院. 从工具革命到决策革命——通向智能制造的转型之路 [R/OL]. (2019-04)[2021-01-16]. https://max.book118.com/html/2019/0829/8126107026002045.shtm.

⊖ 阿里研究院. 从互联网+到智能+——智能技术群落的聚变与赋能 [R/OL].(2019-04)[2021-04-12]. https://max.book118.com/html/2019/0504/6110010005002030.shtm.

体包含以下几个方面。

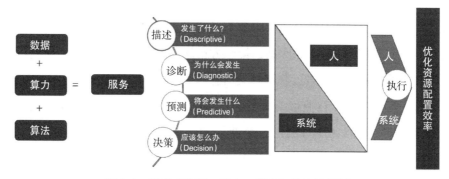

图 2-4　基于"数据＋算力＋算法"的决策机制

资料来源：阿里研究院. 从互联网＋到智能＋——智能技术群落的聚变与赋能 [R/OL]. [2021-04-12]. https://max.book118.com/html/2019/0504/6110010005002030.shtm.

（1）**竞争企业的产品构成和新产品情况**。分析潜在进入者的进入障碍，如竞争企业的产品构成、产品的新功能和新产品的研发情况等，可以通过竞争对手的网站、微博、产品发布的一些常见网站和网络渠道来获得。

（2）**产品的价格变动情况**。新产品对已有产品的替代主要取决于产品的性价比，可以通过抓取产品官方网站、电商网站、销售应用程序等获取产品的价格变动信息，监测竞争对手是否有营销和促销行为，从而及时制定价格策略，也能对竞争者的恶意价格竞争及时反击。

（3）**竞争者的研发能力和专利申请情况**。可以通过抓取企业官方网站、相关的技术网站和论坛、专利查询网站的信息，获取竞争企业内部在产品研究、技术和基础研究，以及专利等方面的情况，有利于企业在研发方面制定相应的竞争策略。

（4）**竞争者的组织结构和人力资源变动情况**。竞争企业的战略变化可能体现为组织结构和人力资源的变动。例如，企业可能通过更换产品负责人或重组产品部门等方式，重新规划相应产品和服务的市场战略。因此，可以通过抓取竞争企业官方网站、主流的招聘网站或高端人才的猎聘类网站的信息，对相关情况进行监控。

（5）**生产与经营情况**。了解竞争企业的生产规模与生产成本水平、设施与设备的技术先进性与灵活性、原材料的来源与成本、相对于供应商的议价能力等，可以通过财经类的网站、第三方市场研究公司网站、投资机构网站及上市公司财务报告等渠道获取相关信息。

除了宏观环境和行业市场分析外，"数据+算力+算法"可以辅助企业价值链分析。智能算法可运用于企业的基本活动和支持活动，如采购、生产、销售和物流，实现基于大数据的智能优化。

在工业领域，通过信息物理系统（CPS）实现工厂或车间的设备传感和控制层的数据与企业信息系统融合，使得生产大数据传到云端进行存储、分析，形成决策并反过来指导生产。工业大脑就是在工业化和信息化基础之上，以"数据+算力+算法"为核心，把工业产品的全生命周期的数据，传感器、机器、设备、设施、工厂等物理实体的数据，工业信息化应用的数据，人员和流程的数据等，进行融合加工处理，打通各个环节，形成工业的数字孪生，将人工智能和优化等算法相结合，提升工业能力的典型应用[1]。

目前，工业大脑已在各个行业中为企业带来显著的价值。例如，在水泥行业，在原有回转窑控制中，先进的生产线会设置先进过程控制（advanced process contorl，APC）。APC 系统能实现分解炉温度、篦冷机等的精确跟踪控制。但传统的 APC 解决不了最优的分解炉温度是多少，最优的窑头喂煤量是多少等问题，而工业大脑与 APC 的协同能有效解决上述问题。工业大脑通过实时采集回转窑的生产过程数据，基于云端的海量数据与计算能力，结合预先建立的模型实现对质量与能耗的实时预测，并且识别全流程的各种复杂工况，然后再利用云端的大规模优化求解能力，计算出在满足当前质

---

[1] 曾震宇. 数据智能就是生产力！"工业大脑"四大经典案例，带你摸清工业智能化升级 [EB/OL]. 弗戈工业传媒，(2019-09-06)[2021-02-27].https://www.vogel.com.cn/top/2019/znzz/article_view.html?id=577575.

量要求前提下的最优的分解炉温度和最优窑头喂煤量，最终降低回转窑的能耗。在橡胶行业，作为一种天然植物，不同原产地、不同批次的橡胶可能带来指标的波动。工业大脑可以对橡胶的各类数据进行深度运算和分析，并给出最优方案。比如，工业大脑可以分析得出哪几个产地的原料组合在一起质量最好，某个工艺环节的参数如何设定可以使混炼胶的性能更稳定[1]。

在消费领域，例如餐饮行业，星巴克使用强化学习算法（一种机器学习算法，系统根据外部环境反馈进行学习，在复杂、不可预测的环境中做出决策），与星巴克 App 的用户进行个性化互动，推行企业的多元化战略。根据用户的购买习惯，在 App 中客户将收到在微软的 Azrue 云中构建的强化学习平台生成的定制订单和个性化建议。如果客户始终订购非乳制品饮料，平台则推断此类客户具有非乳制品偏好，就会避免推荐含乳制品食物。星巴克不仅将机器学习算法用于预测客户的个人偏好，还用于商店设计、与合作伙伴沟通、优化库存和创建咖啡师时间表等方面。同时，基于 Azure Sphere 设备的技术将根据全球的门店数据更新咖啡配方，并将新的咖啡配方直接从云端发送到机器，取代了之前通过 U 盘每年多次人工配送至门店的方案。此外，星巴克不仅保证手工饮品的高品质，更看重咖啡背后的人和关系，建立上游生产者与下游消费者之间的联系。星巴克基于微软的 Azure 区块链服务，在供应链上跟踪咖啡的移动，记录从咖啡豆到最终产品的转变，将每个状态的更改都记录到区块链中，既让农民获得更多有关咖啡豆离开农场后的信息，也让客户看到购买咖啡的行为能给咖啡豆种植者带来真正的支持，真正实现"共享"的理念[2]。

---

[1] 阿里研究院. 从互联网+到智能+——智能技术群落的聚变与赋能 [R/OL].（2019-04）[2021-04-12]. https://max.book118.com/html/2019/0504/6110010005002030.shtm.

[2] [以] 海飞门，习移山，张晓泉. 数字跃迁：数字化变革的战略与战术 [M]. 北京：机械工业出版社，2020.

2.2.3 战略决策动态化

伴随着大数据环境的繁荣和开放以及数字技术的迅速发展，智能系统越来越多地参与到战略决策过程之中。战略决策活动已不再仅由个人或组织来完成，而是由个人、组织和智能系统结合来完成，甚至在某些领域，完全由智能系统和计算机算法直接做出决策已成为可能，并且在实践中得到应用[1]。数字孪生作为实现信息物理融合的有效手段之一，能够刻画和反映物理对象的全生命周期过程，实现战略决策过程的动态化。

战略层面的数字孪生系统由物理实体系统和虚拟模型系统两个模块组成，如图2-5所示。首先，企业可以通过外部数据和内部数据的分析，制定出企业的发展战略、职能战略和业务战略。其次，将这些战略的战略目标、战略实施等战略行为数字化后，映射到虚拟模型中，构成数字孪生的镜像数据。接着，在虚拟模型系统中，结合企业外部数据和内部数据，针对不同的行业、不同的层面和战略类型构建出不同的战略场景概念模型，并通过不断的仿真分析，动态分析企业在总体和细分市场、当前与未来市场的竞争地位，构建不同市场环境或战略情境下的企业战略选择模式，为企业采取具体的战略提供决策支持[2]。同时，现实中的物理实体和战略行为也不断补充和丰富数字孪生平台的大数据和知识库，使之更好地对战略场景模型和仿真分析模型进行智能化评估与校正。

数据赋能的战略决策更加"高频率"。数字孪生等数字技术的发展使"数据"转化为"洞察"，提升了决策者对信息的洞察分析能力，进而由洞察产生行动，真正实现数据感知、智能认知、动态决策、精准执行的闭环。在不确定的环境下，数据赋能的战略决策能有效缩短响应时间，使得决策者能

---

[1] 陈国青，曾大军，卫强，等.大数据环境下的决策范式转变与使能创新[J].管理世界，2020，36(02):95-105.

[2] 肖静华，谢康，迟嘉昱.智能制造、数字孪生与战略场景建模[J].北京交通大学学报(社会科学版)，2019，18(02):69-77.

及时在合适的时间,以合适的方式做出决策。决策过程从静态向实时动态不断演进,决策的频率变得更高。例如,大型连锁量贩超市大润发的"1小时到家"业务需要准确的库存和足够的人力来支撑,因此需要尽可能准确地预测订单。起初,大润发只能进行人工预测,并且需要提前一周。2019年年初大润发开始尝试利用阿里的智能系统进行预测,经过一年多的调整和学习,大润发全面启用智能系统预测订单,而且预测的是每家门店每天的订单,预测的准确率已经超过人工预测的准确率,达到90%以上,使决策告别直觉和经验。基于准确的预测结果,大润发可以提前储备库存和安排人力,使得"1小时到家"业务顺利开展,经营效率得到提升⊖。

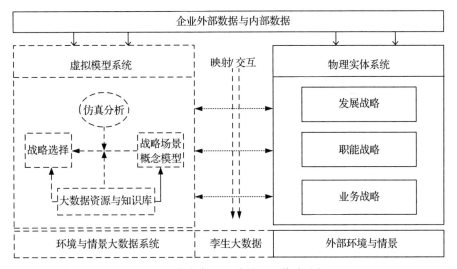

图 2-5 数字孪生驱动的企业战略选择

资料来源:谢康,肖静华,邓弘林.数字孪生驱动的企业战略场景建模与决策分析[J].中国信息化,2019(02):7-13.

⊖ 陈赋明.再造大润发[EB/OL].(2020-10-27)[2021-06-25]. https://www.fx361.com/page/2020/1027/7147552.shtml.

2.3 数据赋能的新战略模式：数字化转型

2.3.1 数字化转型的内涵

从本质上看，企业可以被视作内部资源与外部环境的联结，企业的战略模式就是处理资源与环境的安排[一]。由于外部环境与内部资源禀赋存在差异，在不同时期，企业也会选择不同的战略模式。当前，第四次工业革命的序幕已经拉开，人工智能、区块链、云计算、大数据、物联网等数字技术的发展使企业的管理方式产生了深刻的变革。"数据+算力+算法"的综合运用使得企业能动态地进行战略决策，使得更快速地响应成为可能。在新的时代背景下，数字化转型成为企业应对外部环境变化及提高内部价值创造效率的一种全新的战略模式。

1. 数字化转型的定义

随着人工智能、区块链、云计算、大数据、物联网等新一代信息技术的蓬勃发展和持续迭代，数据已成为影响企业创新发展不可或缺的核心资源。在数字经济时代，数字化转型是企业化解不确定性、赢得竞争优势的重要发展路径。企业要开展数字化转型，首要任务就是制定数字化转型战略。数字化转型通过应用数字技术，使得企业在基础设施、产品和服务、业务流程、商业模式、组织间关系或组织网络等方面发生根本转变[二]。其目标是实现企业的降本、提质、增效。企业要把数据驱动的理念、方法和机制根植于发展战略全局。在制定数字化转型战略的过程中，企业需要根据外部数字化发展趋势和自身的资源优势来决定价值创造的范围（例如，推出哪些产品，如何改

⊖ 姜翰，杨鑫，金占明.战略模式选择对企业关系治理行为影响的实证研究——从关系强度角度出发 [J]. 管理世界，2008(03):115-125.

⊜ Chanias S, Myers M D, Hess T. Digital transformation strategy making in pre-digital organization: The case of a financial services provider[J]. The Journal of Strategic Information Systems, 2019, 28(01): 17-33.

进创新流程，是否进行数字组织创新和商业模式创新等）以及价值获取的方式（例如，是否需要构建平台或生态系统，如何与潜在的网络伙伴进行价值分配等）⊖。企业的数字化转型战略是企业发展的旗帜，它明确了数字化转型的目标、方向、举措、资源需求等，让企业明白向哪里冲锋，从而充分调动各方力量支撑企业发展战略的实现。

2.数字化转型的必要性

伴随着数字经济的快速持续发展，制造业成为数字经济和实体经济深度融合的关键领域。中国信息通信研究院的数据显示，2020年中国数字经济规模达39.2亿元，占GDP比重达38.6%，同比名义增长9.7%，是同期GDP名义增速的3.2倍多⊜，数字经济已成为经济发展的新动力。迈入数字化时代，借助数字技术重塑业务、拓展边界已成为制造业企业可持续发展的不二选择。

数字化转型是大势所趋。从全球来看，根据国际数据公司（IDC）发布的《IDC FutureScape：2021年全球数字化转型预测》，到2022年，70%的组织将加快数字技术的使用，转变现有的业务流程，以提高客户参与度、员工生产率和业务弹性；到2023年，75%的组织将拥有全面的数字化转型实施路线图；到2025年，在全球动荡的环境推动下，75%的企业领导者将利用数字平台和生态系统能力来调整他们的价值链，以适应新的市场、行业和生态系统⊜。

从中国制造业数字化转型的现状来看，当前越来越多的制造业企业已经认识到数字化对增强企业竞争力的重要性，并在一定程度上实现了数字化。

⊖ 刘洋，董久钰，魏江.数字创新管理：理论框架与未来研究[J].管理世界，2020,36(07)：198-217.

⊜ 中国信息通信研究院.中国数字经济发展白皮书[R/OL].（2021-04）[2021-06-25]. www.caict.ac.cn/kxyj/qwfb/bps/202104/P020210424737615413306.pdf.

⊜ 国际数据公司（IDC）.IDC：2021年全球数字化转型十大预测[EB/OL].信息化观察网（2020-11-09）[2021-06-19].http://www.infoobs.com/article/20201109/43167.html.

如图 2-6 所示，根据国家统计局 2019 年发布的第四次全国经济普查数据[一]，2018 年规模以上制造业企业实现财务管理信息化的达 84.4%，实现购销存管理信息化的达 43.8%，实现生产制造管理信息化的达 18.0%，实现客户关系管理信息化的达 31.4%，实现物流配送管理信息化的达 10.5%。

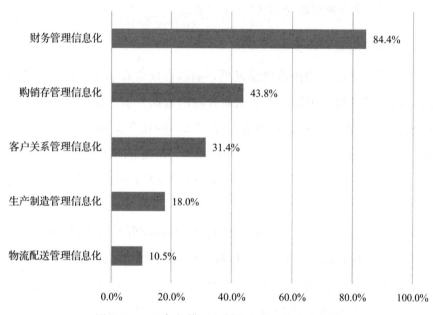

图 2-6　2018 年规模以上制造业企业信息化水平

资料来源：国家统计局. 我国企业信息化水平持续提升——第四次全国经济普查系列报告之四 [EB/OL]. （2019-12-05）[2021-02-01]. http://www.stats.gov.cn/tjsj/zxfb/201912/t20191205_1715468.html.

2020 年埃森哲和国家工业信息安全发展研究中心对中国 398 家企业的调查数据显示（见图 2-7）[二]，22% 的企业利用实时数据调整和优化生产，28%

[一] 国家统计局. 我国企业信息化水平持续提升——第四次全国经济普查系列报告之四 [EB/OL]. (2019-12-05)[2021-02-01]. http://www.stats.gov.cn/tjsj/zxfb/201912/t20191205_1715468.html.

[二] 埃森哲. 2020 中国企业数字转型指数研究 [R/OL]. （2020-10-10）[2021-02-01]. http://www.199it.com/archives/1131083.html.

的企业利用人工智能辅助决策，32%的企业使用RPA（机器人流程自动化），39%的企业使用云服务（IaaS，PaaS，SaaS）。总体而言，我国制造业数字化转型之路已经开启，并逐渐从信息化向智能化迈进。

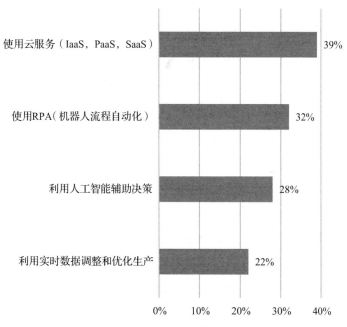

图 2-7　中国企业各环节数字化转型水平

资料来源：埃森哲. 2020中国企业数字转型指数研究[R/OL].（2020-10-10）[2021-02-01]. http://www.199it.com/archives/1131083.html.

数字化转型是企业应对外部需求变化的有效手段。进入数字化时代，消费者不再是产品的被动接受者，消费者个性化、定制化的需求愈加旺盛。为了迅速应对日益分散化的消费者需求，企业需要最大化地利用数据来洞察消费者多元化的喜好和需求，用数据驱动产品优化，利用智能科技重构人、货、场，重塑营销场景和用户互动模式，使消费者深度参与产品的设计和研发过程，以更精准地满足消费者需求，加速迭代交付速度，以获取差异化的竞争优势[1]。数字化转型加速了企业积聚核心数据，将有助于企业构建需求精准感知、产品个性化生产、用户在线交易、供应链实时响应的生产组织方式，充分满足市场的细分需求，并缩短交付周期。因此，数字化转型是企业顺应社会变革、提升竞争力的必然选择。

数字化转型符合企业降本、提质、增效的内在发展要求。数字化转型可以支撑企业业务应用的标准化及快速定制化，实现以数字技术为核心要素、以开放平台为基础支撑、以数据驱动的精细化运营，改善以人治为核心的低效管控治理方式，降低管理成本，提升企业生产效率[2]。在生产制造方面，数字化转型有利于构建智能化、柔性化、绿色化的生产方式，提高生产制造的准确度、灵活度、精细度，有效应对劳动力、原材料等要素成本不断上升的趋势，加快要素驱动型向创新驱动型的发展方式转变。在产品服务方面，通过监测、整理和分析产品使用过程中的数据，数字化转型有利于构建面向产品全生命周期的研发、生产和服务体系，提高产品服务的附加值。在产业协作方面，加快数字化转型有利于构建资源富集、多方合作、利益共享、风险共担的产业生态，提升产业发展的整体实力。

2.3.2 数字化转型的三大目标

迈入数字经济时代，以 5G、人工智能、区块链、云计算、大数据为代表的新一代信息技术的应用加剧了企业之间在价值供给上的竞争[3]。面对全新复杂的竞争环境，越来越多的企业开始进行数字化转型，利用数字资源和数字技术进行差异化价值创造，实现降本、提质、增效的三大目标，从而在面

---

[1] 王先庆，雷韶辉. 新零售环境下人工智能对消费及购物体验的影响研究——基于商业零售变革和人货场体系重构视角 [J]. 商业经济研究，2018(17):5-8.

[2] 中国信息通信研究院. 云计算发展白皮书（2020 年）[R/OL].（2020-07）[2021-01-20]. http://www.caict.ac.cn/kxyj/qwfb/bps/202007/P020200803601700002710.pdf.

[3] 戚聿东，肖旭. 数字经济时代的企业管理变革 [J]. 管理世界，2020,36(06):135-152.

对更多机遇和挑战时获取新的竞争优势。

1. 降本

企业数字化转型的目标之一是有效降低运营成本，如降低研发成本、生产成本等。

在研发活动中，数字技术的发展和应用推动产品创新从试验验证到模拟择优，降低试错风险和研发成本。CAD（计算机辅助设计）、CAPP（计算机辅助工艺过程设计）、CAE（计算机辅助工程）、PDM（产品数据管理）等数字技术和工具的使用，使得高度集成的数字化模型以及研发工艺仿真体系成为现实，在设计阶段即可根据产品的形状、属性、结构等构建出虚拟产品，从而降低试错成本。例如，马斯克的 Space X 公司在火箭发动机的研发过程中，通过仿真分析来替代大量传统实物试验，最终创新研制方法，采用机械冷分离，替代传统爆炸式热分离，将火箭发射成本降低到传统商业发射公司的 1/10 以下[一]。

在生产活动中，MES、CRM 和 ERP 等数字技术能够实现生产资源的优化配置，可以减少原材料的浪费，降低人工成本和制造费用，降低单位产品的生产成本。同时，借助各类传感器以及物联网技术能够实时监控车间的生产状态与运行指标，有利于及时发现问题并进行修正，减少损失。例如，上海赛科乙烯厂通过构建工业互联网实现对汽轮机、压缩机、泵、风扇、热交换等机器的振动、温度、排放等信息监控，从而能够排查机器故障隐患，并及时做出维修响应，由此每月能挽回超过 220 万美元的非计划停机生产损失[二]。

[一] 安筱鹏.数字孪生：通向零成本试错之路 [EB/OL].(2021-01-13) [2021-05-27].https://www.sohu.com/a/367311793_384789.

[二] 中国工控网.工业互联网：1% 的节省带来的想象不到的威力 [EB/OL].（2016-06-12）[2021-05-27].http://m.gongkong.com/News/detail?id=344105.

2. 提质

企业数字化转型的目标之二是提高产品质量。借助物联网、云计算、大数据、数字孪生等新一代信息技术，企业可以实现生产过程的设备参数、生产状态与运行指标等数据动态监控和实时优化，及时识别发生误差的位置，为生产单元提供管控服务，提升产品质量的稳定性。同时，在工业云的协助下，不仅能呈现生产单元的实时运行数据，还能记录生产过程中的历史档案数据，从而借助数据分析技术进行质量缺陷因素分析、缺陷部件溯源分析、制造过程品质分析及工艺缺陷分析等，识别出导致不良品的原因，有利于相关部门进行产品品质的改善。例如，广东新昇电业科技股份有限公司与 IBM 合作打造环形变压器数字化生产车间，对工艺工序、人员、随工单、原材料库存数据等进行采集分析、实时显示、实时管理。这些实时数据不仅能为优化生产流程、提高生产效率提供指导，而且可以帮助管理人员及时追踪问题原料、找出问题环节，实现质量溯源，经过数字化改造后，环形变压器生产线的月产能提高了 20%，产品不良率降低了 30%[1]。

3. 增效

企业数字化转型的目标之三是提高劳动生产效率，进而提升单位时间内的价值产出[2]。与传统工业技术相比，数字技术的突出优势在于能更加系统、精准地捕捉企业生产管理过程中的一切数据和信息，并通过智能模型和数据分析，使智能装备和智能系统能自运行、自诊断和自决策，部分替代工人和管理人员原有的工作，不仅能缩短产品的生产周期，而且有利于管理人员更好地解决各类复杂问题，避免模糊判断。例如，美的空调武汉工厂通过引入智能设备，并开发了支持设备全面互联、实现数据驱动制造的 SCA-DA 系

---

[1] 林洛峰. IBM 车库助三水企业数字化转型：变压器月产能提升 20%[EB/OL].（2020-05-19）[2021-01-20].https://www.163.com/dy/article/FD1ELAAA055004XG.html.

[2] 刘淑春，闫津臣，张思雪，等. 企业管理数字化变革能提升投入产出效率吗[J]. 管理世界，2021,37(05):170-190.

统,实时采集制造过程、质检分析、设备运行等数据,通过数据分析,形成各类智能模型,利用智能系统部分替代传统模式下的人工工作,使整体制造效率提高50%,生产损耗降低68%,产品品质提升10%,原材料和在产品库存降低92%,物料提前期缩短61%,减少物料损失工时58%[⊖]。

2.3.3 数字化转型的三项任务

数字化转型是企业发展理念、业务模式、经营手段、组织方式等全方位的变革,需要系统推进。企业实现数字化转型需要完成三项任务(见图2-8):一是通过业务转型,实现企业业务创新和发展方式转变,适应社会消费需求、运行模式的变化;二是通过要素转型,将数据要素作为关键的生产要素,打通企业各个环节留存数据,构建数字经济时代的核心竞争力;三是通过组织转型,创新组织结构和组织文化,促进数字化建设成效更好地发挥。

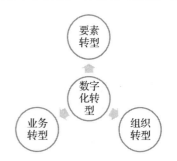

图 2-8 企业数字化转型的三项任务

1. 业务转型

制造业企业应充分发挥数字技术的赋能作用,加速业务体系和业务模式创新,推进传统业务创新转型升级,培育发展数字新业务,通过业务全面服务化,构建开放合作的价值模式,快速响应、满足和引领市场需求,实现价值效益的最大化。具体来讲,制造业企业的业务可以向智能化生产、网络化协同、个性化定制、服务化延伸、数字化管理等方向转型。

(1)**智能化生产**。智能化生产是指利用先进制造工具和网络信息技术对生产流程进行智能化改造,形成数据的跨系统流动、采集、分析与优化,实

⊖ 肖静华,吴小龙,谢康,等.信息技术驱动中国制造转型升级——美的智能制造跨越式战略变革纵向案例研究[J].管理世界,2021,37(03):161-179.

现设备性能感知、过程优化、智能排产等的智能化生产方式[①]。

智能化生产通过新一代信息技术、自动化技术以及工业软件可以从四个方面实现降本、提质、增效、节能的目标（见图2-9）。一是装备自动化，基于设备级数字孪生创新技术，开展设备故障诊断、预测预警、远程控制等新模式应用，提升设备自感知、自诊断、自决策、自执行能力。二是管理可视化，通过设备互连和数字孪生技术，将原材料数量、生产计划、生产进度、库存剩余、成品订单等信息可视化，并进行实时分析、科学决策、精准执行，实现基于数据集成应用的生产设备智能运行、柔性调度和高效维护，提升资源和设备综合利用效率。三是质量信息化，开展基于智能监控的产品质量管理、基于数据建模的能耗管理、基于数据分析的排放控制等创新应用，有效提升产品质量，同时实现工业企业安全环保水平的提升。四是工艺软件化，应用数字仿真工具在虚拟空间对制造工艺提前模拟优化，实现基于人工智能技术的工艺参数调优和物料配比优化，提升复杂工艺应用精度。

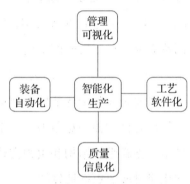

图2-9 制造业企业智能化生产的四个方面

以美的为例，美的通过建设M.IoT工业互联网平台来实现智能化生产，有效提升了运营效率。在制造方面，M.IoT能够实现设备联机、智能分析、预测维护以及工艺参数优化的管理，使产品合格率从94.1%提升到96.3%，故障响应时间下降80%，设备及模具故障下降36%，停机时间缩减57%；在质检方面，M.IoT采用AI技术，用视觉、声音AI来代替人工检验，使检

[①] 王皓. 我国工业互联网产业发展现状及趋势解析[EB/OL].（2021-04-19）[2021-06-23]. http://paper.chinahightech.com/pc/content/202104/19/content_42244.html.

验成本降低55%、监测精度提升80%[1]。

（2）网络化协同。网络化协同是指企业借助互联网、大数据和工业云平台，将产品设计、制造、运行、维护、管理等各环节紧密连接，使供应链上下游企业实现信息共享，将传统的串行工作方式转变为并行工作方式，实现产品全生命周期内资源的充分利用，缩短产品研发周期和生产周期，提高产品质量，提高效率，进而使企业获得更大的经济效益的模式[2]。

网络化协同可以从四个层面提升企业价值链（见图2-10）[3]：

一是研发协同。产品从策划、研发、样件生产到产品定型的整个研发流程是一个多方参与的协同过程。在产品的研发过程中存在大量的企业间的协同工作，存在全方位的数据交换。在协同研发平台上，参与产品研发的各方成员能在共享环境下进行协同工作，共同完成研发任务，实现产品数据及研发业务之间的共享及协作，消除企业之间的数据鸿沟，加速产品的研发设计，实现复杂产品的优化设计。

二是生产协同。一些复杂的产品往往由多家工厂协同制造，最终交付产品。这些工厂之间需要生产计划协同、供应协同，同步生产，按质、按量、按时提交零部件和产品。网络化协同制造系统能将生产任务分配到相应的制造部门及制造单元，能够建立起动态协调的机制，上下游物料的供应、仓储物流状况、设备的运行状态、设计的修改、工艺的改进等信息能够同步传递到各制造单元，以便各制造单元快速响应市场与资源的动态变化。

三是服务协同。在智能化产品的基础上，实现产品运行状态的在线数据采集，并通过物联网进行数据传输，结合产品运维知识库进行在线诊断和分析，为客户提供及时的售后服务或预防性维修等，提高客户的满意度，为客

---

[1] 战钊. 美的工业互联网2.0：构建工业互联新生态[EB/OL]. 光明网,(2020-11-13) [2021-02-01]. https://tech.gmw.cn/jd/2020-11/13/content_34366032.htm.

[2] 庞国锋,徐静,沈旭昆. 网络协同制造模式[M]. 北京：电子工业出版社, 2019.

[3] 蒋明炜. 网络化协同制造，有效提升企业价值链[EB/OL].(2018-11-28)[2021-02-23]. http://www.cena.com.cn/industrynews/20181128/97047.html.

户和企业本身创造新的价值。

四是供应链协同。现在的企业不仅需要构建内部的网络化协同，还需要构建包含产业链上下游企业之间的网络化协同。通过网络化协同将供应链上各个环节的消费者数据、供应商数据、生产制造数据、营销数据等融合在供应链网络中，并通过数据采集和数据分析，使供应链持续保持改进和优化。一方面，消费者或下游企业可以通过网络化协同参与产品的设计和研发，满足消费者差异化的需求；另一方面，客户需求的变更、设计的更改能在供应链网络中快速传播，原材料、设备等生产资源也能进行合理配置，从而使产品的制造周期大幅缩短并实现供需精准对接。

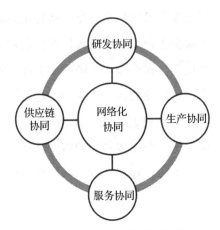

图 2-10　制造业企业网络化协同的四个层面

以中化能源科技有限公司的可视化供应链为例，在司机装卸货环节，"车辆预约排队系统"在线连接货主、仓库、驾驶员，做到业务流和数据共享协同，实时可视，避免了因作业计划不透明导致司机无计划涌向化工厂、库区、园区而造成的车辆聚集的安全隐患，同时也能缩短司机的等待时间；在运输环节，"石化运力智能推荐平台"汇聚了全国 90% 的危化车队信息，可根据货主需求快速推荐危化运力；在提货环节，中化能源科技有限公司研发的"数字提单系统"实现了石化行业的无接触交割提货，货主无须安排驻库人员和发放实物凭证即可提货。同时，"车辆运单可视化系统"让货主无须和司机见面、通话，就能实时掌控车辆位置、车辆轨迹等危化品物流运单状态，提高物流管理效率和风险实时预警能力。[⊖]

⊖ 吕楠俊.科技助力危化品供应链安全管理与疫情防控"两不误"[EB/OL].搜狐网,(2020-04-02)[2021-01-20]. https://www.sohu.com/a/385111419_100168832.

（3）个性化定制。个性化定制又称 C2B（customer to business），是企业根据每个客户的特殊要求提供个性化定制产品的一种模式，是相对于传统的大批量生产模式而产生的一种以销定产的新模式[⊖]。与传统的以产品为中心的商业模式不同，个性化定制模式是一种以用户为中心的商业模式，能够增强企业和用户之间的互动。对消费者来说，个性化定制能够满足差异化、独特性的需求；对企业来说，个性化定制能使企业快速获取客户需求，从而优化产品或服务。

为了实现个性化定制，企业必须具备三项能力。一是准确获取用户需求的能力。获取用户需求是个性化定制的第一步。为了准确了解用户需求，企业要创建获取用户需求的平台，进而按照用户需求进行生产排单。二是敏捷的产品开发能力。用户的个性化需求无疑增加了产品的多样性和复杂性，为了提高生产效率，企业研发人员要对产品进行模块化设计，即在对产品进行功能分析的基础上，划分并设计出一系列通用的功能模块，然后根据客户的要求，选择和组合不同的模块，生成具有不同功能、性能或规格的产品，从而有效规避制造过程的复杂性，提高生产效率。三是柔性制造能力。柔性制造系统是由若干数控设备、物料运贮装置和计算机控制系统组成的自动化制造系统，能根据制造任务和生产品种变化迅速进行调整。这种生产制造系统能在较少的人为干预下，生产同一系列的不同产品，因此能够满足个性化定制带来的小批量、多品种的生产需求。

以联想为例，联想以每年 5 亿美元的数字化建设投入，在全球建设并运营 10 个数据中心，构建了包括私有云和公有云在内的混合云架构数字化基础设施。先进的数字化建设，支撑了联想智能工厂和数字化供应链的端到端的数字化运营，并通过柔性制造和敏捷供应链，实现大规模的产品定制化。例如，联想的深圳工厂每天接收来自全球 170 多个国家的上万张订单，其中

⊖ 王先庆，李华，林至颖.C2B 定制模式：新零售时代如何满足个性化需求[M].北京：中国经济出版社，2018.

95%的订单需要量身定制，操作系统语言近40种，客户定制软件超过1.5万个。2005年至今，在深圳地区人力成本提高了10倍的情况下，联想深圳工厂的产品单台制造成本相比2005年却下降了50%，真正实现了高成本地区的低成本制造⊖。

（4）服务化延伸。服务化延伸是指企业通过在产品上添加智能模块，实现产品联网与运行数据采集，并利用大数据分析，提供多样化智能服务⊜。随着消费者需求的升级，其不再只关注产品的品质和价格，还关注产品的使用体验以及后续的服务，因此企业单纯凭借产品功能和价格优势很难占据领先的市场地位。制造业企业需要积极探索由以产品为中心向以服务为中心的经营方式的转变，实现由卖产品向卖服务拓展，有效延伸价值链条，拓展利润空间。

为了实现服务化延伸，企业可以从两个方面着手。一是设备健康管理，基于工业互联网平台集成生产设备的制造工艺、运行工况、运维检修、设备状态、环境情况等数据，并应用大数据分析、人工智能等技术构建数据模型，开展设备健康状态监测、寿命预测等服务。二是产品远程运维，基于工业互联网打通产品设计、生产、物流、运维等环节的数据，为客户提供产品远程监测、故障预警、预测性维护、运行优化、可视化辅助检修、远程升级等服务，实现产品附加值的提升。

（5）数字化管理。数字化管理是指企业通过信息技术融合应用，打通核心数据链条，基于数据的广泛汇聚、集成优化和价值挖掘，优化、创新乃至重构企业战略决策、产品研发、生产制造、经营管理、市场服务业务活动，构建数据驱动型高效运营管理模式的能力⊜。数字化管理的实现不是一蹴而就

⊖ 埃森哲. 2020中国企业数字转型指数研究[R/OL].（2020-10-10）[2021-01-20].http://www.199it.com/archives/1131083.html.

⊜ 王皓. 我国工业互联网产业发展现状及趋势解析[EB/OL].（2021-04-19）[2021-06-23].http://paper.chinahightech.com/pc/content/202104/19/content_42244.html.

⊜ 刘震, 周剑. 工业企业数字化管理是一场自我"革命"[N]. 经济参考报, 2021-04-13(007).

的，尤其是对原本缺乏数字化基础的制造业企业来说更是如此。数字化管理是一项系统工程，涉及技术融合应用、管理模式变革、数据价值挖掘、业务创新转型等一系列的工作，需要系统性地推进。

为了实现制造业企业的数字化管理，企业可以从技术实现、条件保障、过程管理三个方面，体系化、全局化地推进。首先，数字技术是制造业企业数字化管理的关键因素，离开数字技术，数字化管理也就无从谈起。数字化及相关技术不仅会提高效率，还可能创造出新的商业模式，定义新的竞争范式，进而颠覆现有的企业运营管理流程，带来运营管理模式的创新[1]。因此，数字化管理需要企业架构起数字技术资源，借助云计算、物联网、大数据、人工智能等新一代信息技术，为企业的数字化管理服务。

其次，在条件保障方面，企业需建立相适应的数字化治理体系，为数字化管理体系的建设、运行和优化提供保障。一是构建数字创新导向的组织文化，推动管理模式转变，包括领导承担风险、允许试错、组织学习的文化以及组织内分享观点和分权决策的文化[2]。二是架构数字化人力资源体系，在数字创新过程中非常需要懂得数字技术的相关人员。企业需要为数字创新建立一个团队，这个团队需要整合具有不同技能的员工。这些员工通过共同的持续学习来更新企业的创新技能，进而开展数字创新活动。三是建设数字基础设施，借助5G网络、工业互联网平台、大数据中心等新型基础设施，实现企业的技术改造和设备升级，促进数据要素在各个环节安全有序地流通。

最后，在数字化管理的过程中，企业应建立起包括策划、支持、实施与运行、评测和改进的过程管控机制，对数字化管理的建设、运行和优化全过程进行闭环管理，以过程管控为牵引持续强化系统性解决方案和治理体系的

---

[1] 陈剑，黄朔，刘运辉.从赋能到使能——数字化环境下的企业运营管理[J].管理世界，2020,36(02):117-128.

[2] 刘洋，董久钰，魏江.数字创新管理：理论框架与未来研究[J].管理世界，2020,36(07):198-217.

协调优化和融合创新，推动数字化管理能力水平等级的螺旋式跃升，提高能力策划建设过程的体系性与规范性，提升能力运行成效的稳定性与最大化[一]。

2. 要素转型

数据是继土地、劳动力、资本、技术之后的第五大生产要素，是企业数字化转型的关键驱动要素。因此，企业要围绕数据采集、传输、存储、应用和安全，积极部署企业的数据基础设施，上云上平台，为企业的数字化转型提供坚实的技术条件和硬件网络条件。

企业上云是驱动企业加快推进数字化、网络化、智能化转型，提升自身创新能力和运营效率的重要途径。随着信息技术的发展，云计算成为信息化发展的必然方向。在国家相关政策的支持和引导下，我国云计算市场规模持续扩大。如图 2-11 和图 2-12 所示，2019 年我国云计算整体市场规模达 1 334.5 亿元，同比增长 38.6%。其中，公有云市场规模达到 689.3 亿元，相比 2018 年增长 57.6%，预计 2020～2022 年仍将处于快速增长阶段，到 2023 年市场规模将超过 2 300 亿元。私有云市场规模达 645.2 亿元，较 2018 年增长 22.8%，预计未来几年将保持稳定增长，到 2023 年市场规模将接近 1 500 亿元。

企业上云是激发企业创新、提升生产效能的必然趋势。当前，各行业都在积极布局云计算，推动云服务在各领域的应用。根据中国信息通信研究院的云计算发展调查报告[二]，2019 年我国已经应用云计算的企业占比达到 66.1%。

[一] 刘震，周剑. 工业企业数字化管理是一场自我"革命"[N]. 经济参考报，2021-04-13(007).
[二] 中国信息通信研究院. 云计算发展白皮书（2020 年）[R/OL].（2020-07）[2021-01-20].http://www.caict.ac.cn/kxyj/qwfb/bps/202007/P020200803601700002710.pdf.

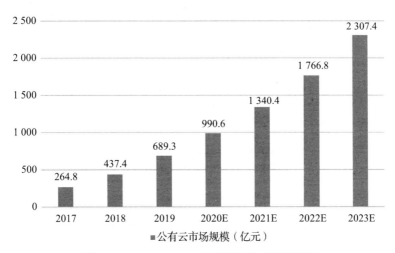

图 2-11　2017～2023 年中国公有云市场规模

资料来源：中国信息通信研究院. 云计算发展白皮书（2020 年）[R/OL].（2020-07）[2021-01-20]. http://www.caict.ac.cn/kxyj/qwfb/bps/202007/P020200803601700002710.pdf.

图 2-12　2017～2023 年中国私有云市场规模

资料来源：中国信息通信研究院. 云计算发展白皮书（2020 年）[R/OL].（2020-07）[2021-01-20]. http://www.caict.ac.cn/kxyj/qwfb/bps/202007/P020200803601700002710.pdf.

从各行业的整体上云指数[一]来看，以快速消费品、家具制造、消费电子为代表的制造业，其整体上云指数要高于热力、天燃气、电力、水生产与供应及采矿等行业，如图2-13所示。

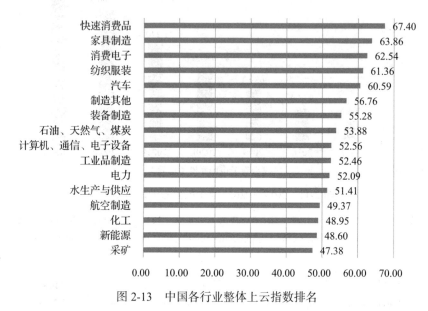

图2-13 中国各行业整体上云指数排名

资料来源：中国电子学会，中国数字经济百人会，阿里云研究中心.我国工业数字化转型"云"洞察研究报告（2020年）[R].2020.

云计算的广泛应用能够大幅降低企业信息化成本，助力企业快速获取数字化能力，优化运营管理流程，创新业务模式。云计算能很好地支撑大数据、人工智能等技术在企业中的应用，以云计算为基础的大数据服务，可以更好地理解用户偏好，给企业提供导向性策略，开发个性化、高价值的产品。云端的大数据处理，可以帮助企业精准捕获和保留客户，实现商业模式创新。而云计算和大数据的应用，又能助力企业更好地开展人工智能技术，实现智能设计、智能研发、智能制造、智能协同、智能营销、智能决策、智

[一] 整体上云指数根据企业云资源消耗计算得出，一定程度反映区域、行业基于云计算的整体数字化转型水平。

能客服等多方面的业务创新。借助云计算，企业能将研发、制造、供应链等核心业务流程执行平台向云端迁移，在此基础上企业可以优化由于传统技术限制导致的复杂流程，并实时整合业务流程和商务分析，提高整体运营效率，降低运营成本。

例如，2020年德邦快递与网易合作，采用成熟的网易轻舟云原生平台，建设统一的云原生服务治理平台，以解决转运作业融合等业务线技术栈割裂、业务响应周期长、资源利用率低、维护困难等问题。云原生转运作业融合系统投产后，在研发效率层面，运维环节和开发测试环节的操作效率提升53%，单次部署平均时间缩短了90%；在资源利用率层面，容器内存资源利用率提升12.5%，CPU利用率提升20%~25%；在助力业务创新方面，"双11"期间，在网易轻舟云原生平台的协助下，德邦快递在装车、卸车、分拣三个环节单日操作次数超过3 000万，持续约15天，系统以零异常完美保障了业务服务质量，运维效率提升160%[1]。

工业互联网平台作为新一代信息技术与制造业深度融合的产物，是制造业数字化、网络化、智能化发展的重要支撑。随着工业数据的爆发式增长以及企业对智能化决策需求的不断提升，工业互联网平台成为工业全要素链接的枢纽，成为工业资源配置的核心。工业互联网平台能汇聚源自工业设备、业务系统等关键数据，承载工艺知识、机理模型、软件工具等关键资源，支撑各行业数字化应用的开发[2]。其作用机理是通过将工业能力与IT能力的集成、融合和创新，推动全社会制造资源数字化、模块化、平台化，实现供需精准对接、生产能力在线交易、制造资源网络化动态配置[3]。工业互联网还能

---

[1] 杨丽.云原生风起于双11快递时[EB/OL].腾讯网,(2020-11-11)[2021-01-21]. https://new.qq.com/rain/a/20201111A0EH7O00.

[2] 李颖.发展数字新基建，打造以工业互联网平台为核心的产业创新引擎[EB/OL].（2020-04-03）[2021-02-21].https://xw.qq.com/cmsid/20200403A0N81500.

[3] 黄子河.基于工业互联网平台驱动工业电子商务创新发展[EB/OL].（2020-09-25）[2021-02-21]. https://xueqiu.com/7036311012/160034204.

运用大数据、人工智能技术进行自我学习和迭代创新，推动工业技术从传统长周期向短周期不断发展，基于平台的协同制造、产能共享、按需定制、供应链金融等模式不断涌现，能更快、更高效、更精确地响应市场变化，有力推动制造业企业的数字化、网络化、智能化转型。

根据国家统计局数据测算，中国工业互联网平台与工业软件产业存量规模由 2017 年的 1 490 亿元增长至 2019 年的 2 486 亿元，年复合增长率达 29.2%[一]。在应用方面，2020 年海尔、东方国信、用友等十大"双跨"（跨行业、跨领域）平台[二]平均接入工业设备达到 140 万台/套、工业 App 突破 7 000 个、服务工业企业超过 1 万家，已广泛渗透应用到制造、建筑、能源、交通、医疗、智慧城市等 30 多个领域[三]。

3. 组织转型

在数字化时代，为适应顾客数据驱动的运作模式，企业的组织结构要进行变革和创新，由传统的金字塔式组织结构向灵活的生态型、平台型、网络型组织结构演变，以适应数字化战略的实施。当前，用户需求加速变化，日益呈现个性化与多样化的需求价值诉求。因此，企业的触角要延伸到市场终端，要能触及消费者，企业需要分解为无数个小模块，构建"小前端 + 共享平台"的组织形态。"小前端"是企业内部的各组织单元，负责执行具体的任务，"共享平台"是企业创新所依赖的可共享的各种资源的协作平台，使企业内部各单元、各部门之间以网络形式相互连接、沟通和合作，使信息和知识在企业内快速传播，避免信息在层层传递的过程中衰减，保证员工能够

[一] 中国信息通信研究院. 工业互联网产业经济发展报告（2020 年）[R/OL].（2020-03）[2021-01-20]. http://www.caict.ac.cn/kxyj/qwfb/bps/202003/P020200324455621419748.pdf.

[二] 2019 年工业和信息化部对外公示首批工业互联网十大双跨平台，海尔、东方国信、用友、树根互联、航天云网、浪潮、华为、富士康、阿里云、徐工 10 家企业平台入选。

[三] 赛迪智库工业互联网平台形势分析课题组. 工业互联网平台：将为"补链""优链""强链"提供有力保障[EB/OL].（2021-02-01）[2021-02-03].http://news.ccidnet.com/2021/0201/10559172.shtml.

及时、有效、畅通、完整地获取所需信息，最大限度地实现资源共享，支持组织单元的高效运营。

企业数字化转型需要塑造数字创新导向的组织文化。组织文化是企业生产经营的指导原则，企业中各个系统的行为、模式、流程都会受组织文化的影响。创新型的组织文化能够促进员工主动学习，培养员工的创造力，从而激发员工提出创造性的想法和解决方案，为自己在企业中的职位和自己的工作职责感到满意，对工作结果有成就感，为企业拥有自豪感，能够积极进行自我激励，并追求更高的工作成果。创新型的组织文化还有利于促使员工把握创新机遇，主动进行试验、主动承担风险，激发员工的潜能，从而帮助企业获取更高的创新能力，取得更加良好的企业业绩和有竞争性的市场地位。因此，企业要实现数字化转型，首先需要树立数字创新导向的价值观，逐步形成一种数字创新导向的组织文化，并将之渗透到每一个员工心中，以此规范和指导员工的行为，才能真正有效地实施数字化转型战略。

企业数字化转型需要人的思维方式的变革。如果企业的各类员工不具备数字化的思维和能力，就难以为企业的数字化转型提供人才支撑。因此，企业要重构人才结构，构建适应企业数字化生产发展的人力资源赋能体系。一方面，企业的高层领导者要培育起数字化领导力，将数字化转型作为企业的核心战略。在领导方式方面，从权威领导转型为基于数字化决策的愿景型领导与赋能型领导，要善于激发群体智慧、善于授权，激发企业中每个人的自我领导意识，赋予员工更高的自主性，让员工创造更大的价值。另一方面，要注重数字化人才的培养。数字化技术将进一步解放人的体力和部分脑力，工业机器人、智能系统、工业软件等数字化、自动化设施将操作、执行等重复性工作转移到智能机器和信息系统上。企业在数字化转型的过程中要避免简单地实行"机器换人"，而要更加注重以人为本，强化员工关怀和员工新技能的提升，培养具有数字意识和数字技能的复合型员工，以适应人机协作的新工作模式。

2.3.4 数字化转型的三个阶段

数字化转型不是一蹴而就的,数据是数字化转型的关键驱动要素,不同发展阶段的组织在获取、开发和利用数据方面,总体呈现出由局部到全局、由内到外、由浅到深、由封闭到开放、由初级到高级的趋势和特征。基于数据要素在不同发展阶段所发挥驱动作用的不同,对制造业企业来讲,数字化转型通常会经历三个阶段(见图2-14)。第一阶段为局部提效,即在研发、生产、营销、组织管理等环节中的某个环节实现数字化,提升运营效率。制造业企业在局部提效阶段一般把赋能生产作为主要突破口,以数据驱动产品的生产制造,实现生产的降本、提质、增效。第二阶段为全局优化,以数据驱动实现研究开发、生产制造、营销服务及组织管理等环节的高效协同,实现价值链的延伸和提升。第三阶段为生态运营,形成共享、共创、共生、共赢的生态系统。

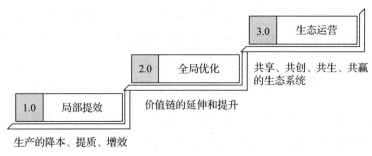

图2-14 制造业企业数字化转型的三个阶段

1. 局部提效

局部提效是制造业企业数字化转型的第一个阶段。制造业企业在这个阶段一般以提高生产效率为主要目标,利用物联网、大数据、云计算、人工智能等新一代信息技术,将设备、生产线、车间、工厂、业务等连接起来,打破不同系统之间信息孤岛的情况,实现信息共享、数据互联,构建状态感知、实时分析、科学决策、精准执行的生产赋能体系。具体而言，这个阶段主要实现设备管理、生产过程监控、排产管理、质量管理等功能。

（1）**设备管理**。生产过程的数字化是以智能设备为基础进行的，通过信息技术和网络技术，企业能够实现不同类型设备的快速连接，使自动化装备按照规定的程序或指令来运行，并实时采集设备数据，实现生产过程透明化，动态掌控生产进度。同时，结合生产设备的联网和数据采集，结合 VR、AR 技术及大数据分析技术，针对设备运行状况提出预测性的维护与维修建议，实现远程故障诊断和维护。

（2）**生产过程监控**。生产过程的数字化管理能够实现生产过程监控、跟踪和记录。通过数字终端，管理者在调度室就能监控到产品生产的全过程，实现运行参数（温度、压力、流量等）、设备状态、产品产量、剩余产量、剩余生产时间等信息的可视化，超出正常工况还会提供故障预警，并且能实现历史数据回放，减少设备停机时间，有效避免故障引发的生产停滞和安全问题，从而提高生产效率。

（3）**排产管理**。排产管理通过信息高度集成，将交货期、物料配比、设备产能、加工成本、工序长短等数据进行综合分析，进而将生产计划自动排程到具体的生产线或单台机器、单个模具上，利用订单拉动生产制造，缩短从计划到交付的周期。例如，美的研发的高级计划与排程（APS）系统，将美的积累的丰富排产经验结合启发式规则，融合到自主开发的智能计算引擎中，运算得出符合美的排产实际的最优解，完成分钟级的智能化排产，能够实现来单即引、来单即排，并根据 MES（制造执行系统）实绩实现进度自动纠偏，以保证供应链的流畅运作。

（4）**质量管理**。质量管理利用大数据分析、机器学习、AI 算法等技术，能按照预先设定的检验指标、质检方案、检验周期等精准采集产品数据，并自动生成质检单据，提高检测的准确性和及时性，降低检测成本。例如，江苏精研科技股份有限公司在生产过程中全面部署了由百度智能云研发的智能检测设备。该检测设备通过高速摄像机和机器学习能实时获取每个产品的外观检测质量数据，并对产品进行质量分析，使质检员及时调整生产参数。在效率体现方面，该设备能同时检测1个零件的6个面上不同位置的33种缺陷，每小时可检测9 000个零件。与人工检测相比，检测效率提高3.5倍，漏检率降低至0.1%，同时节约人工成本90%，不仅提高了良品率，还为员工减轻了工作负担，帮助企业实现降本、增效、提质[⊖]。

2. 全局优化

全局优化是制造业企业数字化转型的第二个阶段。这个阶段在全企业范围内，通过企业级数字化和产业互联网级网络化，推动企业内全要素、全过程互联互通和动态优化，实现以数据为驱动的业务模式创新，全面提升产品开发、生产制造、仓储物流、市场营销、运营维护等价值链全生命周期的效率，实现价值链的提升和延伸。关于生产制造过程的优化上文已做了分析，下面介绍数据驱动产品开发、仓储物流、市场营销、运营维护等环节的优化。

（1）**产品开发优化**。在产品开发方面，企业可围绕消费者的购买历史记录、浏览记录、产品评价、退换货记录等进行数据挖掘和建模分析，发现消费者的偏好和潜在需求，进而有针对性地进行产品开发，满足消费者的需求。通过VR、AR技术，研发人员可对新产品的外观、性能、结构等进行模拟仿真，降低样品试样成本，缩短产品研发周期。在计算机提供的强大的建模和仿真环境下，通过工艺流程仿真，全方位模拟生产工序，确定最优工艺方案。同时，在协同研发平台的支持下，通过设计数据交互打破信息孤岛的情况，形成产品研发设计全流程的信息共享，实现各项研发工作的跨部门、跨企业、跨区域同步进行，保障研发方案的协调和适配，提高研发

⊖ 国家信息中心信息化和产业化发展部，京东数字科技研究院. 中国产业数字化报告 2020[R/OL].（2020-06-30）[2021-02-21].https://pdf.dfcfw.com/pdf/H3_AP202007021388897043_1.pdf?1593710860000.pdf.

效率。

（2）仓储物流优化。在仓储环节，利用自动化仓储管理系统和物联网感知系统，实现出入库货物的物料账目数字化、货物存储状况的数字化以及货物储存标识的数字化，并且支持线上查询、收发指令、传递单证、办理相关业务手续等，实现货物流与信息流的实时同步。在物流环节，将物流计划制订、路线规划、运输车辆及司机的信息管理、运输跟踪、目的地交接管理、运费结算等均纳入统一的信息管理平台，实现整个物流环节的线上化运行、管理和远程监控。

（3）市场营销优化。通过对用户数据进行深度的数据分析和挖掘，提炼用户的特征，构建出一套完整的用户标签体系，根据用户特征制定营销策略，保证产品精准推送。同时，通过数字化管理系统对产品销售进行大数据分析，实现销售数据的动态统计和展示，并通过观测动态数据及时发现市场趋势及问题，及时调整战略部署。

（4）运营维护优化。运营维护优化主要涉及产品销售后的服务、维护和回收等，在这些过程中把相关信息传递给设计和生产部门，为产品的维护、改进和优化提供参考。同时，还可以利用物联网、机器学习等技术对设备进行连续的在线状态监测及数据分析，提供预测性维护、远程维护等服务，提高服务的质量和效率。例如，西门子分别借助 Circuit 软件和专属远程连接套件实现人与人的互联、人与设备的互联，推出数字化远程服务，西门子专家可实时为客户提供在线视频语音指导、远程访问设备信息，第一时间响应客户需求。数字化远程服务在西门子专家和客户之间建立起桥梁，使西门子专家资源充分得到释放，时刻帮助客户排忧解难，降低成本，提高效率⊖。

⊖ 西门子公司官网 [EB/OL]. [2021-02-21]http://www.ad.siemens.com.cn/service/myservice/event/remoteservice/.

· 实践聚焦 ·

数据赋能海尔全价值链运营

海尔是中国三大白色家电龙头企业之一，2020 年企业营业收入 2 097.3 亿元，同比增长 4.46%。2012 年海尔开始规划建设互联工厂，踏上了智能制造的道路。2017 年海尔推出全球首家引入用户全流程参与体验的工业互联网平台 COSMOPlat，将用户需求和整个智能制造体系连接起来，让用户可以全流程参与产品设计研发、生产制造、物流配送、迭代升级等环节，以"用户驱动"作为企业不断创新、提供产品解决方案的源动力。海尔的数字化打通了从订单、生产、物流到营销、运营、售后的整条价值链，实现全价值链的透明化运营。

1. 产品服务端

面对物联网时代的机遇和挑战，海尔集团从卖产品转型为卖方案，为消费者提供智慧家庭解决方案，创造全场景智能生活体验。海尔致力于为消费者提供"成套、定制、迭代"的"5+7+N"智慧成套解决方案（智慧客厅、智慧厨房、智慧浴室、智慧卧室、智慧阳台 5 大物理空间，持续迭代全屋空气、全屋用水、全屋洗护、全屋安防、全屋交互、全屋健康、全屋网络 7 大解决方案，以满足用户根据生活习惯自由定制智慧生活场景，实现 N 个变化的需求），实现主动服务。目前，海尔实现了引领行业的成交均价及持续增高的成套销量，智慧家庭生活场景方案单用户平均成交价 25 万元，2019 年海尔成套销量占比达 27.48%，同比提升 5.43%。疫情期间，海尔还基于 AI 网器、App 端、语音端对用户需求、家庭场景的分布式感知与基于意图预测和主观决策算法的大数据分析模型，迅速捕捉到消费者的防疫需求，由此快速上线 19 款消毒杀菌的健康生活场景程序，满足了消费者需求。

2. 生产制造端

在生产制造方面，海尔由大规模制造向大规模定制转型，通过建设互联工厂、"灯塔工厂"等，实现生态体系的互联互通和智能优化。截至2019年12月，海尔集团已依托COSMOPlat平台建立15家互联工厂、2家"灯塔工厂"，形成以用户需求驱动的即需即供、弹性部署、横向扩展的柔性生产能力。在价值体现方面，产品不入库率提升到75%，用户全流程参与的大规模定制占比达24%，客户参与的大规模定制占比达51%。同时，2019年海尔联合中国移动、华为建成全球首家智能+5G互联工厂，通过基于数据的仿真建模验证、生产高效协同、质量精准管控，探索实践更多场景化的物联网智能产品、智慧组合解决方案及AI技术应用，优化生产效率、制造成本、不入库率等产能指标，实现智能工厂的全流程信息"自感知"、全要素事件"自决策"与全周期场景"自迭代"，形成行业智能制造的强大竞争力。

3. 仓储物流端

在仓储物流方面，海尔通过三大平台推行全流程信息化体系建设，提升全流程效率。一是"巨商汇"平台覆盖全部经销商客户的订单管理，实现在线采购、销售及结算，降低管理成本；二是"易理货"平台覆盖乡镇客户的进销存管理与乡镇客户的会员管理，实现服务到镇、产品到镇、资源到镇、目标到镇、激励到镇和培训到镇；三是云仓体系实现物流直接配送到镇，全面打通物流、信息、服务、销售网络，提升全流程效率。同时，海尔推行四网合一的模式，将营销、物流、售后和信息四网融合，将服务商库存商品归集至海尔云仓，由海尔物流进行统一的仓储、配送管理，实现产品、客户、用户和员工信息的互联互通，打造全流程数据可视化模式，以优化供应链管理，且利于提高全流程的服务质量，包括降低运输过程中的货物不良品率，提高商品配送的及时率。

4. 营销创新

在营销方面，海尔推出海尔智家 App，提升链接交互交易平台体验。2019 年海尔智家 App 上线，聚合原本分散在 U+、顺逛、海尔服务、官网等多个平台的功能模块，打造涵盖场景体验、交互、迭代的价值交互平台。海尔智家 App 覆盖设计、生产、销售、交互、售后的全流程，包含智能操控、成套场景体验（VR 体验、视频预览、真实案例介绍）、在线商城、免费定制设计、一键售后等功能，为用户提供"设计一个家、建设一个家、服务一个家"的全流程方案和全流程的关怀，为用户创造无缝衔接的消费体验，满足用户的个性化需求。

5. 日常运营管理

在日常运营方面，海尔借助数字化技术，将用户体验与日常运营紧密连接，有效提升运营效率。海尔通过客户绩效监控器实时监控数据来分析产品绩效，并向制造商报告所有恶化信息，如果有客户就产品问题联系海尔，数据引擎会从客户的产品序列中检索性能数据，然后海尔会确定导致该问题的根本原因，并采取正确的行动方案。这套系统有助于追踪责任，如果是车间工人的工作失误导致故障，车间奖金系统就会加入这项个人记录；如果是零件故障，则会检查组件性能，以确定合适的解决方案，防止后续问题的发生。通过数字化管理，海尔产品质量提高了 21%，劳动生产率提高了 63%，交付周期缩短了 33%，员工对客户绩效的监控能力提升了 55%。

资料来源：根据海尔官网、海尔智家官网资料和海尔智家 2020 年年度报告整理。

3. 生态运营

Moore 用生态学的观点看待现代企业之间的竞争问题，首次提出了商业生态系统（business ecosystem）的概念，他将商业生态系统定义为"由相互影响的组织和个人所组成的经济联合体"。这个经济联合体向其顾客提供有价值的产品和服务。供应商、领先制造商、竞争者和其他利益相关者（比如产业联盟、政府等）也包含在商业生态系统中。商业生态系统的概念通过强调公司和其商业环境之间的相互作用来描述一个经济共同体是如何运作的。在商业生态系统中，企业是整个系统的成员，成员之间不只是简单地追求竞争的胜负，而是要和其他成员以及整个商业系统进行协同演化。在基本实现赋能生产的生产效率提升和全局优化的价值链提升的基础上，进一步走向面向开放生态的平台运营，是核心企业实现平台聚集、共生发展、共创价值的必然追求。

生态运营往往是行业内的龙头企业凭借产业链优势，建立汇聚各方合作伙伴的平台，实现平台化运营的商业创新与业务转型，推动整个生态系统的发展。以思科为例，在云计算、大数据等技术迅速发展的趋势下，思科打造了全球合作伙伴生态系统，通过云生态系统的构建，聚合"云"构建商、"云"提供商、"云"服务经销商等各类生态合作伙伴，思科结合自身在云计算产业中的积累和优势赋能合作伙伴的转型，思科的生态合作伙伴可以利用思科的硬件、软件以及平台服务，提供面向各种行业的解决方案，迎接云计算、大数据等新技术带来的市场转型。思科的合作伙伴生态系统的价值受到了行业客户的认可，同时思科也通过生态系统的不断发展壮大，成为公认的提供全球网络互联解决方案的领先厂商。

数字化时代，企业的边界越来越模糊，市场需求越来越多变，在不确定的环境下，企业需要通过生态运营培育健全可靠的共生环境。一方面，生态系统中的核心组织开放自身资源赋能合作伙伴的转型和发展；另一方面，合作伙伴反哺核心组织，实现资源互补和共同成长。例如，通用电气面对传统行业的数字化转型趋势以及新的竞争形势，基于工业互联网平台 Predix 构建生态系统，吸引和聚集开发者和各类合作伙伴的加入。一方面，Predix 聚集了微软、苹果等 IT 企业，壮大和丰富 Predix 的平台能力；另一方面，Predix 不断扩充咨询公司、系统集成商、独立软件开发商等纵向合作伙伴。这些合作伙伴本身有大量的工业客户，通过与 Predix 合作，可以开发和提供非常多的针对工业设备性能提升、预测性维修、供应链管理的应用。在 Predix 平台上，合作伙伴和开发者可以将数据直接从终端设备上传至 Predix，然后通过云端的软件进一步处理收集的数据，数据处理结果可以直接输出给现场服务团队，现场服务团队则可以根据输出结果对终端设备进行优化和调整，可以快速地提升终端设备的工作效率，甚至提升终端设备的工作寿命[⊖]。

从通用电气生态系统的例子可以看出，商业生态系统中的核心组织和合作伙伴之间能通过资源互补、能力互补、价值共享产生协同效应。这样的协同效应能突破单个企业资源和能力的限制，促使企业之间通过资源共享降低创新成本并提升创新绩效，共同实现价值创造，这是生态运营的核心价值。

────── · 实践聚焦 · ──────

白云电气的数字化转型之路

白云电气集团 1979 年从打铁创业起步，1988 年开始专注于电力装备制造领域，经历四十余载的发展，集团及旗下核心企业已成为中国机械工业百强、国家创新型企业、国家技术创新示范企业、国家火炬计划重点高新技术企业、国家 863 计划 CIMS 应用示范企业、国家"两化"融合管理体系贯标试点示范企业、国家制造业与互联网融合发展试点示范、国家工业互联网应用试点示范、中国电气产品制造十大领军企业、中国电器设备十大影响力品牌，产品广泛应用于国家电网、南方电网、五大发电集团、中广核电集团、30 个城市的轨道交通配电及控制设施及其他各种国家重大项目和大型工业企业，有力保障了国家重大工程的电力安全。

从蹒跚起步到步履稳健，从小车间到电力装备制造行业的龙头企

⊖ 安徽同徽信息技术有限公司 .GE Predix 与工业互联网 [EB/OL].（2018-08-12）[2021-02-21]. https://www.itonghui.com/articlecontent_10010010010384.html.

业,白云电气集团秉承"打铁还需自身硬"的企业精神,探索出一条传统装备制造业充分利用"云、大、物、智、移"技术,转型为"产品+服务"的电力能源综合解决方案服务商的成功之路。白云电气集团董事长胡德良在2019年中国工业互联网峰会上曾表示,白云电气集团数字化转型升级遵循的核心逻辑是"需求导向、数字重塑、价值创造"。

需求导向:通过典型应用场景解决用户需求痛点

白云电气集团的数字化转型的探索之路始于对用户需求的思考。在转型之初,白云电气集团面对着如何选取工业互联网的应用场景的难题。本书作者应胡德良董事长邀请,在深入白云电气集团调研的时候,胡德良董事长对这个问题做了回答。他表示"企业愿意去创新,它必须是痛的,它不痛的话不可能进行转型"。基于对行业痛点的思考,白云电气集团从城市轨道交通供电系统入手,针对地铁运营"安全性要求高、备品备件过多、非标程度高、运营维护复杂"的痛点,为了更高效地响应城市轨道交通供电领域对配电设备大规模个性化定制、"状态检修"的需求,利用物联网、大数据技术,通过统计模型、机理模型、数据驱动模型的构建推出解决方案,能够实现:电力设备从"计划修"变革为"状态修",实时感知设备状况,指导维修人员如何参与设备运维和技术改进。白云电气集团开始从单一的设备制造商转向系统集成服务商,从配电设备的供应商向综合解决方案提供商变革,开拓了新的商业模式。

数字重塑:利用数字技术实现全局优化

为了更好地实现"世界领先的电力能源综合解决方案服务商"的战略目标,白云电气集团投运了在广州白云区的智能配电设备绿色数字化生产基地。基地分中压、低压两个车间,建筑面积达5.8万平方米,车间充分利用数字技术,建设智能配电设备柔性装配生产线,能够自动优化排产、自动配料、库线一体化自动加工等，实现智能配电设备型数字化精益生产，具备年产 5 万面中低压智能配电设备的能力。数字化工厂还利用智能物流设备和仓储管理系统（warehouse management system，WMS），实现工厂的全自动化物流；通过数字化检测系统，实现实时质量数据的统计分析；采用虚实映射的数字孪生，实现物理实体的工作状态和工作进展在信息空间的全要素重建、数字化映射；基于三维模型的产品设计、工艺与装配仿真，实现可视化装配过程与装配路径；通过智能综合监控系统，实现厂内各专业系统之间的信息互通、资源共享、过程透明；通过能源管理系统，实现精细化能源消耗数据的统计分析、节能控制。通过数字化工厂，白云电气集团实现了从"生产驱动"向"数据驱动"的转型升级，通过了国家智能制造新模式项目验收，被认定为广东省智能制造试点示范项目，并将经验复制到南京、绍兴、韶关等基地，引领整个电力装备制造行业的数字化、网络化、智能化重塑。

此外，在 20 多年城市轨道交通供电设备系统及其运维经验基础上，白云电气集团整合旗下多家企业的科研资源，与广州地铁联合研发了"基于大数据的城市轨道交通供电设备全生命周期管理系统"，基于工业互联网和大数据的理念，全生命周期监控已经销售的供电设备，实时反馈异常项、剩余寿命、健康状态等关键信息，帮助售后人员及时发现问题、准确识别问题、高效解决问题，打破传统城市轨道交通供电系统故障发现难、识别难、维修难的困境，减少停电检修的时间、人力物力的浪费，提升维修的效率。该系统目前已应用于广州市轨道交通十号线、十一号线、十二号线、十八号线、二十二号线及八号线北延段，并承接了广州地铁及各电站、工厂、水务、医疗、学校等大量供电系统运维业务。"基于大数据的城市轨道交通供电设备全生命周期管理系统"是 2018 年工业和信息化部工业互联网试点示范项目、广东省第一批工业互联网应用标杆项目,经院士专家鉴定为"城市轨道交通供电系统领域首创、技术先进、功能齐全、行业领先",多项核心成果获得广东省机械工业科学技术特等奖、一等奖、二等奖,推动了白云电气集团从"装备制造"向"智造+服务"成功转型,实现了价值链的延伸。

价值创造：通过产业集群建设共创价值

"以'产业集群+工业互联网'加快数字化转型为切入点,注重利用技术创新和规模效应形成新的竞争优势,通过集群数字化实现制造业高质量发展,促进实体经济与数字经济的深度融合。"这是白云电气集团在2021年"两会"提案《关于从产业集群+工业互联切入加快制造业数字化转型的建议》的核心内容。2021年,胡德良董事长与本书作者团队举行了三次数据赋能的研讨会、座谈会和现场调研活动。胡德良董事长强调,白云电气集团一直致力于产业生态建设。在具体的实践方面,白云电气集团也充分发挥自己在电力装备制造领域龙头企业的带头作用,积极建设产业孵化器和特色产业园区,先后建立了高压电器产业园、轨道交通产业园和现在的智能制造高低压成套设备产业园,以数字化为基础的产业园三个阶段的发展,有效推动白云电气集团复制和扩大生产规模,以规模优势与成本优势助力白云电气集团成为具有国际竞争力的电力装备与系统提供商。在产业集群的建设方面,白云电气集团及旗下核心企业作为国内为数不多的能全方位提供城市轨道交通供配电设备、系统与服务的企业,在地方各级政府的指导下,充分发挥公司作为城市轨道交通供电系统龙头企业在党建、市场、产业、技术、人才资源等方面的引领带动作用,专业化打造广州轨道交通装备创新园,形成孵化、加速、产业化全链条的轨道交通上下游产业集聚、大中小企业融通发展的生态圈,目前已集聚了近百家轨道交通装备上下游企业。

资料来源：根据作者调研及公开资料整理。

本章小结

企业可以通过构建数据感知、智能认知、动态决策、精准执行的数据赋能机制来提升战略决策的质量和效率。在数据赋能下，战略决策呈现战略场景可视化、战略分析算法化、战略决策动态化的新特征。

数字化转型是数据赋能的新战略模式。在数字经济时代，数字化转型是企业应对外部需求变化的有效手段，也是企业降本、提质、增效的内在发展要求。当前，我国制造业数字化转型之路已经开启，并逐渐从信息化向智能化迈进。

降本、提质、增效为企业数字化转型的三大目标。面对全新复杂的竞争环境，越来越多的企业开始进行数字化转型，利用数字资源和数字技术进行差异化价值创造，实现降本、提质、增效的三大目标，从而在面对更多机遇和挑战时获取新的竞争优势。

企业数字化转型要实现三项任务：一是通过业务转型，实现企业业务创新和发展方式转变，适应社会消费需求、运行模式的变化；二是通过要素转型，打通企业各个环节留存数据，构建数字经济时代的核心竞争力；三是通过组织转型，创新组织结构和组织文化，促进数字化建设成效更好地发挥。

数字化转型不是一蹴而就的，对制造业企业来讲，数字化转型通常会经历三个阶段：第一阶段为局部提效，制造业企业在局部提效阶段一般把赋能生产作为主要突破口，以数据驱动产品的生产制造，实现生产的降本、提质、增效；第二阶段为全局优化，以数据驱动实现研究开发、生产制造、营销服务及组织管理等环节的高效协同，实现价值链的延伸和提升；第三阶段为生态运营，形成共享、共创、共生、共赢的生态系统。

第 3 章
CHAPTER3

数据赋能研究开发

引导案例

潍柴动力的数字化研发

潍柴动力股份有限公司(简称"潍柴动力")成立于2002年,是一家集汽车零部件产品研发、生产、销售于一体的企业集团,目前已成功构建起动力总成(发动机、变速箱、车桥、液压)、整车整机、智能物流等产业板块协同发展的格局。潍柴动力快速发展的背后离不开对技术的高度重视和对数字化转型的坚定实施。潍柴动力建有国家智能制造示范基地,其智能制造水平走在我国前列。潍柴动力不断推动数字化转型,形成了以快速设计为导向的智慧研发体系。2020年,潍柴动力成功入选由世界经济论坛和麦肯锡组织评选的全球灯塔工厂,标志着潍柴动力正式进入全球智能制造"第一方阵"。

潍柴动力从 2003 年开始，在研发设计、生产制造、营销服务等领域搭建了多个信息系统，逐步实现了产品全生命周期的精益化管理和全球研发协同。潍柴动力的数字化研发系统建设较全面，形成了以快速设计为导向的智慧研发体系，在研发设计业务领域建设了具有强大功能、基于互联网支撑的产品全生命周期管理 (product lifecycle management，PLM) 平台。潍柴动力的 PLM 平台以产品数据管理（PDM）为核心，集成了产品数据管理、云设计、仿真数据管理、试验导航管理、工艺管理等模块，具有计算机辅助设计、异地协同设计、产品数据管理、研发项目管理等多项功能。潍柴动力通过 PLM 平台，实现了"客户需求识别 – 产品设计 – 工艺设计 – 产品试制 – 产品验证"全过程的数据贯通。

潍柴动力在潍坊、上海、西安、重庆、扬州等地建立研发中心，并在全球多地设立前沿技术创新中心，搭建起了全球协同研发平台，汇集全球智力资源，加快关键核心技术的突破，提高它的科技创新水平。潍柴动力的全球协同研发平台通过信息共享机制，将全球各地研发中心紧密连接在一起，利用各地专业化技术优势，使同一项目可以在不同地区进行同步设计，大大加快研发进程，提升整体研发效率，实现研发共同体企业的降本增效。潍柴动力建立完整的持续研发创新体系和成果共享机制，打造智慧云平台，汇聚全球智慧为新产品研制提供优质资源。

潍柴动力的数字化研发体系建设颇有成效。在全球化研发协同下，潍柴动力在传统业务领域深耕细作，近 10 年间在柴油机方面的研发投入累计超过 300 亿元。2020 年 9 月，潍柴动力发布突破 50% 热效率的商业化柴油机，为全球商用车柴油机热效率树立了新标杆。潍柴动力推动实现了商用车动力总成、CVT 动力总成、液压动力总成核心技术的突破，补齐了中国在这三大领域的核心技术短板。除传统的柴油发动机之外，在全球化协同研发下，潍柴动力在新能源领域实现了"混合动力+纯电动+燃料电池"的多方位发展，完成了多款氢燃料电池发动机的产品开发，开发的氢燃料电池在 -34℃低温环境下冷启动一次成功。

资料来源：作者根据公开资料整理。

3.1 数据如何赋能研究开发

从潍柴动力数字化研发的案例可以看出，数字技术的应用给企业的研发活动带来了巨大变革。图 3-1 展示了"数据感知－智能认知－动态决策－精准执行"的数据赋能机制赋能研究开发的过程机理。

在数据感知环节，通过对消费领域和工业领域数据源的硬感知和软感知来获取丰富的数据。在消费领域，可以获取与人（消费者、导购员、经销商、供应商、合作伙伴等）、货（实物商品、虚拟商品等）、场（线上平台、线下门店等）相关的数据，如用户特征数据、用户行为数据、用户评论数据等。在工业领域，可以获取与物料、设备、产品、生产环境等相关的数据，如物料清单、产品和工艺参数、温度、湿度等。

在智能认知环节，利用各种数字技术对获取的数据进行处理和分析，从中提取出有用的信息、知识或建立相关的模型。例如，通过对消费领域数据的分析和挖掘，可以对目标顾客进行画像，准确掌握目标顾客的偏好、习惯和需求等重要信息。在确定用户需求的基础上，利用 CAD（计算机辅助设计）、CAPP（计算机辅助工艺过程设计）、CAE（计算机辅助工程）等数字技

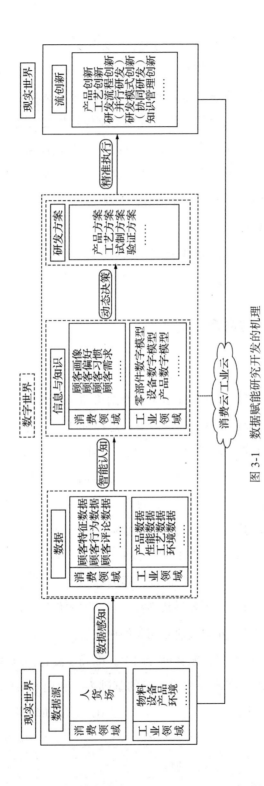

图 3-1 数据赋能研究开发的机理

术和仿真工具对工业领域的数据进行处理，在虚拟空间建立起与产品和工艺相关的数字模型。

在动态决策环节，在获取的信息、知识和建立的模型的基础上，根据仿真结果动态选择和优化设计方案，在数字空间实现"设计－仿真－优化"的"小循环"式的产品开发迭代，最终确定契合用户需求的新的产品和工艺方案，以及相应的试制方案和验证方案。

在精准执行环节，基于动态决策环节所确定的最优方案，进行产品试制和产品验证，最终实现新产品的开发。

总体来讲，数据赋能的机制能提升产品开发的针对性和研发设计效率，缩短研发周期，降低研发成本，助力企业提高产品全生命周期管理能力和价值创造的效率。在整个过程中，通过数据赋能，企业可以实现产品创新、工艺创新、研发流程创新（并行化的研发流程）、研发模式创新（协同化的研发模式）和知识管理创新。

3.2　数据赋能研究开发的特征

在数字技术的赋能下，企业可以利用各种数字化的工具、软件等对产品进行数字化设计、分析、仿真、试验或验证。与传统的研发模式相比，数字技术在用户需求识别、产品设计效率、研发开展方式等方面赋予了企业产品研发新的特征。利用数字技术能够实现研发过程的需求分析精准化、研发设计高效化和研发流程并行化。

3.2.1　需求分析精准化

数字经济时代，消费者在线上线下购物时的大量数据可以通过软感知或硬感知的方式记录下来。在线上，随着互联网的普及，电子商务成为人们购买产品或服务的重要方式。中国互联网络信息中心 2021 年 2 月发布的

《第 47 次中国互联网发展状况统计报告》显示，截至 2020 年 12 月，我国网民规模达 9.89 亿人，其中网络零售用户规模达 7.82 亿人，占网民总数的 79.1%。我国已连续八年成为全球最大的网络零售市场[1]。消费者通过网络购买产品并表达自己对产品的看法，形成了大量的注册信息、浏览记录、搜索记录、购买记录和产品评论等数据。在线下，门店也可以利用数字技术来捕捉消费者在购物时的多样化数据，如年龄、性别、在产品前的驻留时间、产品体验偏好、产品购买记录等。

这些数据为消费者需求的挖掘提供了丰富的素材。通过观点抽取、情感分析、关联规范、分类、聚类等各种数据挖掘的方法对这些数据进行分析，企业既能获得消费者作为整体的群体行为特征，又能在个体层面上精准地刻画消费者行为，发现消费者对产品属性的要求和喜好，例如消费者在产品的视觉外观、交互操作、使用场景、功能效用等方面的偏好和需要，从而准确地把握消费者的产品需求。以此为基础，可以有针对性地进行产品设计。

以天猫的定制家电为例，天猫与格力、美的、海尔、海信、九阳、苏泊尔等 40 多个家电品牌开展合作。这些品牌专门为天猫提供定制家电生产服务。定制家电生产线的研发和设计由天猫掌握的数据进行指导。天猫本身拥有超过 6 亿活跃用户，积累了大量消费数据，可用于对消费者的需求进行精准识别。在产品需求识别的过程中，用户的搜索浏览、驻留时间、商品对比、购物车数据等都会被记录和挖掘。用户的个人特征，如性别、年龄、地域、职业、收入等数据也被用于各种分析，由此提炼出产品功能、痛点和卖点，天猫将分析结果提供给商家，推动产品的技术创新，以贴合用户需求[2]。

例如，格力与天猫的产品定制合作始于 2016 年。基于天猫大数据，格力研制了一款定制产品——晶弘 286 冰箱。晶弘 286 冰箱拥有 46 升大变温

---

[1] 中国互联网络信息中心. 第 47 次中国互联网发展状况统计报告 [R/OL]. (2021-02-03)[2021-02-08]. http://cnnic.cn/hlwfzyj/hlwxzbg/hlwtjbg/202102/P020210203334633480104.pdf.

[2] 曾鸣. 智能商业 [M]. 北京：中信出版社，2018.

区、冷藏、冷冻或零度保鲜切换自如，用户还可以通过冰箱上的智能大屏直接在天猫超市下单。它的这些功能有效地满足了用户的需求，一举让它成为爆品。再如，美的通过天猫大数据发现，消费者对洗碗机返潮和杀菌的需求十分普遍。基于此，美的进行了热风全烘干升级，搭载了黑钢面板，同时接入阿里小智智能操作系统，实现洗碗计时提醒等功能，受到消费者的欢迎。⊖

从上面格力和美的的产品例子也可以看出，在数字化时代的广泛连接下，商品已经不仅仅作为实物产品存在，还是围绕用户需求所搭建的场景体验。人们消费的对象，由传统的物质产品变为了产品所连接的场景价值⊜。在大数据驱动下，基于"人群–场景–功效"的产品需求分析正成为一种重要的产品开发模式（见图3-2）。

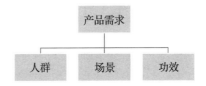

图 3-2　产品需求分析的三个维度

具体而言，在人群维度，用户的个人特征，如性别、年龄、地域、职业、消费水平、偏好等数据可被用于各种分析并形成用户画像，为目标消费者的确定提供线索。在场景维度，从海量数据中提取出的各种场景，如产品使用的时间、时节、地点、相关活动等，将为产品概念的设计提供重要思路。在功效维度，从大数据中挖掘出的消费者对产品的功能需求，将为产品功能的开发提供直接依据。与传统的产品概念开发模式相比，数据驱动的基于人群、场景和功效三个维度的产品概念开发更具有时效性和准确性。

以数说故事公司主打"益生菌"概念的产品开发为例，本书作者团队2018年到广州数说故事公司调研时，数说故事公司CEO徐亚波先生向我们介绍了这种新产品开发模式的思路：通过对微信、微博等社交平台、淘宝、天猫、京东等电商平台、百度百科、维基百科等专业网站以及垂直行业网站

⊖ 杜博奇，王诗琪. 这些品牌卖爆了！"天猫定制"今年还会有这些大动作[EB/OL].(2018-04-11)[2021-01-12].https://www.sohu.com/a/227971635_114930.

⊜ 朱建良，王鹏欣，傅智建. 场景革命：万物互联时代的商业新格局[M]. 北京：中国铁道出版社，2016.

等网络媒体平台的数据抓取，形成海量消费者大数据资源，为产品概念的开发提供数据基础。通过对海量数据进行人工标注训练和热门概念抽取，发现"益生菌"是一个热门的概念。随后从人群、场景和功效三个维度进行详细的数据分析和挖掘，如图 3-3 所示。

人群	场景	功效	新产品
婴幼儿	早晨	提高免疫力	帮助婴幼儿提高免疫力的益生菌奶粉
婴幼儿妈妈	日常工作和休闲娱乐	减肥	针对婴幼儿妈妈的益生菌休闲果蔬饮品，主打减肥功效
中老年	饭后	增强肠胃功能	帮助中老年人调节消化功能的益生菌酸奶

图 3-3　基于"人群 – 场景 – 功效"的产品开发示例

资料来源：作者根据调研资料整理。

在人群维度，通过对消费者大数据的分析和画像，可以发现婴幼儿、婴幼儿妈妈和中老年等人群都是益生菌概念的重要目标人群。在场景维度，通过与重要目标人群的数据关联，可以得出不同的目标人群经常使用产品的场景，如婴幼儿在早晨，婴幼儿妈妈在日常工作和休闲娱乐时，中老年人在家中等。在功效维度，通过与重要目标人群的数据关联，可以得出不同人群所注重的产品功效，如婴幼儿注重提高免疫力，婴幼儿妈妈注重减肥，老年人注重润肠通便等。在这三个维度的数据分析的基础上，可以提出针对不同人群、面向典型场景、具有特定功效的产品概念，进而对现有产品进行调整或形成新产品的具体方案，如针对婴幼儿的益生菌奶粉、针对婴幼儿妈妈的益生菌休闲果蔬饮品、帮助中老年人润肠通便的益生菌酸奶等。

3.2.2　研发设计高效化

数字技术的使用给新产品的研发设计带来了巨大的变化。这表现在采用 CAD（计算机辅助设计）、CAPP（计算机辅助工艺过程设计）、CAE（计算机辅助工程）、CAM（计算机辅助制造）、PDM（产品数据管理）等数字技术能大幅提升产品设计的效率，缩短产品研发的周期。

传统的新产品研发一般需要经历需求识别、产品设计、工艺设计、产品试制、产品验证等多个环节。在传统的产品开发模式中，包括概念设计、详细设计在内的产品设计和工艺设计属于产品创新的先导阶段，而产品验证则要在产品试制完成以后开始。通过物理世界中的装置设备对实物样品进行全方位试验测试，获取验证结果，并在此基础上形成产品的优化改进方案，进行下一轮迭代，这种跨度较长的"大循环"式迭代容易造成产品的开发周期长、开发成本高、开发风险大等问题。随着数字技术的发展和应用，基于虚拟世界的"模拟择优"方法逐步兴起，颠覆了传统的"大循环"式产品开发模式。采用 CAD、CAPP、CAE、CAM、PDM 等数字技术，可以在虚拟世界中对产品进行数字化定义和描述，构建新产品在虚拟世界的几何模型，精确描述和定义新产品的形状、属性和结构等特征，形成虚拟产品。以构建的虚拟产品为基础，在产品设计阶段就可以开展大量仿真试验和虚拟验证，模拟检验产品在真实环境中的性能，例如邀请用户在虚拟世界对产品进行虚拟试驾、虚拟试装、虚拟操作等全方位体验，及时获取用户评价和反馈，根据仿真和验证结果调整产品参数或工艺参数，快速优化设计方案，将产品开发的关键问题和可能发生的错误集中在设计阶段解决，实现"设计–仿真–优化"的"小循环"式迭代。"小循环"式产品开发模式能大幅提高后期物理试验的通过率，切实降低产品开发成本，提高产品开发效率[⊖]。

基于数字仿真的"模拟择优"模式使得产品开发活动在虚拟空间快速迭代，在时间和空间上交叉、重组和优化，从而降低了试错成本，大幅缩短了新产品从研发、小试、中试到量产的周期。借助数字化研发，飞机、汽车、大健康等多个产业的新产品上市周期都较过去（采用"模拟择优"模式之前）大幅缩短，如表 3-1 所示。

⊖ 中国信息化百人会，阿里研究院. 数据生产力崛起：新动能 新治理 [R/OL]. (2020-09-15) [2021-01-15]. https://www.dx2025.com/wp-content/uploads/2020/09/the_rise_of_data_productivity_new_driving_force_.pdf.

表 3-1 新产品上市周期演变

产业	新产品上市周期	
	过去	现在
飞机产业	10 年	4～5 年
汽车产业	5 年	2～3 年
大健康产业	24 个月	6 个月

资料来源：中国信息化百人会，阿里研究院．数据生产力崛起：新动能 新治理 [R/OL]．(2020-09-15)[2021-01-15].https://www.dx2025.com/wp-content/uploads/2020/09/the_rise_of_data_productivity_new_driving_force_.pdf.

在飞机领域，波音787飞机的研制采用了完全数字化设计、试验和装配，总共16TB的设计和试验数据，没有实物样机。虚拟试验验证技术作为核心技术之一在研制过程中发挥了重要作用。波音787飞机的大型试验均在虚拟环境中进行，大大降低了研制风险，将研制周期缩短到4年[一]。类似地，中国航空工业第一飞机设计研究院在新飞豹飞机研制的过程中，全面采用数字样机技术，构建了全机51 897个零件、43万个标准件、487个关键件的三维数字模型，大幅提高了飞机各部件模块化设计水平，使设计周期缩短60%，设计返工减少30%[二]。

在汽车领域，广州明珞装备股份有限公司（以下简称"明珞"）通过搭建集工程设计、虚拟调试于一体的数字化平台提升了研发设计效率。明珞是国内知名智能装备解决方案提供商，服务于奔驰、宝马、奥迪、大众、通用、长城、吉利、广汽、上汽、北汽等国内外头部汽车制造企业，为其提供车身焊装智能制造生产线。2018年以来，本书作者多次应明珞公司邀请前往调研并为其提供管理咨询服务。明珞董事长姚维兵先生和副总裁龙璞先生告诉我们，明珞致力于通过数据赋能提升企业的研发能力，在非标智能装

[一] 田锋．精益研发2.0：面向中国制造2025的工业研发[M]．北京：机械工业出版社，2016.
[二] 中国电子信息产业发展研究院．工业互联网平台新模式新业态白皮书[R/OL]．(2020-08-27)[2021-02-08].https://www.vzkoo.com/doc/18672.html.

备系统集成设计方面取得了显著的成绩，将目前行业新建一条汽车生产线的1~2年的交付周期压缩至4.5个月。明珞产线交付水平的提升有赖于其工业物联网智能制造服务平台（MISP）的应用。MISP以数字孪生为核心，已开发集成了数十万个产线数字孪生模型，能够实现虚拟产线与实际产线的动态交互融合，也能够实现"虚拟"帮助"现实"，从而为客户节省时间和成本（见图3-4）。

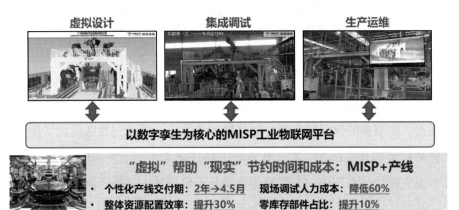

图 3-4　明珞的 MISP

资料来源：明珞公司提供。

在"虚拟"帮助"现实"方面，明珞基于自身积累的产线数字孪生模型，在搭建实际产线之前，先构建虚拟工厂（见图3-5），在虚拟空间模拟产线运行的情况，针对在产线实际运行时可能发生的各种问题，提前在虚拟空间寻求解决方案并进行验证。龙璞先生向我们介绍，这样能够解决90%以上的问题，只剩下不到10%的问题需要在现场解决，从而大大提高了产线的研发设计成功率和交付水平。例如，明珞为吉利马来西亚宝腾工厂提供的新产线在虚拟空间实现了虚拟节拍验证、工艺连续性验证和动作同步性验证等一系列验证，在系统装配集成前就解决了95%的潜在风险问题。

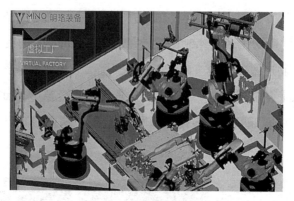

图 3-5　明珞的虚拟工厂

资料来源：本书作者调研时拍摄，经过明珞同意。

在大健康领域，以药品开发为例，数字仿真能真实模拟出复杂的化学分子模型，将更多的化学试验通过数字模型来推演，由此更快获得比常规传统试验更精准的预测结果。在《麻省理工科技评论》杂志发布的 2020 年 "全球十大突破性技术" 中，人工智能发现分子位列其中。新药研发的主要难点之一是可能被转化为潜在药物的分子数量过于庞大，可达 10 的 60 次方，要从中找出有希望的分子需要付出大量的人力、物力、财力。现在机器学习工具可以用来探索包含已知分子及其特性的大型数据库，能够以更快的速度、更低的成本发现新的候选药物[⊖]。

3.2.3　研发流程并行化

制造业企业传统的产品研发模式是基于串行工程的模式。企业把产品开发过程细分成需求分析、产品设计、工艺设计、产品试制（加工装配）、产品验证等多个环节，如图 3-6 所示。研发活动在各部门之间顺序进行，每个研发活动完成后再转到下一个环节。这样的模式使得各个环节难以对设计全局

⊖ 麻省理工科技评论 .2020 年 "全球十大突破性技术 [J/OL].(2020-02-26) [2020-06-22]. http://www.mittrchina.com/preview/news/4849.

进行综合考虑，难以实现全局最优，容易造成研发设计流程长、效率低、成本高等问题。

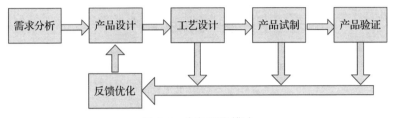

图 3-6　串行研发模式

随着 CAD、CAPP、CAE、MBD、PDM 等数字技术和工具的使用，高度集成的数字化模型以及研发工艺仿真体系成为现实，传统上相互独立、顺序进行的研发工作在时空上实现了交叉、重组和优化，一些原本在下游进行的开发工作也提前到上游进行，研发流程实现了从串行向并行的演进[一]。

并行工程的概念由美国国家防御分析研究所于 1988 年提出，是集成地、并行地设计产品及其相关过程（包括制造过程和支持过程）的系统方法。其目标是提高产品质量、降低产品成本、缩短产品开发周期和上市时间[二]。并行设计是并行工程的核心内容，是设计及相关过程并行、一体化、系统化的工作模式。这种工作模式旨在使产品开发从一开始就考虑到产品全生命周期的各种因素，包括质量、成本、进度计划和用户需求等，在研发设计时就将下游环节的可靠性、技术性、生产性等作为约束条件，以避免或减少产品开发进行到后期才发现错误而返回到上游环节进行修改的情况。到了今天，随着数据采集技术和设备的发展，以及基于互联网、云计算的高效协同平台的应用，并行设计的逻辑在多个领域得以实现。如图 3-7 所示，产品设计、工艺设计、装配设计、检验设计等传统上顺序进行的活动在时间维度上出现交叉与重叠。各个设计环节并行进行，并实现信息、知识的共享和上下游设计人

㊀　毕马威，阿里研究院.从工具革命到决策革命——通向智能制造的转型之路 [R].2019.
㊁　陈晓川，张暴暴，刘晓冰，等.并行工程的研究概况综述 [J].机械制造,1999(03):9-11.

员的协同，使得产品全局最优设计成为可能，也使得研发周期缩短、研发效率提高。

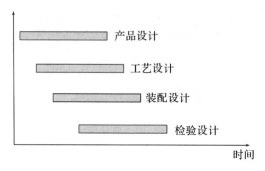

图 3-7　并行设计示意

资料来源：陈晓川，张暴暴，刘晓冰，等.并行工程的研究概况综述 [J].机械制造,1999（03）：9-11.

我国的 C919 大型客机的研制就采用了并行工程的方法。在研发过程中，研发人员大量使用了 MBD、CAD、CAE 等技术，建立了数字样机，使得设计和制造能够基于同一数据对象开展各自的工作，在不用进行实体零件制造和装配的情况下模拟出真实的制造和装配过程，并发现设计的工艺性问题，实现了产品设计、工艺设计、装配设计、检验设计等环节的并行运行，从而提高了飞机研制的效率，降低了研制成本，使研制周期缩短了 20%[⊖]。

3.3　数据赋能的新研发模式

3.3.1　数字化协同研发

在数字技术的赋能下，企业的研发设计正在从以企业内部研发部门为主向多主体协同研发的模式演进。从企业内部视角看，PLM（产品生命周期管

⊖　工业互联网产业联盟，中国信息通信研究院.工业互联网综合知识读本 [M].北京：电子工业出版社，2019.

理）系统等研发管理系统的应用，为构建多部门参与的协同研发模式提供了平台。从产业链的视角看，基于"云＋端"模式的协同研发平台支撑企业研发设计主体扩展到整个供应链。通过云端的协同服务与内部 PLM 等系统的连接，同步实现企业与供应链上合作伙伴的研发设计业务协同和产品数据协同。从全社会的视角看，社会化的开放创新平台将用户及第三方创新资源整合到产品研发中，实现社会化的协同。

1. 企业内部协同研发

当前，制造业领域的市场竞争日趋激烈，市场变化越来越快，客户个性化需求越来越普遍。产品研发从单纯的功能和性能研发向原料可获得性、产品可生产性、产品可维护性转变。在这样的背景下，为应对激烈的竞争，企业需要改善研发过程管理，整合内部资源。产品的研发设计需要与采购、生产、营销、售后、财务等环节协同。采购、生产、营销、财务等部门需要参与到产品的研发设计当中，就产品的功能、质量、成本和生产等问题提出意见，研发部门将意见反映到产品设计当中，从而降低因后续环节变更而带来的损失，缩短产品开发周期，提高产品开发效率。PLM 系统为解决上述问题提供了方案。

产品全生命周期是指产品从需求、规划、设计、生产、经销、运行、使用、维修保养直到回收再处理的整个过程。PLM 描述和规定了产品生命周期过程中产品信息的创建、管理、分发和使用的过程与方法，给出了一个信息基础框架来集成和管理相关的技术与应用系统，用户可以在产品生命周期过程中协同地开发、制造和管理产品[⊖]。通过 PLM 系统，企业可以建立统一的文档管理体系，实现对所有项目文档的有序管理和产品开发过程的可视化控制。在此基础上，将业务扩展到产品生命周期的其他环节，实现产品设计与其他环节的协同，为企业建立起数字化协同研发体系，从而缩短产品开

⊖ 黄双喜，范玉顺. 产品生命周期管理研究综述 [J]. 计算机集成制造系统，2004，10(01):1-9.

发周期，提高产品创新能力。

具体来讲，PLM 系统具有以下主要功能：

（1）**产品数据管理**。产品数据管理（PDM）是 PLM 系统的核心功能。通过 PLM 系统将整个设计过程中的所有电子图档和数据，按照一定的数字模式加以定义、组织和管理，提升零部件的标准化程度，支持设计的重用。PLM 系统将所有与产品相关的信息集成到一起，包括与产品相关的 CAD/CAPP/CAE 文件、物料清单（BOM）、产品配置文件、事务文件、产品加工工序、工作标准、工作流程、产品订单、供应商状态等，使这些产品数据在其整个设计周期内保持一致，并保存多个版本的数据以便溯源，同时也方便研发设计及相关人员在权限范围内查找所需数据，实现企业设计、工艺、制造、市场、财务等相关部门的数据实时更新和共享。

（2）**业务流程管理**。业务流程管理用于控制文档的签审、分发、变更以及工作任务的分配等流程性事务。通过业务流程管理，能确保整个流程的全部过程规范可控，结果有详细的记录可供追溯。

（3）**项目管理**。管理项目的计划、执行、控制等活动及活动的相关资源，并将活动及资源与产品数据和产品流程紧密关联起来，实现对项目的范围、质量、成本和进度的管理。项目管理覆盖项目计划、项目执行、项目交付全过程，将项目任务层层细分，落实到具体的责任人，根据交付项目的完成情况，对项目进度进行汇总及监控。

（4）**应用软件集成**。一方面，PLM 系统提供与 CAD、CAE、CAM、CAPP、Office 等工具的集成接口，使研发人员在设计过程中能够便捷获取上下游的数据，提高设计协同工作效率。另一方面，PLM 系统通过集成 SCM（供应链管理）、ERP（企业资源计划）、CRM（客户关系管理）等系统，建立设计、采购、生产、销售等环节之间的联系，实现产品全生命周期的过程管理，支持产品全生命周期的信息创建、管理、分发和应用，从而提高产品开发的效率，使得所开发出来的产品更符合市场的需求。

以中车南京浦镇车辆有限公司（以下简称"浦镇公司"）的 PLM 系统应用为例，浦镇公司从事城市轨道车辆、城际动车组、现代有轨电车以及铁路客车、重大核心部件等产品制造。为解决设计、工艺和制造等部门的协同问题，浦镇公司与西门子合作启动 PLM 项目，将原来的 PDM（产品数据管理）系统升级为 PLM 系统，以优化设计和工艺管理，提升工艺仿真能力，提高研发效率。PLM 系统帮助浦镇公司完成了设计、工艺、仿真和试验四大平台的构建，形成数据流程闭环管理，确保了数据源头的一致性和输出的规范性。通过应用 PLM 系统，浦镇公司的设计周期缩短了 30%，材料利用率增加了一倍[1]。

2. 产业链协同研发

随着云计算、工业互联网等应用的不断深化，制造业企业与产业链上下游企业的业务协同不断在线化、网络化，企业内部的协同研发平台向产业链上下游延伸，产业链级的网络化协同研发成为一种新的研发模式。这种模式被称作分布式创新，即以跨地域、跨时区或跨组织的项目团队为载体，基于分布式结构配置和分布式认知提升并通过相关分布式协同的支撑，以各种信息和知识的共享为连接纽带，为完成特定创新任务而在分散项目成员之间进行的顺序或并行的各种创新活动[2]。分布式创新已被视为研发组织开展数字创新的一种重要发展趋势。

如何实现产业链上下游企业的研发业务协同，从而提高产品研发的整体效率和产品质量，是许多企业面临的挑战。云设计平台为此问题提供了一种解决方案。云设计平台是一个公共研发设计协同平台，在云端架起产业链上各企业间协同研发的桥梁，开启产品研发的网络化协作模式，并通过整合企

---

[1] 畅想网. 轨道车辆制造企业利用 Teamcenter 和 Tecnomatix, 将设计周期缩短 30%, 并将材料利用率提高一倍 [EB/OL].(2016-09-29) [2021-06-20]. http://www.vsharing.com/k/others/2016-9/718520.html.

[2] 陈劲，金鑫，张奇. 企业分布式创新知识共享机制研究 [J]. 科研管理，2012,33(06):1-7.

业内部 PLM 等系统的数据，实现两个"协同"，即设计业务协同和产品数据协同[一]，加速产品的研发设计，缩短研发周期，降低研发成本。

（1）**设计业务协同**。企业 PLM 系统中的产品研发任务通过云设计平台分发给产业链上下游参与协同研发的组织。参与研发的组织在云设计平台接收任务、执行任务、提交任务。提交后的任务返回到企业的 PLM 系统中，从而实现产业链上的研发业务协同。

（2）**产品数据协同**。上下游企业之间需要进行数据交互时，企业可从内部 PLM 系统向云设计平台发放文件，也可接收云设计平台发放的数据，通过云设计平台实现产业链上各组织间文件的传递、浏览、查询及归档。通过上下游企业间数据协同分发，实现文件的全过程跟踪及产品数据的一致性。

目前，国内一些大中型制造业企业采用了产业链级的协同研发模式。例如，中国核工业集团有限公司在第三代核电技术"华龙一号"的设计过程中，将核电的设计、应用软件集成与工业互联网技术相结合，通过网络将多个设计单位连接起来，建立了异地综合协同设计平台。协同设计平台的终端数量达到 500 个，分布在全国各地的设计单位在同一平台上开展协同设计，提升了核电设计、设备制造和工程建设的水平[二]。河南航天液压气动技术有限公司基于航天云网的 INDICS 平台，开展云端设计，通过平台提供的数字化设计工具和模型库、知识库等资源建立涵盖复杂产品多学科专业的虚拟样机系统，实现了总体设计部与总装厂的协同研发设计，加速了新产品协同研发过程，使研发周期缩短了 35%、资源利用率提升了 30%[三]。长安汽车建立了以三维数字化设计和全球协同设计为核心的汽车产品智能化研发云平台，与在美洲、欧洲等地的海外设计中心开展 24 小时全天候产品联合开发，实现

[一] 王建伟. 数字领航 换道超车：数字化转型实践探索 [M]. 北京：人民邮电出版社，2019.
[二] 张学军，王保平. 工业互联网浪潮 [M]. 北京：中信出版社，2019.
[三] 中国电子技术标准化研究院，全国信息技术标准化技术委员会大数据标准工作组. 工业大数据白皮书（2019 版）[R/OL]. （2019-03）[2021-02-08]. http://www.cesi.cn/images/editor/20190401/20190401145953698.pdf.

了跨部门、跨企业、跨区域的产品协同设计，使产品研发周期从 36 个月缩短至 24 个月[1]。

3. 社会化协同研发

数字经济时代，数字技术打破了原有的组织边界，企业与外部环境中的顾客、供应商、技术提供商等主体可以实现双向的、连续的、实时的信息互动。用户需求的多变性、技术环境的动态性和复杂性使得企业难以具备准确把握用户需求和产品创新所需的全部能力。基于社会化的开放式创新平台将用户及第三方创新资源整合到产品研发中，形成社会化的协同研发模式，为企业应对数字经济时代市场的快速变化、解决产品研发中遇到的技术难题提供了可行的方案。构建开放式的创新网络平台，成为企业获取外部创新资源、深度理解用户需求、及时捕捉市场动态变化、更好地满足市场需求的有效途径。

开放式创新的思想由美国加利福尼亚大学伯克利分校哈斯商学院教授亨利·切萨布鲁夫（Henry Chesbrough）提出。切萨布鲁夫认为，在一个以知识分散为特征的世界里，组织可以通过对外部知识、智力资产和产品的整合创造更多价值。在数字技术的驱动下，许多组织已经转变了思维方式，从单纯的产品和服务提供者转变为开放创新和数字经济创新的促进者，致力于新创意的合作[2]。在数字技术设施之上催生的数字平台，能够促使生产者和消费者进行交互协同，有助于创新生态系统中的其他成员利用数字平台来参与产品设计，从而提升创新绩效[3]。当前，产品众智、众创等开放式创新模式已成为数字经济时代社会化协同研发的典型模式。

---

[1] 中国电子信息产业发展研究院. 工业互联网平台新模式新业态白皮书 [R/OL].（2020-08-27）[2021-02-08]. https://www.vzkoo.com/doc/18672.html.

[2] Suseno Y, Laurell C, Sick N. Assessing value creation in digital innovation ecosystems: A social media analytics approach[J]. The Journal of Strategic Information Systems, 2018,27(4):335-349.

[3] 张超，陈凯华，穆荣平. 数字创新生态系统：理论构建与未来研究 [J]. 科研管理，2021,42(03):1-11.

众智是指企业利用开放式创新平台发布产品研发中所面临的技术性难题，通过网络汇集全球思想，最终找出可行方案并解决问题的模式㊀。波音、杜邦、宝洁、海尔等知名企业都将企业内部研发设计人员解决不了的问题放在创新平台上，吸引全世界创新人才参与研发设计。以海尔为例，海尔搭建了 HOPE 开放式创新平台，平台上聚集了大量的专业技术人士。HOPE 充分发挥其用户交互能力，激发这些专业技术人士贡献他们的智慧，从产品设计到产品形式进行多方面创新。天樽空调的研发过程就是这样一个典型的例子。为了迅速有效地找到解决"空调病"的健康送风方案，HOPE 向全球发出邀请，需求发出后一个月即吸引到众多国内外一流技术资源参与，最终深圳一家科技公司的"风洞"方案胜出，获得了海尔提供的前期开发费用以及后续项目优先合作权，与海尔空调产业线合作创新，生产出了天樽空调一代。天樽空调上市后获得了巨大的成功，发布当天销售额即突破两千万元，2014 年在高端空调市场占有率高达 69%，并荣获世界影响力组织颁发的空调业内最高奖项——全球智慧空调领袖奖㊁。

众创是指企业为了更好地获取消费者对产品的需求信息或解决在产品研发中所面临的问题，利用开放式创新平台邀请消费者参与设计过程的活动。阿里云研究中心 2021 年发布的《新一代工业互联网发展模式与成功实践》报告指出，未来 5 年，30% 的 2C 端生产企业将基于 C2B 协同创新平台进行产品的设计、开发、生产与销售，产品上市时间会缩短 30%。例如，上海汽车集团股份有限公司的 C2B 研发平台打通了车型定义、设计开发、汽车验证、自由选配、用户定价、反馈改进等 6 大环节。用户可以在研发平台上参与上汽大通 D90 多达 60 个节点的开发，包括钥匙、个性化徽章、娱乐大屏、座椅等多项零部件㊂。

㊀ 孙延明，宋丹霞，张延平. 工业互联网：企业变革引擎 [M]. 北京：机械工业出版社，2021.
㊁ 滕东晖，万新明，高俊光，等. 用户需求 + 跨界知识，打造突破性创新产品——HOPE 平台的跨界融合 [J]. 清华管理评论，2019(Z1):28-37.
㊂ 阿里云研究中心. 新一代工业互联网发展模式与成功实践 [R].2021.

3.3.2 数字化研发知识管理

数据赋能企业进行研究开发时，知识管理是重要的手段。对知识进行管理有利于汇聚企业智力资源，提升企业长期竞争优势。随着人类知识总量的日益增加、知识经济的发展、经济全球化的推动、企业信息化的实施、管理学自身的演变与发展，知识在组织中的地位也越来越重要。从战略角度来看，组织特有知识上升为组织核心的战略资源；从组织模式来看，企业打造学习型组织需要企业有良好的知识管理模式；从组织成长来看，组织的学习能力和吸收能力决定着组织成长的加速度；从技术手段来看，知识图谱、可视化等数字化技术为知识管理提供了有力的技术支撑。衡量组织核心竞争力的关键在于组织能够从多大程度上掌握、利用和创新知识。因此，企业可以利用数字化技术进行知识管理，将知识管理与研发过程相结合，构建研发知识管理系统，从而降低企业的研发成本，提高企业的研发效率。在认识与了解研发知识管理系统之前，我们首先要对知识管理进行介绍。

1. 知识管理概述

要理解知识管理，首先要了解知识的概念，理解数据、信息、知识与智慧之间的关系（见图3-8）。"数据（data）– 信息（information）– 知识（knowledge）– 智慧（wisdom）"模型（DIKW模型）也称知识金字塔。该模型经过三个发展阶段，分别是1982年Cleveland提出原型，Zeleny扩展，2007年由Rowley融会贯通形成[⊖]。其中，数据是客观存在的事实，是原始的、离散的、互不关联且没有明确目的的。而信息是数据的有序排列，具有一定目的和相关性。通过处理提炼，数据可上升为信息。通过比较、推论、联系等方式，信息可转化为知识。知识是可用于行动并指导行动的有用信息。信息只提供事实，而知识能够帮助预测未来要发生的事情。智慧是一种

⊖ 叶鹰，马费成. 数据科学兴起及其与信息科学的关联 [J]. 情报学报，2015,34(06):575-580.

能有效整合、选择和利用各种不同知识的内在能力。从数据上升到智慧，其价值越来越高，获取的困难程度也越来越大。

图 3-8 "数据－信息－知识－智慧"模型（知识金字塔）

资料来源：奈特，豪斯. 知识管理：有效实施的蓝图 [M]. 蔺雷，李素真，译. 北京：清华大学出版社，2003.

关于知识的分类，波兰尼于 1958 年在哲学领域提出隐性知识的概念，知识从此分为隐性知识和显性知识，这成为最有影响力的知识分类方式之一。其中显性知识是人们能用一定的符号（包括语言、数学公式、各类图表、手势语）系统来明确表达的知识。而隐性知识是人们知道却很难系统表述的知识。隐性知识存在于个人头脑之中，在特定环境下才能通过领悟、思考、刻意联系等方式传递。

在波兰尼的知识两分法基础上，野中郁次郎构建了知识创造的 SECI 模型（见图 3-9），该模型遵循辩证法逻辑，创造出新的知识。该模型的四个要素分别为社会化（socialization）、外显化（externalization）、组合化（combination）和内隐化（internalization）⊖。其中知识创造的起点是社会化，在经过外显化、组合化、内隐化三个阶段的发展后，沿着螺旋式上升的运动轨迹实现知识的迭代和创造。

⊖ 野中郁次郎，绀野登. 创造知识的方法论 [M]. 北京：人民邮电出版社，2019.

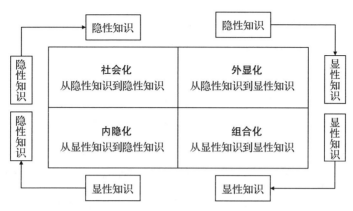

图 3-9 知识创造的 SECI 模型

资料来源：野中郁次郎，绀野登. 创造知识的方法论[M]. 北京：人民邮电出版社，2019.

社会化：从隐性知识到隐性知识。社会化是通过观察、模仿和练习，无须言语来分享经验、增强隐性知识的过程。例如，学徒制和企业的工作现场培训中，徒弟、员工通过观察、模仿和训练来学习必要知识、专业技能和工作方法。

外显化：从隐性知识到显性知识。个人通过小组讨论以隐喻、类比、模型、概念等方式将自身的隐性知识传递给他人，并将其变成显性知识。

组合化：从显性知识到显性知识。组合化是将不同的显性知识通过选择、分析、添加、重组等方式来重构，从而产生新的显性知识的过程。

内隐化：从显性知识到隐性知识。内隐化是指吸收并消化、理解并接纳显性知识，并将其升华为自身的知识。

关于知识管理的流派，目前存在技术学派、行为学派和综合学派等三大学派。三大学派关于知识管理的本质的认知存在诸多差异。技术学派认为知识管理是对信息的管理，强调运用数据挖掘技术、人工智能技术、知识存储与更新技术、文档管理技术等手段来获取并管理显性知识。行为学派认为知识管理的管理对象为拥有知识的人（知识工作者），该学派重视对智力资本的管理，关注知识管理与企业战略、企业竞争优势间的关系，分别从组织结构、企业文化、企业战略、学习模式等角度研究知识管理[1]。综合学派融合了信息技术及管理学的相关知识，认为知识管理不仅要对信息和人进行管理，还要将信息和人连接起来进行管理，知识管理要加强信息处理能力与人的创新能力的结合，以增强组织对环境的适应能力[2]。

知识管理不仅是一种管理理念，还是一种管理方法、解决方案与综合实践。其中蕴含四个要点：第一，知识管理是一套涉及人、流程、技术、管控等管理要素的管理体系。从内容来看，知识管理的知识不仅是纯技术方面的知识，还包括技术与整个组织（如生产、财务、市场营销等）的兼容能力[3]。这些知识可用于共享、传承和重用。第二，知识管理是企业的一种管理视角和解决方案。企业面临创造知识难、管理知识难、使用知识难、分享知识难等问题，建立知识管理解决方案可有效解决这些问题。第三，知识管理是一种提高组织能力和竞争力的综合实践。企业通过知识管理可实现知识的沉淀，提升组织的创新能力，整合并共享智力资源。第四，知识管理的价值依赖于组织成员对知识的利用。知识的主体是人，知识管理的重点应以人为中心，充分挖掘人脑中存在的知识，鼓励人与人之间的知识互动，激励员工对知识的学习，以充分发挥知识管理的价值。

知识管理还是一种技术。在数字化时代，知识管理技术就是指能够协助人们生产、分享、应用以及创新知识的基于计算机的现代信息技术，涉及搜索引擎、知识发现、数据清洗技术、知识创建和编辑技术、可视化技术、专家系统等多种技术。例如，搜索引擎依托网络爬虫技术、检索排序技术、网页处理技术、大数据处理技术、自然语言处理技术等对所收集到的信息进行整理、分类、索引，为用户提供快速、相关性信息服务。知识发现是从存放在数据库或其他信息库中的大量数据中发现和提取有效知识的过程，相关技术如贝叶

---

[1] 王连娟, 张跃先, 张翼. 知识管理 [M]. 北京: 人民邮电出版社, 2016.
[2] 储节旺. 国内外知识管理理论发展与流派研究 [J]. 图书情报工作, 2007(04):80-83.
[3] 陈春花. 成为价值型企业 [M]. 北京: 机械工业出版社, 2016.

斯理论、衰退分析、最近邻、决策树、关联规则挖掘等。数据清洗技术可将非清洁数据降噪转化为高质量的干净数据，从而为后续数据分析与知识管理打下良好的基础。知识创建和编辑技术包含文档拖拽上传技术、多图上传技术、文档在线编辑存储技术、爬虫技术、结构化知识模块技术等。可视化技术将数据转化为图形和图像，丰富了知识的表现形式，降低了知识的理解吸收难度，有力地促进了知识的传播[○]。专家系统（expert system，ES）是由类似于人类专家的能储存知识及进行推理的硬件和软件组成的智能计算机程序，可以用一定的知识和推理进程去解决通常需要人的知识和经验才能解决的复杂问题。

在实践中，知识管理的应用场景分为四类。第一类应用场景以人为中心。个人可以通过一些平台，例如微博、微信公众号、知乎、哔哩哔哩视频网站等平台，以图文或视频等多种形式去记录并分享自己在某些专业领域的经验与知识，或者当自己在某些领域存在困惑时通过公众平台向网友、相关领域专家等征求意见。通过以个人为中心的知识管理，个人可以宣传自己在相关领域的技能，建立声誉，并通过在平台上的问答互动，寻找到专家，建立自己的社交网络。第二类应用场景以知识为中心。常见于企业打造知识管理平台，创建、存储、推广、获取、应用及更新管理知识，知识的类型包含术语、文档、案例、问答、经验、理念等。第三类应用场景以团队为中心。同一个组织或项目组、同一个专业领域的社区内具有同一特质并紧密联系的一群人为了完成一个任务进行协作、共同分享信息与想法，交流任务的完成状况和意见等。知识管理有利于团队协同赋能，当知识内容被运用到实际工作当中时，员工的反馈有帮助或有价值，有利于降低成本并提升效率。第四类应用场景以业务为核心，强调知识管理与实际业务的紧密融合。该场景主张在业务的核心目标导向下，综合不同的知识，协调不同的成员以共同完成某项具体工作，并产生知识成果。

○ 叶英平，陈海涛，陈皓.大数据时代知识管理过程、技术工具、模型与对策[J].图书情报工作，2019,63(05):5-13.

知识管理的作用可以概括为以下五个方面：一是将显性知识系统化，将相互独立、零散的、缺乏联系的知识按照一定的逻辑联系形成全面体系化的知识；二是将隐性知识显性化，充分挖掘出员工和专家头脑中的经验、想法、思路，并将其以可视化的文档、视频等形式保存；三是将知识应用场景化，根据不同的工作场景动态匹配相关知识，并进行智能推送；四是实现知识复用增值化，在知识应用的过程中，将知识反复利用并加以重组，增加知识的价值；五是员工赋能化，知识管理系统可进行员工画像，基于员工的基本属性、工作状态、行为偏好、门户应用等信息智能推送相关知识，可以提升员工的业务能力、创新能力和解决问题的能力。

2.知识管理的要素

2014年，一项面向全球知识经理的调查总结出了知识管理的六要素（见图3-10）：通过社区和网络把人们连接起来；吸取经验教训；改进对文档的访问（包括搜索引擎和门户）；知识的保留；形成和提供最佳实践；创新[1]。这六要素较全面地体现了当前人们对知识管理的认识与理解。六大要素既涉及知识管理内涵，又体现知识管理的作用。下面对六大要素进行具体分析。

"通过社区和网络把人们连接起来"是指通过搭建知识管理的平台，员工在平台上上传并分享信息与资源，进行观点与意见的交流互

图3-10 知识管理的六要素

资料来源：尼克·米尔顿，帕特里克·拉姆.知识管理：为业务绩效赋能[M].北京：人民邮电出版社，2018.

---

[1] 尼克·米尔顿，帕特里克·拉姆.知识管理：为业务绩效赋能[M].北京：人民邮电出版社，2018.

动。通过社区和网络，可实现跨部门的知识集合，实现跨部门的员工协作。例如，华为在进行企业知识管理时，不断建设并优化公司知识管理社区——Hi3MS。员工可以在该社区中实现良好的协作，具体包括向专家求助，帮助同事解答问题；在社区中发起讨论，与同事进行交流互动；参与内容编辑，完善公司的百科全书；查找内容，学习系统化的知识等。华为在进行知识管理时，还建立了案例库，员工在案例库中发布并分享案例，专家和大众通过点赞、点评来进行社交互动，通过社交网络来强化案例知识的传播。

"吸取经验教训"是指员工吸取前人在某领域、某方面工作的经验与教训，从而避免在后续的项目或业务活动中犯相同的错误，并利用前人总结出的良好工作经验来提升工作效率。将学习植入到组织记忆中，现在和未来的工作就可以建立在已有的解决方案和成果基础上，通过吸取经验教训来实现工作的持续改进。例如，格力电器建立了台账纠错管理系统来帮助员工吸取经验教训。台账纠错管理系统将设计、生产、服务环节所产生的质量问题以台账的形式记录下来，并沉淀到系统中，为后续的产品设计提供指导，既能减少研发资源的浪费，又能加快研发进度，有效提高研发成功率。当研发人员进行研发工作时，系统可以智能化地将相关知识推送给他们，帮助其不犯重复的错误，少犯新的错误，从而提高产品研发质量与效率[⊖]。

"改进对文档的访问（包括搜索引擎和门户）"是指知识管理的系统要不断进行更新，不仅知识的内容要随着实践和经验的总结与时俱进，而且对文档的访问方式，即员工通过知识管理平台获取并分享知识的方便程度和效率也要随着技术手段的提高和管理方式的进步进一步提高。例如，中国知网服务平台在其发展中不断优化升级门户，于 2020 年 8 月最新发布的全球学术快报 2.0 实现了全球资源的统一整合和快速播报，如图 3-11 所示。中国知网基于千万级中英文专业词典和百万级主题词表，依赖知网的智能标引技术和

⊖ 张振刚. 格力模式 [M]. 北京：机械工业出版社，2019.

智能主题检索系统，可保证用户全面、精准与及时检索到信息。中国知网的公共门户提供搜索引擎，行业知识服务与知识管理平台、研究学习平台、出版平台及专题知识库四大平台，以及文献检索、知识元检索、引文检索、高级检索、出版物检索等多种检索方式，用户可在高级检索中根据主题、作者、期刊名称、时间范围、文献来源等输入多个检索词进行精准检索，极大地提升了检索效率。

图 3-11　中国知网服务平台门户

资料来源：中国知网。

"知识的保留"是指知识管理的重点在于对知识的存储、上传、更新等方面。知识管理可以实现知识的记录与保管，以确保需要的人可以通过系统快速获得关键信息，可避免企业由于人员离职而失去关键知识和能力。这些保留的知识可以提供给其余人员和新员工使用。例如，华为的客户服务中心每天会将当天客户投诉的问题保存在知识库当中，技术人员会将相应的问题解决方案及时上传到知识库。由此，知识可以得到有效保留，避免了因相关人员的离开而流失。

"形成和提供最佳实践"说明了知识管理的目的。知识管理从实践中来，最终是为了更好地指导实践。形成和提供最佳实践，需要比较和学习组织内外不同的做法，从而找到在既定条件下效果最好的方案。通过知识管理的最佳实践可以促进最佳实践在不同业务单元的提升和工作方法的完善。例如，中国广核集团有限公司进行知识管理时，提取并总结各类项目实施的最佳实践，打造项目库。项目库中展示项目的类别、技术特点及创新点。员工在参与项目时可根据项目的不同属性查看有参考价值的项目，高效获取实践经验。

"创新"是知识创造的一种形式。在员工的创新过程中，应通过知识管理来巩固、分享并保护创新的成果。知识管理领域的创新既包括知识内容的创新，也包括知识管理手段的创新。知识内容的创新是指在产品、流程及服务当中不断探索新规律，发现新知识。例如，南方电网的管理科学研究信息平台为员工创新提供内容、平台和人员支撑。海量的知识资产和数据为员工创新提供了内容基础；平台具有的报表分析、趋势预测、动态知识关联等功能为培育创新思维提供了平台支持；平台的社交协作功能可以帮助员工便捷地找到专家，进行知识的互动与跨部门合作，为员工创新思维的培养提供了人员基础。知识管理手段的创新是指知识管理技术领域的创新，如知识图谱是数字时代下产生的一种新型的海量知识管理与服务模式，能捕捉并呈现领域内概念之间的语义关系，使各种信息系统中琐碎、零散的知识相互连接，可支持语义检索、智能问答、可视化决策等智能应用。

需要注意的是，知识管理的六个要素在不同行业和不同市场的排序可能有所差异，最重要的要素也会根据外在环境及内在需求的变化而有所改变。

但这六个要素较全面地体现了当前人们对知识管理的认识与理解。组织需要基于对自身经营战略、知识管理现状及需求的分析，将知识管理战略与组织的业务战略相融合，以核心业务为导向，针对业务主题来推进知识管理，实现组织结构、业务流程和知识流程的衔接与互动。

3. 数字化研发知识管理系统

研发知识管理系统是助力数字化研发的重要平台，是知识管理的重要实践，在实际应用中有利于提升组织创新能力，整合共享智力资源，提升人员研发效率。研发知识管理将知识管理流程与研发流程相结合，促进研发知识的积累及创新。研发流程作为企业的主要业务流程，知识流动量较大，因此是企业进行知识管理的重点。在研发过程中运用知识管理将有利于企业节省研发成本、缩短产品研发周期、提升产品研发的竞争力。在长期的生产实践中，企业积累了大量的核心技术和丰富经验，然而由于在隐性知识显性化、知识资产管理显性化、知识分享与传播和知识应用等方面存在诸多问题，这些技术和经验无法得到很好的传承与拓展，制约了企业的研发效率、效果与创新。因此，企业需要构建完善的研发知识管理系统，通过数据赋能研发知识管理解决这些实践问题。

（1）**研发过程中需要管理的知识**。产品研发过程包括需求分析、产品设计、工艺设计、产品试制、产品验证等环节。产品研发的不同阶段有相对应的所需管理的知识，如图3-12所示。

需求分析是在对用户的原始需求进行提炼并得出期望目标的基础上，将用户需求转化为产品需求以指导产品开发团队进行产品开发的过程。在进行需求分析时，需要从客户、公司内部、技术突破、外部环境等多种渠道获取需求的来源，因此需进行用户需求调研与竞品调研分析，收集竞争情报、客户需求，分析技术趋势及学习资源，以了解竞争对手、客户、技术发展现状及未来发展趋势。在进行需求分析时，可利用数字化手段实现对知识资源的自动化跟踪采集。在管理需求分析所需要的知识时，可基于信息采集、全文检索、文本挖掘、大数据分析等技术，提高知识利用效率。

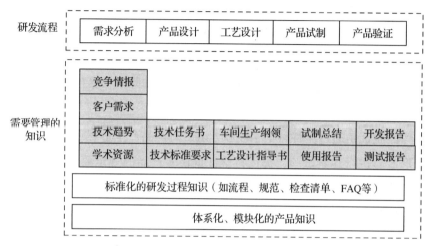

图 3-12　研发过程中需要管理的知识

资料来源：作者根据公开资料整理绘制。

产品设计是从确定产品设计任务书到确定产品结构的一系列技术工作的准备和管理，是产品生产过程的开始。在产品设计过程中，需编写技术任务书，并在技术任务书得到批准后，完成产品设计的主要计算（包含对产品强度、刚度、震动、电路、能量转换、能源效率等方面的计算）和主要零部件的设计，以及进行工作图的设计。在产品设计过程中需管理的知识主要包括技术任务书的标准模板、产品技术条件（包括技术要求、试验方法、检验规则）等。

工艺设计是利用各种生产工具对原材料或半成品按照设计预期的产品要求进行加工和处理。在进行工艺设计时，需管理的知识主要包括车间生产纲领及工艺设计指导书。车间生产纲领明确了产品的品种、规格、产量和进度计划。工艺设计指导书将产品加工工序、工艺条件、操作要求、质量标准等形成书面材料，以指导生产作业。

产品试制是在完成产品设计和工艺设计后，通过样品试制以检验所设计的新产品的图样、工艺等的准确性，通过小批量试制以检验工艺规程和工艺装备是否适合生产的要求。产品试制过程中需进行试制总结和编写使用报告。试制总结着重总结图样和设计文件验证情况，以及在装配和调试中所反映出的有关产品结构、工艺及产品性能方面的问题及解决过程，并附上各种反应技术内容的总结报告。使用报告是指产品在实际工作条件下进行使用试验后所编制的文件。

产品验证是通过多种科学手段和方法，对产品产生过程形成的有形产品和无形产品进行观察试验，提供科学证据证实产品的规定要求已得到满足。在产品验证过程中，需要编制一份完善的开发报告，在对产品的功能结构进行详细验证后，还需完成一份测试报告。

除在产品研发过程不同阶段需要管理相应的知识外，还需要管理标准化的研发过程知识及体系化、模块化的产品知识。标准化的研发过程知识是指在研发产品的整个阶段可重复利用的知识，将技术标准、业务流程、项目经验教训、技术或业务案例及培训资料等进行提炼总结，将标准、规范、基础知识等固化，形成流程、规范、核对清单、常见问题解答（frequently asked questions，FAQ）等。流程和规范为研发新品的步骤提供指导。规范涉及研发领域内的标准法规。对研发领域标准法规进行有效管理可避免员工开发不符合标准要求的产品，提升研发人员工作效率，降低相应的成本。以福田汽车构建研发标准法规库为例，通过标准法规系统的建立，在 3 年内，福田汽车标准法规取得了良好的效益，目前系统中已拥有 3 万多条标准及相关信息数据，其中国内标准 5 326 条，国外标准 19 319 条，企业标准 4 505 条[一]。核对清单包含产品研发阶段中需要关注的细节和重要指标，有利于避免研发过程中出现疏忽和纰漏。FAQ 包含常见的问题项目与对应问题的解答。

[一] 深蓝海域官网，http://kmpro.cn/plus/list.php?tid=202。

体系化、模块化的产品知识是指已经经过试验和市场验证的模块的功能、结构、生产等方面的知识。模块是产品架构的基本要素之一，不同模块的组合可以形成不同功能的产品。产品模块化使得对任何一部分设计的改变不会影响到其余部分，通过对设计、开发和生产的零件进行不同的组合，可以实现大规模、标准化、高效率生产[1]。通过重复利用产品模块，复用体系化、模块化的产品知识可大幅降低研发成本，提升人员研发效率，加快新产品推向市场的速度。

（2）数字化研发知识管理系统的结构。一个典型的数字化研发知识管理系统由门户、应用、内容三方面构成，如图 3-13 所示[2]。门户、应用、内容三方面相辅相成，缺一不可。门户是内容和应用的呈现形式，离开门户，知识的上传、共享无法得以实现，员工之间不能高效进行知识的交流与协作。内容是应用的对象，没有内容支撑，员工无法进行知识的应用。而没有知识应用的方式，知识内容的价值就无法得到更好的发挥与利用。知识应用层通过知识工作者之间的交流和协作实现知识的分享、应用和创造。

①数字化知识门户。数字化知识门户是员工进行知识的上传、收集、存储及更新的平台，包括 PC 端公共门户、PC 端专业或部门门户、手机端的移动门户三种平台形式。多种平台形式便于员工在多种情况下都可以及时登录平台获取信息。知识门户是系统与用户的接口，用于实现用户界面，为组织用户提供统一的入口及个性化的操作界面，并根据用户的操作，及时响应用户需求，呈现出用户所需要的个性化知识。公共门户重点在实现公司范围内的工作协同与知识共享。专业或部门门户能满足专业业务条线管理的需要，实现各专业条线间的相关知识和经验的共享。数据赋能知识门户的方式在于提供智能化、个性化的知识门户，不同用户根据自身权限，在进入门户后可

---

[1] 龙勇，张鲲鹏.战略联盟中的合同复杂度与知识泄漏风险——产品模块化的调节作用 [J]. 科技管理研究 ,2015,35(15):152-155.

[2] 蓝凌.蓝凌知识化研发解决方案 [EB/OL].[2021-01-19].https://www.landray.com.cn/case/53.

获取不同的知识内容并自定义知识门户板块。

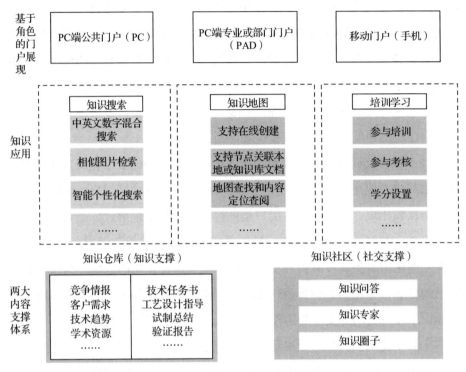

图3-13 研发知识管理系统的结构

资料来源：根据蓝凌知识化研发解决方案整理绘制。

②数字化知识应用。数字化知识应用是指员工通过多种数字化技术和手段对知识管理系统内部知识的应用模式，包括知识搜索、知识地图及知识的培训学习等。

强有力的知识搜索工具是组织和个人找到有价值的、可共享和可使用的知识的保证。当前，不断发展的知识搜索技术通过提供多样的智能检索形式助力员工快速、精准、全面地获取所需要的知识。现在的知识智能搜索引擎可以支持中英文混合搜索、以声搜声、相似图片搜索、以图搜视频等多种搜索形式。多样化的搜索方式可实现知识的精准定位。除此之外，系统还可以实现智能个性化搜索。智能个性化搜索引擎基于个性化信息匹配技术，根据每个用户的身份、偏好、岗位、角色、阅读行为、工作场景等要素，通过 AI 算法进行智能化内容推荐。

知识地图是指人类的客观知识因为各种联系而连接起来形成的知识图谱。知识地图的概念最早由英国著名情报学家布鲁克斯（B. C. Brooks）提出，他认为人类的知识结构可以绘制成以各个单元概念为节点的学科认识图。知识地图是一种有效的知识管理工具，可以很好地展现知识之间的关联性，帮助人们更好地理解并记忆知识结构，协助员工快速获取所需知识。如图 3-14 所示，关于区块链的知识地图从基础知识、技术实现、开发环境、项目实践和开发文档五个方面，直观地展示了关于区块链的相关知识，例如在技术实现方面，区块链涉及的关键技术包括共识算法、加密技术、钱包开发、存储技术、P2P 网络等。

在构建研发流程的知识地图时，可依据研发流程的不同阶段及相关知识的逻辑关系建立研发知识节点的关联图，并对研发实践过程中产生的知识进行汇总，及时丰富完善知识地图。在数字技术的支持下，员工可以在研发知识管理系统内部通过设计地图节点、填充地图内容或内容链接等方式在线创建知识地图，也可以利用多类型知识地图对所需要的知识实现精准且快速的定位。

数字化研发知识管理系统的培训学习功能可实现员工的在线培训与考核，可以更好地激励并引导员工产生知识管理行为，利用群体智慧提升个人技能。研发知识管理系统中员工学习与培训的知识主要为知识仓库内部关于研发领域的专业知识及研发项目的经验教训。可通过设置知识活动的学分规则，计算用户相关知识活动学分，利用个人知识学分排行、部门知识学分排行及知识学分兑换等方式来激励员工更好地参与培训和考核，从而丰富自己的知识并提升能力。设置知识学分的目的在于用量化的方式综合考察员工及部门在知识管理方面的行为表现。个人知识学分由贡献学分和学习学分两部

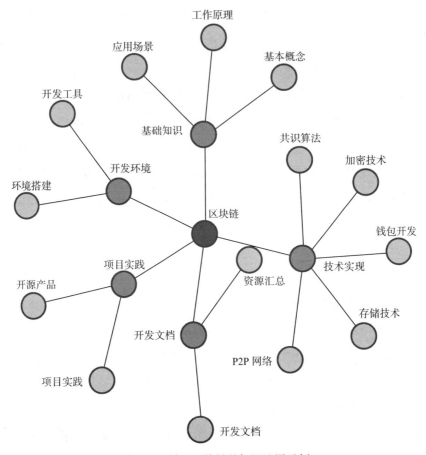

图 3-14　关于区块链的知识地图示例

资料来源：朱志文. 从概念到底层技术，一文看懂区块链架构设计 [EB/OL]. （2018-04-18）[2021-06-30]. https://www.sohu.com/a/228640314_116858.

分组成。贡献学分主要指员工在知识管理系统发布的知识被其他员工学习后所获得的学分，包括创造知识类的学分，被阅读、被点赞、被收藏、被转发的学分总和。学习学分主要指员工在知识管理系统中学习发布的知识所获得的学分，包括阅读学分、问答回复学分、纠错学分、点评学分、收藏学分、转发学分。部门知识学分为部门员工学分之和除以部门的员工数量。在明确知识学分设置规则后，可进行个人及部门的知识学分排名，并对排名领先的部门及员工进行奖励,可颁布年度知识贡献先进个人、年度知识贡献先进集体的名誉头衔及一定的现金激励。例如,广州地铁设计研究院对知识管理的日常激励包括知识积分、知识积分头衔晋级及知识积分兑换三部分内容。在员工进行知识学习与考核后,通过院知识管理系统实时计算并展现员工的知识积分,员工累计的知识积分除了可以兑换一些物质奖励外(见图3-15),也成为员工晋升职位的重要考核指标。

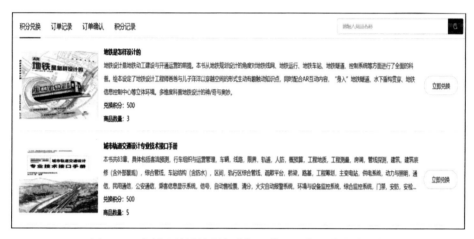

图 3-15 广州地铁设计研究院知识管理系统积分兑换示意

资料来源:广州地铁设计研究院。

③数字化知识内容支撑体系。数字化知识内容支撑体系包括知识仓库和知识社区。知识仓库是用来存储组织的知识资产的,在对企业知识进行系统全面的梳理和汇总后,以特定的方式表达,是在计算机存储器中存储、组织和管理,进而提供知识服务的重要知识集合[⊖]。企业研发知识管理系统内的知识仓库涉及企业研发过程中所需要的各项知识,包含客户需求、竞争情报、学术资源、技术趋势、技术任务书、工艺设计指导、试制总结、验证报告等。根据收集知识的方式可将其划分为人工知识库和智能知识库两部分。

⊖ 张斌,魏扣,郝琦.国内外知识库研究现状述评与比较[J].图书情报知识,2016(03):15-25.

其中人工知识库是指员工将总结的知识以文档、图片、视频等形式上传到仓库中。而智能知识库利用数字化手段实现智能知识的采集、加工、理解和应用。

知识社区通过人与人之间的知识互动将人在线连接起来，包括知识问答、知识专家、知识圈子等专栏，为全员提供一个知识交流的平台。在知识问答领域，除常规的人员问答之外，还涉及机器人的知识问答。智能机器人引擎运用深度学习神经网络、知识图谱技术、统一多渠道知识库及知识自动加工这四大核心技术，极大地提升了机器人应答问题的准确性，可直接给出答案而不是找出相似问题。知识专家专栏会聚了不同业务领域的专家，员工可在研发新品的不同阶段遇到难以解决的问题时，在该专栏快速定位不同领域具有不同专长并符合项目要求的专家，听取他们的意见和经验，以高效解决问题、提升研发效率。知识圈子可按照部门、项目组、兴趣组、研发阶段分类，分别建立具有不同特色的知识社区，在知识圈子实现人员的互动和知识的交流。知识社区可以实现企业知识的沉淀与分享，增加企业知识资本，提升员工岗位适应效率与工作效率。知识仓库与知识社区可进行互补，知识仓库助力显性知识资产化，而知识社区助力隐性知识互动化，知识社区中的一些问答经过系统化处理后可进一步更新到知识仓库中，丰富知识仓库的储备量。

（3）数字化研发知识管理系统的应用场景。研发知识管理系统的典型应用场景包括研发学习赋能、经验教训管理、研发知识资产管理、研发项目活动管理等[1]。

①研发学习赋能。员工在研发知识管理系统的精准学习及系统化学习可以丰富员工的理论及专业知识，提升员工相关技能，提高员工工作效率。通过闯关学习、培训直播、每日一学、每日一考等多样化及趣味化的线上学习方式，有效规划员工的学习路径，提高员工学习积极性。通过设置不同时长

---

[1] 蓝凌. 蓝凌知识化研发解决方案[EB/OL].[2021-01-19].https://www.landray.com.cn/case/53.

的学习课程可以满足员工多样化的时间需求，员工在周末的完整时间段可以进行较长时间的线上培训及考试，而在繁忙的上班时间可以利用碎片化时间吸收一些难度较低的知识，从而更充分地利用时间。除学习之外，企业通过线上考试一方面可以测试员工的知识技能掌握情况，判断员工在公司的工作能力水平，从而激励员工更认真地参与培训，另一方面使员工明确自己知识技能的薄弱点并加强训练，了解自己在公司的能力排名。

②经验教训管理。经验教训管理包括对经验教训知识的采集和存储及场景化应用。经验教训知识的采集和服务平台可以为产品开发提供历史记录，其中包含各数据库中的经验教训知识、工程师手中的质量问题调查报告和各部门积累的质量问题调查报告等。对产品研发设计者来说，通过对该平台经验教训知识的查阅和学习，可以有效避免犯相同的错误，从而提升研发效率。对企业来说，经验教训知识的采集和存储可以实现分散知识的集中化，知识分类体系化及集中存储，避免资料数据丢失。经验教训知识的场景化应用指知识在需求分析、产品设计、工艺设计、产品试制、产品验证等不同研发阶段下的应用。在不同研发阶段总结不同主题知识模板并进行知识库建设，向相关人员智能推送经验教训知识，有利于促进知识与业务工作深度、智能融合。

③研发知识资产管理。研发知识资产管理包括专有技术库（包含产品开发管理、专有技术体系、基础技术体系、技术规划体系、流程和机制、组织管理体系、产品规划能力等）、标准法规管理（包含标准法规清单、标准法规动态、标准法规导入、法规件、表单模板、产品认证）、数字资源共享（包括电子图书和期刊、中外论文资源、图书及图书光盘、分析报告及简报、交流与合作资源）、项目成果沉淀和培训学习库（包含培训课件和岗位课程等内容）⊖。系统完善的研发知识资产库有利于员工进行产品研发时更有针对性地进行学习。

⊖ 蓝凌. 蓝凌知识化研发解决方案 [EB/OL]. [2021-01-19]. https://www.landray.com.cn/case/53.

④研发项目活动管理。研发项目活动管理是指实现研发全过程的关键事项（包括任务、文档、流程、会议等）管理。项目管理流程包括编制计划、任务分配执行、交付物审核、交付物归档等环节。在编制计划时要充分利用工作指导书，尽可能使计划具体明确、可执行；任务分配执行过程中可参考标准流程规范及案例库内容，以提升任务的执行效率；在交付物审核中可参考审批流程，以避免审核的疏漏；在交付物归档中可进行项目知识积累，将项目知识沉淀到系统中。员工通过参考同类项目的知识经验可以有效提升专业能力及工作效率。

· 实践聚焦 ·

蓝凌知识管理解决方案赋能三一集团研发创新、创效

蓝凌作为智慧办公领先品牌，成立于2001年，深耕OA与知识管理20年，提供智能办公、移动门户、知识管理、合同管理、数字运营、财务共享等一体化解决方案，满足1 000多个业务场景定制，提供OA、KM、业务类等数字化产品以全面助力各行业和各企业数字化办公、知识管理、业务协同和数字化转型。在知识管理方面，蓝凌通过知识管理解决方案赋能研发创新、创效。该过程总共包括三个阶段，分别是咨询规划指引，规划并建立知识管理系统，提供知识管理持续推广服务。

在第一个阶段，蓝凌提供咨询规划，辅助企业建立知识管理体系。蓝凌知识管理团队在企业内部导入知识管理的理念，并进行知识管理的培训、员工动员及需求调研分析等，以识别核心知识，改进现有的知识管理体系，实现从知识沉淀、分享、应用到更新及淘汰的知识生命周期管理，提供整体的咨询规划。在第二个阶段，蓝凌将为企业规划并建立知识管理系统。蓝凌携手企业，根据不同企业研发领域的知识管理需求，共同建立满足知识管理体系要求的支撑系统，并提供相应的知识管理系统落地方案，包括研发知识资产库系统、研发知识化培训学习系统、研发团队级知识社区系统等。在第三个阶段，提供知识管理持续推广服务。在搭建完知识管理系统后，蓝凌知识管理团队为企业提供专业的线上、线下培训，以提升企业相关人员的知识管理运营技能，赋能企业独立运作知识管理系统。培训的内容包括线下知识管理活动方法培训指导、如何做知识管理计划、任务后检视方法（after action review，AAR）、知识管理系统的推广策划方法等。

下面以蓝凌知识管理赋能三一集团研发创新为例说明研发知识管理系统建设的平台和功能。三一集团始创于1989年，主营业务是以工程为主的装备制造，覆盖混凝土机械、挖掘机械、起重机械、筑路机械、桩工机械等全系列产品，是中国最大、全球第五的工程机械制造商，是世界最大的混凝土机械制造商。历经30多年发展，三一集团内部积累了大量的知识经验与项目成果，希望通过建立研发知识管理系统来实现知识的有效沉淀、提升知识的查找和复用效率，通过将知识和业务融合，以激活知识管理的效益，赋能业务的发展。

基于蓝凌在知识管理领域的专业及口碑等优势，三一重工携手蓝凌打造研发知识管理系统。该系统包括知识搜索、知识仓库、知识地图、智能机器人等应用，能实现知识的沉淀、共享、学习和应用。在知识搜索模块方面，员工可全方位实现知识快速、全面、精确查找。借助于自动分类、聚类、文本解析、推断等算法，通过知识图谱、主题图谱等多入口，用户可按搜索范围、文档状态、搜索域等多个条件及标签精确查找知识，或直接输入关键词进行模糊搜索，获得相关回答的推荐。在知识仓库的搭建方面，三一重工为集团级和事业部级分别建设知识库，实现分密级共享专业知识，设立开放式创新库，实现优秀对外合作项目成果在集团内部的共享。三一重工总共构建了研发成果库、经验教训库等

5大知识库，涵盖8个知识类型、23个知识场景应用、9 662条研发知识，以知识赋能三一研发创新。在知识地图方面，从研发设计、工艺开发、服务技术资料、项目管理、设计工具五大模块为不同业务线条构建相应的知识地图，使无序的信息有序化，提升员工对知识的搜寻效率。在智能机器人方面，语义识别技术和智能机器人交互聊天的形式，使得知识工作者可从知识仓库中快速获取所需知识，让工作过程变得更加自动化、智能化，极大地提升效率。

  通过携手蓝凌进行知识管理建设，打造数字化研发知识管理系统，三一集团实现了蓄能、用能、提能和创能四大价值。在蓄能方面，知识和经验的积累助力三一重工实现零散知识系统化、隐性知识显性化，研发经验可借鉴；在用能方面，案例的学习助力三一重工统一集中管理研发经验；在提能方面，通过研发知识地图的构建和常见问题与易错环节的汇总，助力员工快速成长、避免重复问题二次犯错；在创能方面，员工在研发知识管理系统上的知识分享与互动，可激发知识创造的活力。

资料来源：① 蓝凌官网."全球市值500强企业"三一集团，选择蓝凌知识管理平台[EB/OL].（2019-07-09）[2021-05-17].https://www.landray.com.cn/activity/89043/.
② 蓝凌华中大区."中国制造全球品牌"三一集团携手蓝凌，借知识管理赋能研发创新[EB/OL].（2020-04-14）[2021-05-17].https://mp.weixin.qq.com/s/Zxuv-cKfgcT0p3y2lzWPEQ.
③ 三一集团官网，https://www.sanygroup.com/global/.

本章小结

  本章介绍了数据赋能制造业企业研究开发的机理、特征和新模式。数据赋能机制使企业能通过数据感知从消费领域和工业领域获取相应的数据，在此基础上通过智能认知识别消费者的需求和构建产品的数字模型，再通过动态决策确定新的产品设计、工艺设计、产品试制和产品验证的方案，最终通过精准执行赋予企业的研究开发活动需求分析精准化、研发设计高效化、研发流程并行化等新特征，使得企业能缩短研发周期，降低研发成本，提高研发效率，提升流创新的能力。

数据赋能机制也催生了数字化协同研发和数字化知识管理的新模式。在数字化协同研发方面，企业在数字技术的支撑下，可以在企业内部、产业链及全社会三个层面开展协同研发，从而提高研发资源的配置和利用效率。在企业内部层面，通过PLM系统的产品数据管理、业务流程管理、项目管理和应用软件基础等功能实现各个部门间的研发协同；在产业链层面，通过云设计平台实现上下游企业间的研发业务协同和产品数据协同，实现分布式创新；在全社会层面，通过开放式创新平台整合外部创新资源，形成众智、众创等社会化协同研发模式。在数字化知识管理方面，作为数字化研发重要平台的知识管理系统可以将研发各个环节的知识进行集成管理，提供知识搜索、知识地图和知识培训学习等功能，助力企业整合共享智力资源、提升研发效率。

第 4 章
CHAPTER4

数据赋能生产制造

> **引导案例**
>
> **赛意信息赋能南阳防爆打造智能制造行业标杆**
>
> 赛意信息成立于2005年，总部位于广州，拥有15年企业信息化、数字化建设经验，已为不同行业、超过1 000家企业客户提供服务，大力推动企业实施智能制造转型。应赛意信息董事长张成康邀请，本书作者团队于2021年5月到赛意信息总部调研。我们第一次与张成康董事长见面，就长谈近五个小时。他向我们详细介绍了制造业企业转型升级服务产业的发展趋势、赛意信息的发展战略和成功案例。在张成康董事长的陪同下，我们参观了赛意信息与华为、腾讯、美的等企业合作的案例展示区。目前，赛意信息已经成为国内企业智能制造综合解决方案服务的头部企业。其中一个典型的案例为赛意信息赋能南阳

防爆集团股份有限公司（以下简称"南阳防爆"）实现智能制造，助力南阳防爆企业成为智能制造行业标杆。

2019年，南阳防爆与赛意信息强强联合，正式启动南阳防爆智能制造项目，致力于打造装备行业智能制造标杆企业。以南阳新厂区为建设试点，实施SMOM系统（赛意制造运营管理平台），贯通SAP、PLM、WMS（仓库管理系统）、条码、工位计算机、电子看板、分布式数控等系统和工具。项目的具体实施内容包括以下几个方面：

1. 计划管理

借助SAPS（赛意高级计划与排程系统）有效解决SAP中存在的计划下达费时、协同性差、追踪困难等问题；实现工序级计划，结合各车间（或班组）的设备能力、工装能力、产能情况，做到各车间的计划编制与产能基本匹配，达到工序级计划、班组计划、计划齐套、父子工单联动、关主件实物齐套管理的目标。

2. 配送管理

支持制造部或车间结合计划及物料齐套情况，提前两天锁定班组派工计划。根据锁定的班组派工计划，仓库提前一天将各班组涉及工单所需的物料配送到各班组指定的位置，并在班组签收后，系统直接过账。

3. 物流管理

全程实物流与单据流数据采集，从供应商来料、生产到最终发货，实现存储环节的实物、标签、容器扫码管控；打通车间装配，与供应链供方环节的系统全流程衔接；可与立库、AGV 小车等自动化设备对接；通过丰富的自定义策略，全面提升仓库的作业效率，提高仓库的空间利用率，全面降低仓库库存管理成本。

4. 工艺管理

提供工艺路线、典型工艺、工艺资源、工艺目标、工艺质量、标准工时管理等功能，实现与生产计划匹配的工序级管理。结合项目订单产品特性，实现自动匹配产品工艺路线；能够通过对工艺数据和工艺模型的灵活定制，支持基于不同项目订单、同一物料、同一数据模型，多种执行工艺路线需求；对所有纳入系统中管理的工艺路线、工时等数据实现批量查询、审批、调整功能。

5. 生产管理

从产品工艺建模到计划接入工单开始生产，从工序级作业防呆防错到生产过程全流程追溯，从生产资源推荐分配到人员班组能效管理，从智能化集成采集方案到车间物料自动配送管理，生产管理的核心要素都通过一体化数字解决方案全方位涵盖，为生产制造过程保驾护航。

6. 质量管理

构建基础数据规范化，检验主数据标准化，能对质量检测项和检测标准进行定义，包含定义首检、巡检、成品检、试验检的质检项目和检验标准。同一类物料根据检验标准的不同，在检测标准值不唯一的情况下，能选择对应的模板。

7. 设备管理

实施设备管理，可以满足设备台账、点检、维修、保养等日常管理需要。设备的点检保养项目灵活可配置，能对点检保养过程记录进行管理。实现为每一台生产设备制订保养计划（周期性），当设备到达保养期限的时候，系统自动创建保养工单，提醒设备维护人员进行设备保养，能将设备保养计划、设备保养记录、设备维修记录、设备备件自动提醒、设备寿命统计纳入系统管理。系统能够衡量设备或生产线整体生产效率的指标，统计设备效率，可输出设备停机率、保养完成率、设备故障分析、保养统计等报表。

8. 分布数字控制管理

对数控机床实施网络集中管理，提高数控机床的运行效率。实现数控加工程序集中管理，利用网络高速传送程序，减少程序准备时间。利用网络监控设备运行状态，进行故障提示及有关文档记录。在线采集各设备参数，进行程序文件版本管理，监控设备故障率、稼动率、利用率、整体设备效率。

该项目的成功实施将南阳防爆的生产制造体系打造成了装备行业数字化工厂应用典范，在工艺流程管理、品质提升、计划达成、库存周转、物流配送方面取得了显著效益，开创了国内高端大中型节能电机领域智能制造的先河。

资料来源：作者根据调研及赛意智能制造微信公众号材料整理。

4.1　数据如何赋能生产制造

从赋能机理来看，如图4-1所示，对于现实世界中的数据源，企业通

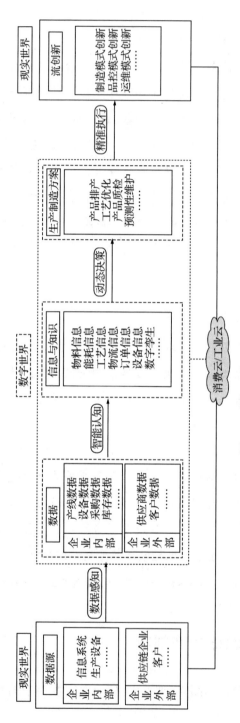

图 4-1 数据赋能生产制造的机理

过数据感知,将企业的内部数据源(主要包括企业生产经营中运用的信息系统、生产设备等)与外部数据源(主要包括供应链企业和客户)的数据进行采集,构造数据池。其中,企业生产经营中运用的信息化系统包括企业资源计划(ERP)、产品生命周期管理(PLM)、供应链管理(SCM)、客户关系管理(CRM)、制造执行系统(MES)、实验室信息管理系统(LIMS)、仓储管理系统(WMS)、能耗管理系统(EMS)等。

数据池中的数据主要包括企业内部数据和外部数据。内部数据包括信息化系统中的数据、制造过程数据,如产线数据、设备数据、采购数据、库存数据等;外部数据包括上游供应商、下游客户数据。

基于这些数据,企业利用数据分析与建模仿真的方法,洞察数据背后反映的有价值信息,主要包括物料信息、能耗信息、工艺信息、订单信息、物流信息、设备信息等。在这些信息的基础上可以构建产品、设备、车间乃至整个工厂的数字孪生体,形成物理世界与数字世界的实时交互,为动态决策奠定基础。

在通过智能认知获取信息与知识的基础上,企业可以通过智能评估、智能求解、模拟择优等方式进行实时动态决策,形成产品排产、工艺优化、产品质检、预测性维护的方案,然后依据方案精准执行,完成价值的创造,并实现制造模式创新(如智能制造)、品控模式创新(如生产物资全生命周期管理)和运维模式创新(如预测性维护),实现数据赋能生产制造。

4.2 数据赋能生产制造的特征

数据已成为一种重要的生产要素,在这种生产要素作用下,生产制造呈现出数字化、个性化、服务化三大特征。

4.2.1 生产制造数字化

通过数据赋能生产制造，制造的全要素、全流程将被重构，形成实体制造与虚拟制造的实时交互，实现制造过程的数字化。在虚实交互的制造过程中，实体制造的过程能通过虚拟制造过程得以优化，并且这个过程具有实时高效、低边际成本的特点，从根本上变革了资源配置的方式与效率[一]。在虚拟制造中，数字孪生（digital twin）是一种关键的技术。本节重点介绍这一技术及其在生产制造中的应用特征。

1. 数字孪生的概念

"孪生"的概念最初起源于美国国家航空航天局（NASA）的"阿波罗计划"，其目的是通过构建两个相同的航天飞行器，其中一个发射到太空执行任务，另一个留在地球上用于反映太空中航天器在任务期间的工作状态，从而辅助工程师分析并处理太空中出现的紧急事件。然而，这里的两个航天器都是真实存在的物理实体。在2010年，"digital twin"一词在NASA的技术报告中被正式提出。对于数字孪生的概念，目前还未形成统一的观点。表4-1归纳出了目前对于数字孪生概念理解的5大维度，分别是物理实体维度、连接维度、孪生数据维度、虚拟实体维度、服务维度。在这5大维度的基础上，本书采用陶飞等人的定义，认为数字孪生是以数字化方式创建物理实体的虚拟实体，借助历史数据、实时数据以及算法模型等，模拟、验证、预测、控制物理实体全生命周期过程的技术手段[二]。

〇 安筱鹏.重构：数字化转型的逻辑[M].北京：电子工业出版社，2019.
〇 陶飞，刘蔚然，刘检华，等.数字孪生及其应用探索[J].计算机集成制造系统，2018，24（01）：1-18.

表 4-1 数字孪生概念理解的 5 大维度

5 大维度	数字孪生的概念理解
物理实体维度	物理实体对象是数字孪生的重要组成部分，数字孪生的模型、数据、功能/服务与物理实体对象是密不可分的。数字孪生模型因物理实体对象而异、数据因物理实体特征而异、功能/服务因物理实体需求而异。此外，信息物理交互是数字孪生区别于其他概念的重要特征之一。若数字孪生概念范畴不包括物理实体，则交互缺乏对象
连接维度	一类观点认为数字孪生是物联网平台或工业互联网平台，这些观点侧重从物理世界到虚拟世界的感知接入、可靠传输、智能服务。从满足信息物理全面连接映射与实时交互的角度和需求出发，理想的数字孪生不仅要支持跨接口、跨协议、跨平台的互联互通，而且强调实时性，从而形成信息物理闭环系统
孪生数据维度	数据是数字孪生的核心驱动力，数字孪生数据不仅包括贯穿产品全生命周期的全要素、全流程、全业务的相关数据，还强调数据的融合，如信息物理虚实融合、多源异构融合等。此外，数字孪生在数据维度还应具备实时动态更新、实时交互、及时响应等特征
虚拟实体维度	数字孪生是三维模型，是物理实体的复制，或者是虚拟样机。理想的数字孪生模型涉及几何模型、物理模型、行为模型、规则模型等多维、多时空、多尺度模型，且期望数字孪生模型具有高保真、高可靠性、高精度的特征，进而能真实刻画物理世界
服务维度	数字孪生已在不同行业不同领域得到应用，基于模型和数据双驱动，数字孪生不仅在仿真、虚拟验证和可视化等方面体现其应用价值，还可针对不同的对象和需求，在产品设计、运行监测、能耗优化、智能管控、故障预测与诊断、设备健康管理、循环与再利用等方面提供相应的服务

资料来源：陶飞等．数字孪生十问：分析与思考 [J]．计算机集成制造系统，2020，26（01）：1-17．

如图 4-2 所示，数字孪生 5 大维度的逻辑关系为：物理实体通过连接，产生孪生数据，然后利用数据构建虚拟实体，在虚拟实体内通过模拟等操作，服务于物理实体的行为。不同维度所强调的新一代信息技术的重点如图 4-2 右边所示。物理实体维度主要强调的技术包括物联网与边缘计算；连接维度主要强调的技术包括 5G、物联网；孪生数据维度主要强调的技术包括大数据、云计算、区块链、人工智能；虚拟实体维度主要强调的技术包括"3R"技术，"3R"分别是增强现实（augmented reality，AR）、虚拟现实（virtual reality，VR）、混合现实（mixed reality，MR）；服务维度主要强调的技术包括区块链和人工智能。

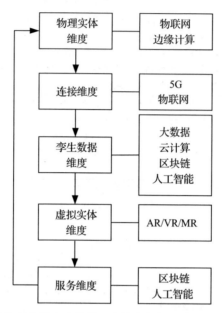

图 4-2　数字孪生概念理解的 5 大维度与新一代信息技术的关系

资料来源：陶飞，张贺，戚庆林，等.数字孪生十问：分析与思考[J].计算机集成制造系统，2020，26（01）：1-17.

在理解了数字孪生的概念之后，本书给出了一个数字孪生在生产流程中的示意图（见图 4-3）。图 4-3 呈现了物理世界中某一生产流程的模型及其在数字世界中的数字化镜像。数字孪生是对工厂环境中实际情况的准实时虚拟复制。实际生产流程中部署了数以千计的传感器，共同收集各个不同层面的数据，包括生产机械的行为特征、半成品（厚度、颜色、质地、硬度、转矩、速度等）以及工厂内部的环境状况等。数据不断传输至数字孪生应用程序，并由该程序完成数据聚合。数字孪生应用程序持续分析所输入的数据流。一段时间过后，数据分析可通过与一系列正常运行情况的对比，识别实际生产流程在哪些层面存在异常情况。企业可根据此类对比分析结果展开调查，并对实际生产流程进行一定的调整。

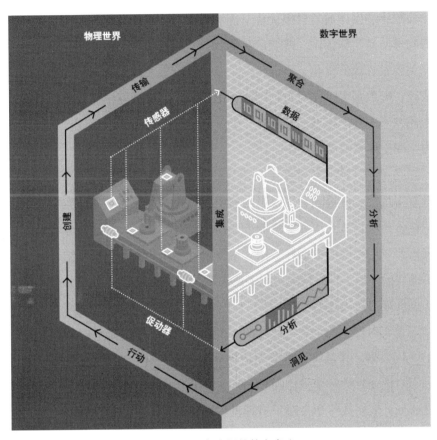

图 4-3　生产流程的数字孪生

资料来源：德勤.工业 4.0 与数字孪生 [R/OL]. [2021-03-01]. http://www.clii.com.cn/lhrh/hyxx/201809/P020180917100214.pdf.

2. 数字孪生的典型特征

数字孪生具有以下 5 大典型特征[⊖]：

一是互操作性。数字孪生互操作性的一个关键特征是物理实体的数据通过传输，实时改变着数字空间中的孪生体，即物理实体对数字孪生体的作

⊖ 中国电子技术标准化研究院，树根互联技术有限公司.数字孪生应用白皮书（2020 版）[R]. 2020.

用；而数字孪生体通过模拟优化，能够理解与预测产品、设备或过程，甚至能对物理产品实施控制、改变产品的状态，从而实现对于产品、设备或过程的相关要素资源的优化，将优化结果反馈给物理实体，调整物理实体中的行为表现，即数字孪生体对于物理实体的作用。同时，互操作性也指数字孪生技术能在不同数字模型之间转换、合并和建立"表达"的等同性，以多样性的数字孪生体来映射物理孪生体。

二是可扩展性。数字孪生技术具备集成、添加和替换数字模型的能力，能针对多尺度、多物理、多层级的模型内容进行扩展。例如，数字孪生中的供应链分析可以从仓库和零售业务建模中受益。但是，对这些环境进行建模可能需要采用不同的数据和方法。将复杂且不同的流程和操作结合起来需要灵活的建模环境，理想情况是能够连接不同的建模方法[一]。此时，数字孪生的可扩展性显得至关重要。

三是实时性。数字孪生技术的一个关键特性在于其能够时刻感知物理实体的变化数据，并且将这种数据传输到数字孪生体，在孪生体中进行反映。这种实时性使得数字孪生体随着物理实体的变化而变化。数字孪生的这种实时性特征，表明数字孪生对于物理世界的映射是随时间轴动态变化的，这可能是数字孪生技术与之前的仿真技术不同的关键点。之前的仿真技术实现不了实时性，可能的原因更多是工业物联网的技术还比较差，而现在有了更好的传感器、更快的传输速度与更强的计算能力，在很大程度上能够保证实时性。

四是保真性。数字孪生的保真性指描述数字虚体模型和物理实体的接近性，要求虚体和实体不仅要保持几何结构的高度仿真，在状态、相态和时态上也要仿真。

五是闭环性。数字孪生中的数字虚体用于描述物理实体的可视化模型

[一] 杨洋. 数字孪生技术在供应链管理中的应用与挑战 [J]. 中国流通经济，2019，33（06）：58-65.

和内在机理,当通过分析推理得到物理实体的实际运行状态出现问题的时候,应该通过分析推理得出修改纠偏的工艺参数或优化的运行参数,并且以控制指令的方式自动下发到物理实体中执行,赋予数字虚体和物理实体一个大脑。

3. 数字孪生在制造过程中的作用

数字孪生在制造过程中的作用可以归纳为以下 3 个方面,包括动态制订生产计划和预见制造过程、推进设计和制造高效协同[一]、物资全生命周期管理等三个方面。

(1)动态制订生产计划和预见制造过程。生产活动是指将生产资源按照一定的关系和规律结合起来,共同完成一项生产任务的过程。生产活动计划是指在满足时间、成本、质量等方面的要求和约束的前提下,综合考虑所有资源及其能力的限度,组织、计划、安排生产活动的过程。在生产计划和生产执行阶段,数字孪生提供了一种有效的方法来制订计划和优化执行过程。企业先是将生产任务输入到数字孪生系统当中,进行供需匹配调度的资源服务,寻找可用资源。然后,根据物理资源(如机床、机械臂、材料)的实时状态,制订生产计划。数字孪生技术可以在虚拟空间中模拟计划,甚至在实际生产之前识别潜在冲突。同时,在车间运行过程中,数据处理、车间管理等一些管理也可以通过数字孪生系统处理、模拟优化。

对于建立与制造流程对应的数字孪生模型,其具备所有制造过程细节,并可提前在虚拟世界中对制造过程进行验证。当验证过程中出现问题时,相关人员只需要在模型中进行修正即可,比如当机器人发生干涉时,可以通过调整工作台的高度、反转装配台、输送带的位置等来更改模型,然后再次进行仿真,确保机器人能正确达到任务目标。借助数字孪生在产品设计阶段预见其性能并加以改进,在制造流程初期就掌握准确信息并预见制造过程,保

[一] 陈明,梁乃明. 智能制造之路:数字化工厂 [M]. 北京:机械工业出版社,2016.

证所有细节都准确无误，这些无疑是具有重要意义的，因为越早知道如何制造出色的产品，就能越快地向市场推出优质的产品，抢占先机[一]。以 TCL 集团为例，它的智能化工厂运用了数字孪生技术，通过对物理工厂的完全数字镜像，实现了生产前的预演、生产中的监控诊断及生产后的评估优化。全面导入 AI 诊断，通过物联网收集生产线数据，继而进行大数据分析，利用 AI 技术结合专家经验建立模型进行 AI 诊断，能实现生产流程的自检与自我优化[二]。

（2）**推进设计和制造高效协同**。随着产品制造过程越来越复杂，制造中所发生的一切需要进行完善的规划。而一般的过程规划是设计人员和制造人员基于不同的系统独立工作。设计人员将产品创意提交给制造部门，由他们去思考如何制造。这样容易导致产品信息流失，使得制造人员很难看到实际状况，增加出错的概率。一旦设计发生变更，制造过程很难实现同步更新[三]。数字孪生模型中对需要制造的产品、制造的方式、资源以及地点等各个方面可以进行系统的规划，将各方面关联起来，实现设计人员和制造人员的协同。一旦发生设计变更，相关人员可以在数字孪生模型中方便地更新制造过程，包括更新面向制造的物料清单、创建新的工序、为工序分配新的操作人员等，并在此基础上进一步将完成各项任务所需的时间以及所有不同的工序整合在一起，进行分析和规划，直到产生令人满意的制造过程方案。

例如，波音公司使用美国国家标准与技术研究院提出的基于产品模型数据交互规范的数字总线，改善了已有虚拟样机，构建了面向制造的数字孪生设计模型，初步实现了设计和制造之间的协同。基于产品模型数据交互规范标准的数字总线开始于设计阶段，产品设计师在设计过程中除考虑产品几何

[一] 至同思睿公司官网. 技术前沿：数据孪生 [EB/OL].[2021-03-05]. http://www.pcitech.cn/web/index.php/digital-twin.

[二] 魏江，刘洋. 数字创新 [M]. 北京：机械工业出版社，2020.

[三] 陈明，梁乃明. 智能制造之路：数字化工厂 [M]. 北京：机械工业出版社，2016.

信息之外，还需要从工艺师的角度出发考虑产品制造信息。根据所需产品制造信息，产品设计师使用基于产品模型数据交互规范的相关标准，建立带有这些制造信息的设计模型。然后，他们通过数字总线传入制造阶段。使用数控机床加工零件或使用三坐标测量仪监测关键尺寸时，对应的产品制造信息真实数据通过数字总线实时更新设计模型，得到当前零件加工和监测的数字孪生。产品设计师和工艺师等通过该数字孪生协同工作，使用数字孪生监控实时加工状态、测试不同加工方案、在线测量加工质量，将优化后的加工计划、检测策略通过数字总线传给数控机床或测量仪，形成出数字孪生驱动的设计和制造协同[一]。

（3）物资全生命周期管理。对制造业企业来说，物资是生产过程中至关重要的要素。而基于数字孪生的物资全生命周期管理围绕入库、库内管理、出库等环节，提供了一套完善的管理方案。

物资通过扫码被确定身份，然后将该身份信息与采购订单、物资和货位相对应。在此基础上，企业能通过数字技术，详细记录物资的上下架、出入库、拣选、领用、使用等信息，准确跟踪物资的全部使用过程[二]。

物资全生命周期管理系统使数据可追溯，实现对物资实时数据的跟踪管理，维护着设备的正常运行。在物理设备的运行过程中，性能的下降是不可避免的。设备故障将导致高昂的维护成本和任务延期。基于数字孪生技术的物资全生命周期管理系统对于监控设备状况、预测与诊断设备故障和组件寿命至关重要。在该系统中，物理设备的虚拟模型与设备的真实状态同步，能够实时掌握设备的运行状态和部件的健康状况。设备的高保真数字镜像使得管理人员即使在较远的物理距离之外也可以访问设备。此外，当发生故障时，数字孪生技术将调用维护服务来修复或更换设备的磨损部件。

[一] 李浩，陶飞，王昊琪，等.基于数字孪生的复杂产品设计制造一体化开发框架与关键技术[J].计算机集成制造系统，2019，25（06）：1320-1336.

[二] 王文信，杨扬.数据生产力：企业 BI 项目建设与运营 [M].北京：电子工业出版社，2020.

例如，北京达美盛软件股份有限公司（以下简称"达美盛"）利用各设计平台三维数字化模型构建虚拟工厂，采集和集成物理资产的各类数据，形成物理世界资产与数字空间的虚实映射，构建数字孪生应用平台，能够满足客户从工程设计、采购、施工、竣工、调试、交付验收到运维的资产全生命周期的数字孪生应用需求。同时，达美盛利用工厂可视化资产管理系统，接入设备全生命周期数据，建立了设备资产的全面运维保障、绩效评价、评估与反馈体系。基于数字孪生所构建的虚实交互闭环实现了对物理资产更加精准的预测分析和优化控制[1]。

4.2.2 生产制造个性化

数字技术的进步使信息的不对称性逐渐降低，顾客掌握了大量的信息，增加了对于个性化定制产品的需求。而企业能够通过数据赋能，提高生产制造的个性化。

1. 个性化定制的概念

个性化定制是指基于新一代信息技术和柔性制造技术，以模块化设计为基础，以接近大批量生产的效率和成本提供能满足客户个性化需求的一种智能服务模式[2]。数据赋能下的个性化定制是从传统工业过渡到智能制造阶段的重要标志。其本质是利用互联网平台和智能工厂建设，将用户需求直接转化为生产排单，开展以用户为中心的个性化定制与按需生产，以有效满足市场多样化需求。

2. 个性化定制模式的特点

对于个性化定制模式，其特点可以归纳为模块化的产品设计、柔性化的

---

[1] 数字孪生体联盟. 精选案例10：流程工业ALIM数字孪生体应用[EB/OL].（2021-02-10）[2021-06-09]. https://mp.weixin.qq.com/s/CJRXxB8001Mpubl1dyUPSg.

[2] 工信部联科〔2018〕154号. 国家智能制造标准体系建设指南（2018年版）[S]. 北京：中华人民共和国工业和信息化部，国家标准化管理委员会，2018.

产品制造、网络化的生产组织（供应链）三个方面①，具体如下：

（1）**模块化的产品设计**。个性化定制模式以精确的客户需求信息为导向，是一种需求拉动型的生产模式。模块化设计具有较强的适应性与灵活性，可以有效提高设计资源利用率，降低产品族的装配和管理成本。通过对模块的划分与重新组合，得到不同的功能产品，是个性化定制过程中的关键技术之一②。模块化一般可以划分为通用化模块和个性化模块。通用化模块是指产品设计中固定、不可更改信息的模块；个性化模块是根据客户提供的个性化需求所建立的模块。一般在产品设计时，依据客户需求，企业可以将选用好的通用模块和个性化定制模块导入三维模型的装配环境下进行装配设计。如果满足客户的需求，设计人员可以直接生成完整的设计方案，否则重新配置。另外，模块化产品还具有"用户只需更新个别模块即能满足新的要求，不需要重新购买一种新产品"的显著特点，这样就能节省客户成本，并且能尽可能减少原料的浪费，符合国际环保大趋势。例如，尚品宅配采用了"数字标签"技术，让每一块板材都有唯一 ID。通过二维码把一件产品从选材、生产、仓储、物流及安装等环节自动连接管理，客户的哪一块板材坏了，可以直接更换，而不用全部更换，这样节省了客户成本。

（2）**柔性化的产品制造**。柔性制造是指在制造业中，应用自动化程度高的制造系统，提升适应内外部环境的能力，从而满足多品种、中小批量、设备专用性等生产需求的制造模式。柔性制造的柔性主要体现在以下两个方面③：一是生产能力的柔性反应能力，也就是机器设备的小批量生产能力。传统的大规模生产虽然会带来"规模效应"，但同时也带来了一般只能加工一个或几个相类似的零件，难以应付多品种、中小批量的生产等问题。当今时

---

① 庞国锋，徐静，郑天舒. 大规模个性化定制模式 [M]. 北京：电子工业出版社，2019.
② 陈沛，徐雷，刘坤. 面向家电产品个性定制的模块化设计研究 [J]. 制造业自动化，2017，39（02）：142-144.
③ 亿欧网. 柔性生产究竟"柔"在哪里？言简意赅告诉你柔性制造的核心 [EB/OL]. (2018-11-12)[2021-03-08]. https://www.iyiou.com/analysis/2018111285288.

代是一个从批量生产逐渐走向以适应市场变化为导向的生产时代。这个时代竞争优势的关键来源于能否在短时间内开发出多品种、高质量、低成本的产品。而柔性制造恰好能满足这点，在制造业的发展中占据的分量越来越重。二是供应链敏捷和精准的反应能力。在柔性制造中，供应链系统对单个需求做出生产配送的响应发生了转变。传统的模式是"以产定销"，柔性制造的模式是"以销定产"，生产的指令完全是由消费者独立触发，其价值链表现为"人–财–产–物–销"这种完全定向的具有明确个性特征的活动。

（3）网络化的生产组织。个性化定制的实现依赖于现代信息技术和先进制造系统，是数字经济时代的重要生产方式。开展网络化协同研制的企业能够基于互联网分布式协同环境，优化配置研发、生产资源，驱动研发模式和生产方式变革，带动研制效率的提升。随着互联网由以人为中心的消费互联网向以企业和组织为中心的产业互联网演进，用户与产业链上下游合作伙伴逐步融入企业的研发生产业务活动中，开放的研发社区或协同生产平台可根据企业研发、生产活动的特点及需求，整合相关工业软件工具，形成网络化、分布式的协同研发、生产环境，推动数据交互和业务互联，有效支撑企业开展企业级、跨企业乃至全球化的通信、合作及协同[一]。

· 实践聚焦 ·

广汽埃安的汽车个性化定制

广汽埃安新能源汽车有限公司（简称"广汽埃安"）成立于2017年，是广州汽车集团股份有限公司（以下简称"广汽集团"）面向未来发展成立的创新科技公司，也是广汽集团发展智能网联新能源汽车的核心载体。当前，汽车领域正在发生电动化、智能化、网联化、共享化的深刻变革，

[一] 李君，成雨，窦克勤，等. 互联网时代制造业转型升级的新模式现状与制约因素[J]. 中国科技论坛，2019（04）：68-77.

产业生态正在重塑，个性化定制模式正在成为汽车行业的重要生产模式。在这样的背景下，广汽埃安秉承新品牌、新科技、新产品、新制造、新生态的"五新"理念，打造柔性化生产工厂，于2019年实现了个性化定制生产的全业务拉通。

广汽埃安的汽车个性化定制流程始于用户在广汽埃安App上的操作。用户可以在App上对汽车的外观、轮辋、内饰、智能驾驶套装等进行选择和配置。目前，广汽埃安能够为用户提供一万多种配置组合，为用户打造专属座驾。从下单到提车，仅需约一个月的时间。在汽车生产过程中，用户可以通过App观看自己所定制的车辆在车身总拼、色漆喷涂、挡风玻璃安装、轮胎安装等关键环节的制造视频，并随时查询汽车生产进度。这些互动方式增强了用户在生产环节的参与感和仪式感，能够让用户直观感受智能制造的魅力，有助于增强用户的品牌归属感。

本书作者团队于2021年11月前往广汽埃安调研。广汽埃安的整个单体车间约40万平方米，相当于56个标准足球场大小，规划产能为每年20万辆。我们看到总装车间的生产线上正在组装不同型号的汽车，实现了柔性制造（见图4-4）。广汽埃安数字化建设方面的负责人张元元先生向我们介绍，广汽埃安在个性化定制方面已达到灯塔工厂水平。

广汽埃安的柔性生产线具有以下特点：

第一，智能化混流生产。在总装车间，同一条总装线可以装配不同型号、不同配置的车辆。总装线上的机器人配置了智能芯片，能够智能识别车辆定制参数，在此基础上自动关联相应的工艺并进行组装。在焊装车间，通过国内首创的钢铝总拼柔性技术实现钢车身和铝车身混线生产，在1分钟内完成切换。在汽车装配过程中，采用柔性伺服定位技术、3D视觉引导技术、激光在线测量技术等多项先进数字技术，驱动机器人进行精准定位、精准操作。

第二，先进的数字化工艺设计。广汽埃安采用数字化工艺设计，搭建所有生产线的 3D 数字化模型，全工序运用数字仿真技术深度验证工艺和新车品质，使新车现场调试的时间缩短 35%。此外，在冲压等车间还实现了生产线的数字孪生，通过虚实交互提高生产效率。

第三，智能监控设备状态。广汽埃安将生产设备互联，实时采集设备数据。例如，冲压和焊装车间的设备采集数据就达 61 万余点，采集时间小于 1 秒。通过采集和分析生产设备的现场数据，能够及时发现生产过程中的异常，识别风险，实现预测性维护，保障生产设备处于最佳状态。

图 4-4　广汽埃安的柔性生产线

资料来源："广汽埃安"微信公众号。

广汽埃安通过打造汽车柔性生产线，满足了用户的个性化定制需求，实现了快速发展，年均复合增长率达 128.9%，销量进入主流消费市场前三，产能利用率超过 140%，产品供不应求。

资料来源：作者根据现场调研资料整理。

4.2.3 生产制造服务化

依靠数据赋能，企业能将制造与服务相联系，增加服务要素在投入和产出中的比重，衍生出了制造服务化的新特征。

1. 服务型制造的概念

按照 2016 年工业和信息化部、国家发展和改革委员会和中国工程院三部门发布的《发展服务型制造专项行动指南》："服务型制造，是制造与服务融合发展的新型产业形态，是制造业转型升级的重要方向。制造业企业通过创新优化生产组织形式、运营管理方式和商业发展模式，不断增加服务要素在投入和产出中的比重，从以加工组装为主向'制造+服务'转型，从单纯出售产品向出售'产品+服务'转变，有利于延伸和提升价值链，提高全要素生产率、产品附加值和市场占有率。"

服务型制造是指基于制造的服务和面向服务的制造的语义集合。其语义涵盖了基于企业制造整合资源的服务活动（如由产品转变为方案解决）以及针对客户需求和客户服务的制造活动（如个性化生产、个性化设计以及承接制造外包等）。同时，服务型制造模式可以从表现形式、组织形态和属性等方面进行解读⊖。具体而言：

在表现形式方面，面向中间企业的服务与面向最终消费者的服务是服务型制造的两种主要形式。面向中间企业的服务的典型代表有外包、一揽子解决方案等；面向最终消费者的服务的典型代表有个性化定制、客户全程参与设计等。

在组织形态方面，制造和服务企业之间的交叉融合，制造企业向服务领域延伸、服务企业向制造领域拓展是服务型制造的组织形态的两种典型表现。

在属性方面，服务型制造表现出了整合、增值、创新三大属性。整合属

⊖ 何哲，孙林岩，朱春燕. 服务型制造的概念、问题和前瞻 [J]. 科学学研究，2010，28（01）：53-60.

性体现为企业间的相互服务、相互外包，制造网络节点企业内部资源向核心竞争优势转移，企业间的联系更加紧密，使得资源在网络间优化动态分配。增值属性体现在服务为企业所带来的价值增加上。服务型制造使得企业依附于产品上的价值大大增加，单位产品价格提高，增强了企业获取价值的能力。创新属性体现为对知识资源的整合和对消费需求的处理，通过整合服务制造网络中的知识资源以及在变化条件下的消费需求，不断产生新的知识，同时提升整个网络的创新能力。

2. 服务型制造的典型模式

关于服务型制造，2020年7月工业和信息化部等十五部门联合发布了《关于进一步促进服务型制造发展的指导意见》（以下简称《指导意见》）。《指导意见》当中提到了9种服务型制造的模式，分别是工业设计服务、定制化服务、供应链管理、共享制造、检验检测认证服务、全生命周期管理、总集成总承包、节能环保服务、生产性金融服务，具体参见表4-2。

表4-2 服务型制造的9种模式

服务型制造的模式	简介
工业设计服务	实施制造业设计能力提升专项行动，加强工业设计基础研究和关键共性技术研发，建立开放共享的数据资源库，夯实工业设计发展基础。创新设计理念，加强新技术、新工艺、新材料应用，支持面向制造业设计需求，搭建网络化的设计协同平台，开展众创、众包、众设等模式的应用推广，提升工业设计服务水平。推进设计成果转化应用，加大知识产权保护力度，完善工业设计人才职业发展通道，构建设计发展良好生态
定制化服务	综合利用5G、物联网、大数据、云计算、人工智能、虚拟现实、工业互联网等新一代信息技术，建立数字化设计与虚拟仿真系统，发展个性化设计、用户参与设计、交互设计，推动零件标准化、配件精细化、部件模块化和产品个性化重组，推进生产制造系统智能化、柔性化改造，增强定制设计和柔性制造能力，发展大批量个性化定制服务
供应链管理	支持制造业企业合理安排工厂布局，优化生产管理流程，建设智能化物流装备和仓储设施，促进供应链各环节数据和资源共享。支持有条件的制造业企业面向行业上下游开展集中采购、供应商管理库存（VMI）、精益供应链等模式和服务，建设供应链协同平台，推动供应链标准化、智能化、协同化、绿色化发展。鼓励发展供应链服务企业，提供专业化、一体化的生产性服务，形成高效协同、弹性安全、绿色可持续的智慧供应链网络

(续)

服务型制造的模式	简 介
共享制造	积极推进共享制造平台建设,把生产制造各环节、各领域分散闲置的资源集聚起来,弹性匹配、动态共享给需求方。鼓励企业围绕产业集群的共性制造需求,集中配置通用性强、购置成本高的生产设备,建设提供分时、计件、按价值计价等灵活服务的共享制造工厂,实现资源高效利用和价值共享。创新资源共享机制,鼓励制造业企业开放专业人才、仓储物流、数据分析等服务资源,完善共享制造发展生态
检验检测认证服务	鼓励发展面向制造业全过程的专业化检验检测认证服务提供商,加强检验检测认证服务机构的资质管理和能力建设,提升检验检测认证服务能力。鼓励有条件的制造业企业开放检验检测资源,参与检验检测公共服务平台建设。鼓励有条件的认证机构创新认证服务模式,为制造业企业提供全过程的质量提升服务。推进检验检测认证服务标准体系建设,加强相关仪器设备和共性技术研发,发展工业相机、激光、大数据等检测模式,提高检验检测认证服务水平
全生命周期管理	鼓励制造业企业以客户为中心,完善专业化服务体系,开展从研发设计、生产制造、安装调试、交付使用到状态预警、故障诊断、维护售修、回收利用等全链条服务。围绕提升研发设计、生产制造、维护检修水平,拓展售后支持、在线监测、数据融合分析处理和产品升级服务。建设贯穿产品全生命周期的数字化平台、产品数字孪生体等,提高产品生产数据分析能力,提升全生命周期服务水平
总集成总承包	鼓励制造业企业提高资源整合能力,提供一体化的系统解决方案,开展总集成、总承包服务。支持制造业企业依托核心装备、整合优质产业资源,建设"硬件+软件+平台+服务"的集成系统,为客户提供端到端的系统集成服务。支持有条件的制造业企业发展建设–移交(BT)、建设–运营–移交(BOT)、建设–拥有–运营(BOO)、交钥匙工程(EPC)等多种形式的工程总承包服务,探索开展战略和管理咨询服务
节能环保服务	鼓励制造业企业加大节能环保技术和产品研发力度,逐步开展产品回收及再制造、再利用服务,节约资源、减少污染,实现可持续发展。推行合同能源管理,发展节能诊断、方案设计、节能系统建设运行等服务。继续发展专业化节能服务公司,鼓励有条件的制造业企业提供节能环保服务。引导制造业企业与专业环保治理公司合作,开展污染防治第三方治理、合同水资源管理等新型环保服务
生产性金融服务	鼓励融资租赁公司、金融机构在依法合规、风险可控的前提下,为生产制造提供融资租赁、卖(买)方信贷、保险保障等配套金融服务。支持领军企业整合产业链与信息链,发挥业务合作对风险防控的积极作用,配合金融机构开展供应链金融业务,提高上下游中小企业的融资能力。支持有条件的制造业企业利用债券融资、股权融资、项目融资等多种形式,强化并购重组等资本运营,推动企业转型升级。支持开展基于新一代信息技术的金融服务新模式

资料来源:中华人民共和国工业和信息化部官网.十五部门关于进一步促进服务型制造发展的指导意见(工信部联政法〔2020〕101号)[EB/OL].(2020-07-15)[2021-01-18]. https://www.miit.gov.cn/jgsj/zfs/wjfb/art/2020/art_6e2411a497f34aab9091dba3e542129.html.

结合服务型制造的特点，我们以共享制造和产品全生命周期管理模式为例做进一步解释。

（1）共享制造。共享制造是运用共享经济理念，在多个制造业主体的全生产流程上将生产资源模块化、智能化、弹性化地与需求进行对接的一种生产模式和生产组织形态，是具有集约、高效、灵活等特点的一种共享经济模式。共享制造的核心是制造能力共享，而服务能力共享和创新能力共享是制造能力共享延伸出的重要的共享制造内容。共享制造主要可以划分为协同型、共创型、交易中介型3种类型[1]。

协同型共享制造以小型制造企业相互之间的制造资源共享和共同接单作为特点，共同使用办公空间、生产线、生产工人等资源。例如，Mould Lao众创空间是国家科技部"火炬中心"面向制造业颁发的一个众创空间。Mould Lao众创空间可以共享厂房、设备和人才，就连创意和品牌也可以共享。创客和企业主可以根据使用情况分担资金，以此实现厂房共享；而对于一些大型且价格高昂的设备，则按使用小时计费，以此实现设备共享。在这里，工人通过自报身价，共享自身技术。此外，财务、行政人员这些人力费用的支出则由数十个小微企业和团队共同承担。同理，高层次的设计人员和技术顾问也可共享，以达成共享制造的目的。在创客空间里，有专门的团队拉取订单，各个团队再通过内部竞争报价来争取该项目，即达成订单共享。最后，Mould Lao形成自己的品牌知名度，进而有助于拿到客户订单[2]。

共创型共享制造依托强大的共享制造平台，使平台和产能供应方能共享制造资源。例如，沈阳机床研发出工业化、信息化、网络化、智能化、集成化的智能机床，具有智能与互联网功能，通过i5智能共享平台连接沈阳机

---

[1] 向坤，杨庆育.共享制造的驱动要素、制约因素和推动策略研究[J].宏观经济研究，2020（11）：65-75.

[2] 参考网.我国共享制造现有实践案例研究[EB/OL].(2019-07-03)[2021-01-18]. https://www.fx361.com/page/2019/0703/5279316.shtml.

床和机床用户，通过工业操作系统，实现生产、资源、人才、技术、服务等内容共享。在该平台上，制造业企业可以找到自己所需要的订单，同时沈阳机床将大型设备租赁给机床用户，既解决大型设备的闲置问题，也能共享相关熟悉技术的人才。企业出现订单过多情况时，可以与其他企业共享订单，既能完成订单，又能提高效率，共同获利。

交易中介型共享制造平台采取轻资产模式，主要承担交易撮合、降低交易成本的功能，同时自身承担平台的信用保障和金融支持等服务性工作。例如，近年来阿里巴巴的淘工厂平台，淘工厂支持鼓励工厂入驻，帮助线下的工厂将生产能力在线上进行数据化呈现，支持工厂生产线的柔性化改造。淘工厂通过平台担保和平台授信降低交易成本，同时通过制定交易规则解决平台纠纷。

（2）产品全生命周期管理。产品全生命周期管理涵盖了从人们对产品的需求开始，到产品报废回收再处理的全部生命历程。随着数字化技术的不断发展，许多生产设备（如制造装备、电信设备等）及工业产品中内嵌了数字设备（如传感器）。除了数字设备的嵌入，5G技术的不断发展使得信息传播效率更高，这能为产品的实时诊断、预警和及时服务提供重要的基础条件。越来越多的企业开始向客户提供产品全生命周期服务（例如，远程诊断服务、实时维修服务、预测性维护服务、运营服务等）[1]。

例如，三一集团利用树根互联股份有限公司（以下简称"树根互联"）的工业互联网平台为客户提供运维服务[2]。树根互联的工业互联网平台依托三一集团在装备制造及远程运维领域的经验，重点面向设备健康管理，提供端到端的工业互联网解决方案和服务。三一集团利用树根互联打造的机器关系管理（MRM）平台，通过机器的互联和数据的收集整理，对接云端数据存

---

[1] 安筱鹏. 重构：数字化转型的逻辑 [M]. 北京：电子工业出版社，2019.
[2] 财资中国，财资一家. 三一集团：推出根云 RootCloud 平台 | 工业互联网平台案例汇编 [EB/OL].(2018-05-23)[2021-01-18]. https://www.treasurychina.com/post/1899.html.

储、数据分析和智能服务平台，提供资产管理、设备跟踪、故障预测、保险金融、研发辅助等创新业务，帮助用户降低成本、提高运营效率，实现商业模式创新。树根互联还可以为设备提供360度全生命周期管理，涵盖物联监控、智能服务、能耗耗材、资产管理、设备协同、二手交易、设备保险、交易支付、货款保理、共享租赁、改装再造等多个环节，为企业实现增效提速、商业创新等目的。同时，三一集团在设备上增加了通信功能，通过网络与其企业控制中心和快速反应团队连接，运用视频远程故障诊断等信息服务系统，远程监控设备运转情况，并基于工业大数据实现故障预警，有针对性地提供咨询、维修等服务，这样不仅提高了产品附加值，而且实现了从以制造产品为主向提供工程承包和远程运维服务的转变。

4.3 数据赋能的新制造模式：智能制造

4.3.1 智能制造的内涵

1. 智能制造的概念

在工业和信息化部、财政部联合组织编写并发布的《智能制造发展规划（2016—2020年）》中对智能制造给出了明确定义：智能制造是基于新一代信息通信技术与先进制造技术深度融合，贯穿于设计、生产、管理、服务等制造活动的各个环节，具有自感知、自学习、自决策、自执行、自适应等功能的新型生产方式。智能制造的目的是提高生产效率、提升产品质量、缩短产品研制周期、降低运营成本、降低资源能源消耗（即"两提三降"）。因此，智能制造对我国工业转型升级和国民经济持续发展有重要作用。加快发展智能制造，是培育我国经济增长新动能的必由之路，是抢占未来经济和科技发展制高点的战略选择，对于推动我国制造业供给侧结构性改革，打造我国制造业竞争新优势，实现制造强国具有重要战略意义。

2. 智能制造与传统制造的区别

智能制造主要包括信息感知、优化决策、执行控制三大特征[一]。信息感知是指利用标准、高效的方法采集、存储、分析和自动识别大量数据信息，实现自动感应和快速认知，同时将大量数据信息传输到优化决策系统中。优化决策是指通过运用和学习大量知识，实现面向产品全生命周期的海量异构信息的自动挖掘提炼，通过计算平台支持，将挖掘提炼的信息进行计算分析、推理预测，利用决策工具和自动化系统，形成优化制造过程的决策指令。执行控制是指根据决策指令，通过执行系统控制制造过程状态，实现系统稳定、安全运行及动态调整。

智能制造与传统制造的异同点主要体现在产品设计、产品加工、制造管理以及产品服务等几个方面。如表 4-3 所示，在产品设计方面，传统制造主要基于常规产品，面向功能需求设计，新产品研发周期长；而智能制造则是采用虚实结合的个性化设计，面向客户需求设计，主要生产个性化的产品。智能制造采用数字化设计，周期短，可实时动态改变。在产品加工方面，传统制造的加工过程按计划进行，主要采用半智能化加工与人工检测，生产高度集中；而智能制造的加工过程高度柔性化，可以实时调整，并且智能制造的加工全过程实施智能化加工与在线实时监测，生产组织方式高度个性化。在制造管理方面，传统制造主要以人工、企业内管理为主；而智能制造则实施计算机、机器与人交互指令管理，并且将这种管理模式延伸到了产业链上下游企业。在产品服务方面，传统制造主要关注产品制造本身，而智能制造的服务则包括产品全生命周期。

3. 智能制造的系统架构

智能制造的系统架构从生命周期、系统层级和智能特征三个维度对智能

[一] 孟凡生，赵刚. 传统制造向智能制造发展影响因素研究 [J]. 科技进步与对策，2018，35（01）：66-72.

制造所涉及的活动、装备、特征等内容进行描述，如图 4-5 所示。

表 4-3　传统制造与智能制造的区别

分类	传统制造	智能制造
产品设计	常规产品 面向功能需求设计 新产品研发周期长	虚实结合的个性化设计，个性化产品 面向客户需求设计 数字化设计，周期短，可实时动态改变
产品加工	加工过程按计划进行 半智能化加工与人工检测 生产高度集中组织	加工过程柔性化，可实时调整 全过程智能化加工与在线实时监测 生产组织方式个性化
制造管理	人工、企业内管理	计算机、机器与人交互指令管理
产品服务	产品制造本身	产品全生命周期

资料来源：陈明，梁乃明.智能制造之路：数字化工厂[M].北京：机械工业出版社，2016.

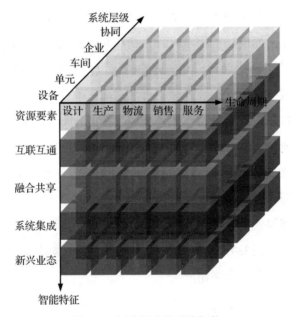

图 4-5　智能制造的系统架构

资料来源：工信部联科〔2018〕154 号.国家智能制造标准体系建设指南（2018 年版）[S].北京：中华人民共和国工业和信息化部，国家标准化管理委员会，2018.

生命周期是指从产品原型研发开始到产品回收再制造的各个阶段，涉设计、生产、物流、销售、服务等一系列相互联系的价值创造活动。生命周期的各项活动可进行迭代优化，具有可持续性发展等特点，不同行业的生命周期构成不尽相同。表4-4列出了生命周期中各个阶段的简单介绍。

表4-4 智能制造系统的生命周期维度介绍

阶段	简 介
（1）设计	根据企业的所有约束条件以及所选择的技术对需求进行构造、仿真、验证、优化等研发活动的过程
（2）生产	通过劳动创造所需要的物质资料的过程
（3）物流	物品从供应地向接收地的实体流动过程
（4）销售	产品或商品等从企业转移到客户手中的经营活动
（5）服务	提供者与客户在接触过程中所产生的一系列活动的过程及其结果，包括回收等

资料来源：工信部联科〔2018〕154号.国家智能制造标准体系建设指南（2018年版）[S].北京：中华人民共和国工业和信息化部，国家标准化管理委员会，2018.

系统层级是指与企业生产活动相关的组织结构的层级划分，包括设备层、单元层、车间层、企业层和协同层，如表4-5所示。

表4-5 智能制造系统的系统层级维度介绍

层级	简 介
（1）设备层	企业利用传感器、仪器仪表、机器、装置等，实现实际物理流程并感知和操控物理流程的层级
（2）单元层	用于工厂内处理信息、实现监测和控制物理流程的层级
（3）车间层	实现面向工厂或车间的生产管理的层级
（4）企业层	实现面向企业经营管理的层级
（5）协同层	企业实现其内部和外部信息互联和共享过程的层级

资料来源：工信部联科〔2018〕154号.国家智能制造标准体系建设指南（2018年版）[S].北京：中华人民共和国工业和信息化部，国家标准化管理委员会，2018.

智能特征是指基于新一代信息通信技术使制造活动具有自感知、自学习、自决策、自执行、自适应等一个或多个功能的层级划分，包括资源要素、互联互通、融合共享、系统集成和新兴业态五层智能化要求，如表4-6所示。

表 4-6　智能制造系统的智能特征维度介绍

层级	简　介
（1）资源要素	企业生产时所需要使用的资源或工具及其数字化模型所在的层级
（2）互联互通	通过有线、无线等通信技术，实现装备之间、装备与控制系统之间、企业之间相互连接及信息交换功能的层级
（3）融合共享	在互联互通的基础上，利用云计算、大数据等新一代信息通信技术，在保障信息安全的前提下，实现信息协同共享的层级
（4）系统集成	企业实现从智能装备到智能生产单元、智能生产线、数字化车间、智能工厂，乃至智能制造系统集成过程的层级
（5）新兴业态	企业为形成新型产业形态进行企业间价值链整合的层级

资料来源：工信部联科〔2018〕154号.国家智能制造标准体系建设指南（2018年版）[S].北京：中华人民共和国工业和信息化部，国家标准化管理委员会，2018.

智能制造的关键是实现贯穿企业设备层、单元层、车间层、企业层、协同层不同层面的纵向集成，跨资源要素、互联互通、融合共享、系统集成和新兴业态不同级别的横向集成，以及覆盖设计、生产、物流、销售、服务的端到端集成。

4.3.2　我国智能制造的四大特点

依据中国电子技术标准化研究院2021年1月发布的《智能制造发展指数报告（2020）》，我国智能制造呈现出智能制造能力水平明显提升、不同行业智能制造发展水平不均衡、重点龙头企业发挥示范引领效应、中小企业聚焦生产制造模式转型等特点。具体而言：

一是智能制造能力水平明显提升。依据中国电子技术标准化研究院发布的《智能制造能力成熟度模型白皮书（1.0版）》，智能制造水平分为一级及以下、二级、三级、四级及以上[一]。不同的等级定义了智能制造的阶段水平，描述了一个组织逐步向智能制造最终愿景迈进的路径，代表了当前实施智能制造的程度，同时也是智能制造评估活动的结果。以下是白皮书中对于各等

[一] 中国电子技术标准化研究院.智能制造能力成熟度模型白皮书（1.0版）[R].2016.

级的界定：

第一级是规划级，在这一等级，企业有了实施智能制造的想法，开始进行规划和投资。部分核心的制造环节已实现业务流程信息化，具备部分满足未来通信和集成需求的基础设施，企业已开始基于 IT 进行制造活动，但只是具备实施智能制造的基础条件，还未真正进入到智能制造的范畴。

第二级是规范级，在这一等级，企业已形成了智能制造的规划，对支撑核心业务的设备和系统进行投资，通过技术改造使得主要设备具备数据采集和通信的能力，实现了覆盖核心业务重要环节的自动化、数字化升级。通过制定标准化的接口和数据格式，部分支撑生产作业的信息系统能够实现内部集成，数据和信息在业务内部实现共享，企业开始迈进智能制造的门槛。

第三级是集成级，在这一等级，企业对智能制造的投资重点开始从对基础设施、生产装备和信息系统等的单项投入向集成实施转变，重要的制造业务、生产设备、生产单元完成数字化、网络化改造，能够实现设计、生产、物流、销售、服务等核心业务之间的信息系统集成，开始聚焦工厂范围内数据的共享。企业已完成了智能化提升的准备工作。

第四级是优化级，在这一等级，企业内生产系统、管理系统以及其他支撑系统已完成全面集成，实现了工厂级的数字建模，并开始对从人员、装备、产品、环境所采集到的数据以及生产过程中所形成的数据进行分析，通过知识库、专家库等优化生产工艺和业务流程，能够实现信息世界与物理世界的互动。

第四级以上是引领级，引领级是智能制造能力建设的最高程度，在这一等级，数据的分析使用已贯穿企业的方方面面，各类生产资源都得到最优化的利用，设备之间实现自治的反馈和优化，企业已成为上下游产业链中的重要角色。个性化定制、网络协同、远程运维已成为企业开展业务的主要模式，企业成为本行业智能制造的标杆。

如图 4-6 所示，整体来看，2020 年全国制造业智能制造能力成熟度较

2019年有所提升，一级及以下的低成熟度企业数量减少10%，三级及以上的高成熟度企业数量增加了8%。

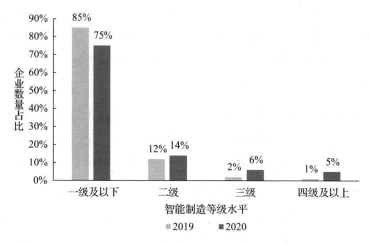

图4-6　全国智能制造成熟度水平

资料来源：中国电子技术标准化研究院.智能制造发展指数报告（2020）[R].北京：中华人民共和国工业和信息化部，2020.

二是不同行业智能制造发展水平不均衡。离散型制造业的成熟度水平略高于流程型制造业。离散型制造是指将生产过程分解成多种工艺加工任务，把不同零部件或加工子过程并联或串联，最后按照较为固定的产品结构和零部件配套关系装配成最终产品的复杂生产过程[一]。流程型制造主要指对加工对象不间断地通过一系列的加工装置使原材料进行化学或物理变化，最终得到产品。如图4-7所示，与流程型制造业相比，离散型制造业在三级和四级及以上的比例都高于流程型制造业。

三是重点龙头企业发挥示范引领效应。在《智能制造发展指数报告（2020）》中，参与调查的企业中有370家是2015—2018年来获批工信部智能制造试点示范或新模式项目的企业。这些企业的平均得分相比2019年有

[一] 高群，谭茜元.离散型制造业技工缺失问题研究：特征、原因及破解[J].科技管理研究，2012，32（02）：131-134.

所提高，获得重点支持的企业在人员、资源、技术等方面均具备了智能制造能力提升的保障基础，仍是创新智能制造技术与模式的主力军，逐步向高成熟度等级发展，有望成为标杆企业，并在相关行业大规模移植、推广成功经验和模式。

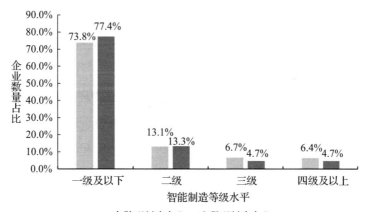

图 4-7 离散型和流程型智能制造成熟度等级分布对比

资料来源：中国电子技术标准化研究院. 智能制造发展指数报告（2020）[R]. 北京：中华人民共和国工业和信息化部，2020.

四是中小企业聚焦生产制造模式转型。在《智能制造发展指数报告（2020）》中，参与自诊断的中小企业占比达 87.92%。通过分析可知，中小企业以生产制造过程的能力提升为优先发力点，主要聚焦生产制造模式转型与装备自动化改造。中小企业更专注于细分市场，专业化生产、服务和协作配套能力是企业发展的核心，聚焦产品质量和生产效率的稳步提升仍是我国中小企业提高核心竞争力的重要突破点。

4.3.3　智能制造的基础：信息物理系统（CPS）

1. 信息物理系统的概念

计算技术、通信技术和控制技术的快速发展，引发了人类社会生活的巨大变革。随着信息化和工业化的深度融合，传统的计算与通信技术已不能适应新一代生产装备信息化和网络化的需求，在这一背景下，信息物理系统（CPS）顺势而出。信息物理系统这一术语，最早由美国国家航空航天局于1992年提出。中国信息物理系统发展论坛将信息物理系统定义为：通过集成先进的感知、计算、通信、控制等信息技术和自动控制技术，构建的物理空间和信息空间中人、机、物、环境、信息等要素相互映射、适时交互、高效协同的复杂系统，能够实现系统内资源配置和运行的按需响应、快速迭代、动态优化⊖。信息物理系统的本质是构建一套在物理空间和信息空间之间基于数据自动流动的数据感知、数据处理、智能决策、精准执行的闭环赋能体系，可以解决生产制造、应用服务过程中的复杂性和不确定性问题，提高资源配置效率。

信息物理系统的最终目的是实现资源优化配置。实现这一目标的关键是靠数据的自动流动，在流动过程中数据经过不同的环节，在不同的环节以不同的形态（隐形数据、显性数据、信息、知识）展现出来，在形态不断变化的过程中逐渐向外部环境释放蕴藏在其背后的价值，为物理空间实体赋予实现一定范围内资源优化的能力。

随着CPS应用的落地，对CPS的认识也从理论框架转向应用价值。在数据自动流动的闭环赋能体系的认识基础上，从数据价值提升与业务流程再造的规则体系上来认识CPS。如图4-8所示，CPS将物理空间中的研发设计、生产制造、运营管理、产品服务等各业务环节，以及设备、产品、产线和人等物理实体，在信息空间相应地构建起数字孪生对象，实现产品全生命周期流程在信息空间的数字孪生重构，并通过数字主线实现各数字孪生体之间的数据贯通。通过"数据+模型"实现从数据到信息到知识再到策略的转化，

⊖ 中国信息物理系统发展论坛. 信息物理系统白皮书 (2017)[R/OL]. (2017-03-01) [2021-03-19]. http://www.ilinki.net/News/Detail/7529.

创造新的服务模式并执行，由此构建起数据价值提升与业务流程再造的规则体系。

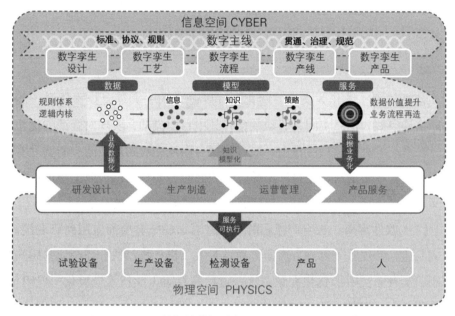

图 4-8　CPS 的数据价值提升与业务流程再造的规则体系

资料来源：中国电子技术标准化研究院，中国信息物理系统发展论坛. 信息物理系统建设指南（2020）[R/OL].（2020-08-28）[2021-03-02].http://www.cesi.cn/202008/6748.html.

这套规则体系具体来说包括：业务数据化、知识模型化、数据业务化、决策执行化[⊖]。其中，业务数据化是指将研发设计、生产制造、运营管理、产品服务等各业务环节中蕴含于背后的隐形数据在信息空间不断显性化，使得数据能够"可见"，从而实现业务流程的数据化。业务数据化是实现在信息空间对业务全流程重构和优化的前提。知识模型化是指将各类经验、知识、方法不断模型化、数字化并沉淀在云端，可以实现从杂乱无章的数据中提炼出可理解的信息、转化为相互关联的知识、寻找到实现目标的策略路径。数

⊖ 中国电子技术标准化研究院, 中国信息物理系统发展论坛. 信息物理系统建设指南（2020）[R/OL].(2020-08-28) [2021-03-02].http://www.cesi.cn/202008/6748.html.

据业务化是指将分析诊断、预测、决策等高价值服务以工业 App 等新型载体的形式呈现出来，并反哺到业务流程中，把蕴含在大量数据背后的隐形价值不断显性化。决策执行化是指将服务价值、物理空间和物理实体相结合，符合物理空间的运行规律和逻辑，确保服务能够执行。

2. 信息物理系统的特征

信息物理系统作为支撑"两化"深度融合的一套综合技术体系，能够连通物理空间和信息空间，驱动数据在其中自由流动，实现对资源的优化配置。在系统的有机运行过程中，通过数据自动流动对物理空间中的物理实体逐渐赋能，在实现对特定目标资源优化的同时，表现出六大典型特征：软件定义、泛在连接、虚实映射、数据驱动、集成融合、系统自治[⊖]。

（1）**软件定义**。从生产流程的角度来看，CPS 会全面应用到研发设计、生成制造、管理服务等方方面面，通过对人、机、物、法、环全面的感知和控制，实现各类资源优化配置。这一过程需要对工业技术模块化、代码化、数字化，并不断软件化。软件构建了工业领域中数据自动流动的规则体系，是业务、流程、组织的赋能工具和载体，解决了复杂制造系统的不确定性、多样性等问题。

（2）**泛在连接**。构成 CPS 的各部分都具备泛在的连接能力，可以实现跨网络、异构等多技术的融合，保障数据的自由流通。泛在连接通过对现实世界状态的实时采集、传输，以及数字世界控制指令的实时反馈下达，提供无处不在的优化决策和智能服务。随着无线宽带、射频识别、信息传感及网络业务等信息通信技术的发展，网络通信将会更加全面深入地融合物理空间与信息空间，表现出明显的泛在特征，实现任何时间、任何地点、任何人、任何物都能顺畅通信。构成 CPS 的各器件、模块、单元、企业等实体都要

⊖ 中国信息物理系统发展论坛.信息物理系统白皮书(2017)[R/OL].(2017-03-01)[2021-03-19]. http://www.ilinki.net/News/Detail/7529.

具备泛在连接能力，并实现跨网络、跨行业、异构多技术的融合与协同，以保障数据在系统内的自由流动[1]。

（3）**虚实映射**。CPS一方面通过人机交互接口实现实时数据采集、数据集成，动态跟踪物理实体的工作状态和工作进展（如采集测量结果、追溯信息等），并使用远程、可靠、实时、安全、协作的网络化空间方式操控物理实体；另一方面充分利用物理模型、传感器更新、运行历史等数据，在信息空间进行全要素重建，形成具有感知、分析、决策、执行能力的数字孪生。借助信息空间对数据综合分析处理的能力，形成对外部复杂环境变化的有效决策，并通过以虚空实的方式作用到物理实体上。在这一过程中，物理实体与信息虚体之间相互联动，虚实映射，共同作用以提升资源优化配置效率[2]。

（4）**数据驱动**。CPS通过集成先进感知、计算、通信等技术，将各业务环节中蕴含在背后的隐形数据在信息空间中不断显性化，使得数据能够"可见"。在这一过程中，状态感知的结果是数据，实时分析的对象是数据，科学决策的基础是数据，精准执行的输出还是数据。数据在此过程中不断积累和迭代优化，通过数据交互机制的设计，实现对外部资源的优化配置。

（5）**集成融合**。CPS是物理过程和计算过程的集成系统。数字世界与现实世界进行交互，这种交互的主体包括软件、硬件、网络、工业云等一系列技术以及许多功能不同的系统，各个系统之间通过有线或无线的通信方式相互协调工作。在CPS中，硬件、软件、数据及网络均能集成起来，实现数据在物理空间与信息空间不同环节的自由流动，实现信息技术与工业技术的深度融合。

（6）**系统自治**。CPS的技术实现可分为单元级、系统级、系统之系统级

---

[1] 杨文华，许畅，叶海波，等.智能化信息物理系统中非确定性的分类研究[J].计算机科学，2020，47（03）：11-18.

[2] 中国电子技术标准化研究院，中国信息物理系统发展论坛.信息物理系统建设指南（2020）[R/OL].(2020-08-28) [2021-03-02].http://www.cesi.cn/202008/6748.html.

（SoS级）三个层次，能根据感知到的环境变化信息，在信息空间进行处理分析，自适应地对外部变化做出有效响应⊖。多个单元级CPS统一调度，编组协作，形成与设备运行、原材料配送、订单变化之间的自组织、自配置、自优化，实现生产运行效率的提升，订单需求的快速响应等。多个系统级CPS基于多个单元级中最小单元的状态感知、信息交互、实时分析，实现了局部的自组织、自配置、自决策、自优化。SoS级CPS通过大数据平台，实现了跨系统、跨平台的互联、互通和互操作，促进了多源异构数据集成、交换和共享的闭环自动流动，在全局范围内实现信息全面感知、深度分析、科学决策和精准执行。CPS能根据感知到的环境变化信息，在信息空间进行处理分析，自适应地对外部变化做出有效响应。

3. 信息物理系统的核心技术要素

信息物理系统的技术要素可以概括为"一硬""一软""一网""一平台"，如图4-9所示。

"一硬"是感知和自动控制的智能硬件，传感器等感知硬件可实现生产流程中人、设备、物料、环境等隐性数据的显性化，是数据闭环流动的起点。自动控制硬件在数据采集、传输、存储、分析和挖掘的基础上精准执行，是数据闭环的终点。"一软"指工业软件，如设计软件、仿真软件、排产软件等。"一网"指工业网络，是连接工业生产系统和工业产品各要素的信息网络，是支撑数据流动的通道。"一平台"是工业互联网平台，即工业云和智能服务平台，是高度集成、开放和共享的数据服务平台，是数据的集散中心、存储中心、分析中心和共享中心⊖。

⊖ 管晓宏，关新平，郭戈. 信息物理融合系统理论与应用专刊序言[J]. 自动化学报，2019，45（01）：1-4.

⊖ 中国信息物理系统发展论坛. 信息物理系统白皮书(2017)[R/OL]. (2017-03-01) [2021-03-19]. http://www.ilinki.net/News/Detail/7529.

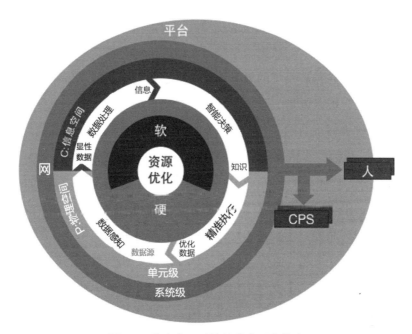

图 4-9 信息物理系统的技术要素构成

资料来源：中国信息物理系统发展论坛. 信息物理系统白皮书（2017）[R/OL]. （2017-03-01）[2021-03-19].http://www.ilinki.net/News/Detail/7529.

一硬：感知和自动控制硬件。在信息物理系统中，状态感知靠传感器等感知硬件，精准执行靠自动控制硬件，感知硬件与自动控制硬件就是"一硬"。感知的本质是现实世界的数字化，通过各种芯片、传感器等智能硬件实现生产制造全流程中人、设备、物料、环境等隐性信息的显性化，是信息物理系统实现实时分析、科学决策的基础，是数据闭环流动的起点。自动控制是在数据采集、接入、传输、存储、分析和挖掘的基础上做出的精准执行，体现为一系列动作或行为，作用于人、设备、物料和环境上，是数据闭环流动的终点。

一软：工业软件。工业软件是指专用于工业领域，为提高工业研发、制造、生产、服务的管理水平以及工业产品使用价值的软件。工业软件的本质是将特定工业场景下的经验知识，以数字化模型或专业化软件工具的形式积累沉淀下来。工业软件建立了数据自动流动规则体系,操控规划、制作和运用阶段的产品全生命周期数据,是数据流通的桥梁,是工业制造的大脑。工业软件代表了信息物理系统的思维认识,是感知控制、信息传输、分析决策背后的方法论,可以说是工业软件定义了 CPS。

工业软件大体上有两类:嵌入式软件和非嵌入式软件。嵌入式软件是嵌入在控制器、通信、传感装置之中的软件。嵌入式软件主要满足工业场景的嵌入式系统需求,应用场景丰富,如数字电视、扫地机器人等家电类产品;通信类交换设备、网络设备等网络通信类产品;工控机、交互式终端、安全监控等工业控制类产品等。非嵌入式软件是装在通用计算机或工业控制计算机之中的设计、编程、工艺、监控、管理等软件,如 CAD、MES、ERP 软件等①。

一网:工业网络。工业网络是连接工业生产系统和工业产品各要素的信息网络,通过工业现场总线、工业以太网、工业无线网络和异构网络集成等技术,能够实现企业内部各装备、控制系统和信息系统的互联互通,为人、机、物全面互联提供基础设施,促进物料、产品、人以及各种工业数据的充分流动和无缝集成②。工业网络主要用于支撑工业数据的采集交换、集成处理、建模分析和反馈执行,是实现从单个机器、产线、车间到工厂的工业全系统互联互通的重要基础工具,是支撑数据流动的通道③。

一般可将工业网络分为企业内网络和企业外网络。企业内网络用于连接企业内的各种要素,包括人员(如生产人员、设计人员、外部人员)、机器(如生产装备、办公设备)、材料(如原材料、在制品、制成品)等。通过企业内网络,与企业数据中心及应用服务器互联,进行数据感知、数据处理,并应用到设计、制造等全生命周期管理中,支撑企业内的业务应用。企业外

---

① 赵敏.工业互联网平台的六个支撑要素——解读《工业互联网平台白皮书》[J].中国机械工程,2018,29(08):1000-1007.
② 李洪阳,魏慕恒,黄洁,等.信息物理系统技术综述[J].自动化学报,2019,45(01):37-50.
③ 吕文晶,陈劲,刘进.工业互联网的智能制造模式与企业平台建设——基于海尔集团的案例研究[J].中国软科学,2019(07):1-13.

网络用于连接智能工厂、分支机构、上下游协作企业、工业云数据中心、智能产品与用户等主体。其中，智能工厂内的数据中心、应用服务器，通过企业外网络与企业外的工业云数据中心互联。分支机构、协作企业、用户、智能产品，也根据配置，通过企业外网络连接到工业云数据中心或企业数据中心，进行数据感知、处理，实现现实世界与数字世界的连接和虚实映射①②。

一平台：工业互联网平台。工业互联网平台是高度集成、开放和共享的数据服务平台，是跨系统、跨平台、跨领域的数据集散中心、数据存储中心、数据分析中心和数据共享中心，基于工业互联网平台推动专业软件库、应用模型库、产品知识库、测试评价库、案例专家库等基础数据和工具的开发集成和开放共享，实现生产全要素、全流程、全产业链、全生命周期管理的资源优化配置，以提升生产效率、创新模式业态，构建全新产业生态。这将使产品、机器、人、业务从封闭走向开放，从独立走向系统，将重组客户、供应商、销售商及企业内部组织的关系，重构生产过程中信息流、产品流、资金流的运行模式，重构产业价值链。工业互联网平台通过边缘计算、雾计算③、大数据分析等技术进行数据的加工处理，形成对外提供数据服务的能力，并在数据服务基础上提供个性化和专用化智能服务，为企业从现实世界到数字世界的感知、认知、决策提供支撑。

4. 工业互联网平台

（1）工业互联网平台的概念。工业互联网是新一代工业浪潮的产物，是

---

① 关新平，陈彩莲，杨博，等.工业网络系统的感知 – 传输 – 控制一体化：挑战和进展[J].自动化学报，2019，45（01）：25-36.

② 中国信息物理系统发展论坛.信息物理系统白皮书（2017）[R/OL].(2017-03-02) [2021-04-12]. http://www.ilinki.net/News/Detail/7529.

③ 雾计算（fog computing），在该模式中，数据、数据处理和应用程序集中在网络边缘的设备中，而不是全部保存在云中，是云计算（cloud computing）的延伸概念，由思科（Cisco）提出。雾计算并非由性能强大的服务器组成，而是由性能较弱、更为分散的各类功能计算机组成，涉及工厂、汽车、电器、街灯及人们物质生活中的各类用品。

当今全球主要经济体促进经济发展的重要抓手。通用电气前总裁伊梅尔特在一次演讲中提出，工业互联网是一个开放的、全球化的网络，将人、数据和机器连接起来，将全球工业系统与高级计算、分析传感技术及互联网高度融合。它通过智能机器间的连接并最终将人机连接，结合软件和大数据分析重构全球工业，让世界更快捷、更安全、更清洁、更经济。工业互联网产业联盟（AII）从宏观层面对工业互联网进行了阐述：工业互联网通过工业经济全要素、全产业链、全价值链的全面连接，支撑制造业数字化、网络化、智能化转型，不断催生新模式、新业态、新产业，重塑工业生产制造和服务体系，实现工业经济高质量发展[1]。工业和信息化部从微观层面对工业互联网进行了定义：工业互联网是新型网络、先进计算、大数据、人工智能等新一代信息通信技术与制造技术融合的新型工业数字化系统，它广泛连接人、机、物等各类生产要素，构建支撑海量工业数据管理、建模与分析的数字化平台，提供端到端的安全保障，以此驱动制造业的智能化发展，引发制造模式、服务模式与商业模式的创新变革[2]。

工业互联网作为一种为企业服务的"生产型互联网"，通过构建"网络""平台""安全"3大功能体系（见图4-10），将生产制造过程中的"人""机""物"有效连接，全面赋能制造业企业，释放效率红利。工业互联网平台是工业互联网三大功能要素之一，是工业全要素连接的枢纽，是工业资源配置的核心。工业互联网产业联盟将工业互联网平台定义为工业云平台的延伸发展，其本质是在传统云平台的基础上叠加物联网、大数据、人工智能等新兴技术，构建更精准、实时、高效的数据采集体系，建设包括存储、集成、访问、分析、管理功能的平台，实现工业技术、经验、知识的模型

---

[1] 工业互联网产业联盟. 工业互联网平台白皮书(2017)[EB/OL].(2017-12-01) [2021-01-23]. http://www.aii-alliance.org/index.php?m=content&c=index&a=show&catid=23&id=186.

[2] 中华人民共和国工业和信息化部, 国家标准化管理委员会. 工业互联网综合标准化体系建设指南[S/OL].(2019-1-25)[2021-01-25].http://www.miit.gov.cn/n1146295/n1652858/n1652930/n3757016/c6667001/part/6667027.pdf.

化、软件化、复用化，以工业 App 的形式为制造业企业提供各类创新应用，最终形成资源富集、多方参与、合作共赢、协同演进的制造业生态⊖。

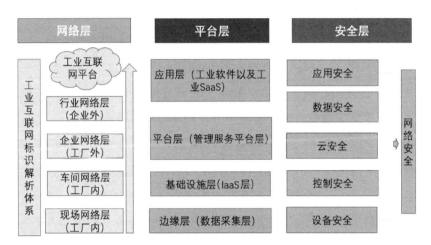

图 4-10　工业互联网 3 大功能体系

资料来源：中华人民共和国工业和信息化部，国家标准化管理委员会.工业互联网综合标准化体系建设指南 [EB/OL].（2019-03-08）[2021-03-13]. http://www.gov.cn/xinwen/ 2019-03/08/content_5371933.htm.

工业互联网平台能够优化生产制造流程，实现制造模式升级，通过数据分析、优化生产过程中的产品管理、工艺参数设置、工艺流程、质量管理、设备管理、能耗管理等多个环节，形成基于数据的新型制造模式。具体体现在以下三个方面：一是提升车间智能化水平。工业互联网平台可以对车间生产线上的热能、压力、湿度、振动和温度等生产指标进行探测，在设定指标偏离正常值的情况下及时发出警报信号，从而快速地发现问题和避免潜在损失，也可以通过采集的指标数据进行智能化产品质量在线监控、车间安全运行、工艺参数优化等活动。二是优化生产流程。将生产制造各个环节的数据进行整合，并建立生产制造系统的数字孪生模型，可以实现生产制造流程的

⊖ 工业互联网产业联盟.工业互联网平台白皮书 (2017)[R/OL]. (2017-12-01) [2021-01-23]. http://www.aii-alliance.org/index.php?m=content&c=index&a=show&catid=23&id=186.

虚拟化仿真和改进优化，提升排产、人员、物料等方面管理的精准性。三是推动企业现代化制造体系的建立。通过对生产制造过程的网络化和智能化控制，促进数据共享、知识重用、业务协同和系统整合，实现科学管理决策和提高生产制造系统的柔性、精准性、自组织性，从而实现智能生产。

工业互联网平台可以促进商业模式创新，实现业态升级，推动制造业企业从以产品为中心向"产品+服务"的经营模式转变。工业互联网平台可以优化商业模式创新，推动智能服务，颠覆传统工业业态。一是为产品全生命周期管理应用提供支撑。工业互联网平台借助条形码、射频识别等标识技术记录产品的生产、物流、使用状况和服务等信息，形成完整的产品生命档案，为产品售后服务提供全面准确的信息。二是创新设备运维服务。通过将设备实施运行数据和历史数据进行集成，并借助数学模型和人工智能故障诊断方法进行分析，实现工业互联网平台为设备提供运行决策和远程运维服务。

（2）工业互联网平台的架构。工业互联网平台是面向制造业数字化、网络化、智能化需求的开放式、专业化服务平台，以工业思维和能力与IT思维和能力的集成、融合、创新为基础，实现工业全要素泛在连接、弹性供给、高效配置，是加速制造业创新体系和发展模式转变的重要引擎。

工业互联网平台的基本框架由边缘层、基础设施层（IaaS层）、平台层、应用层四大层级构成，如图4-11所示。

边缘层支持各类工业设备和信息系统的接入，是设备与云平台之间的桥梁，具备设备接入、协议解析、边缘数据处理等功能，具备提供EtherCAT、Modbus、Profibus、HART⊖等多种主流现场总线、工业以太网、工业无线通

⊖ EtherCAT(ethernet for control automation technology)即用于控制和自动化技术的以太网，是一种用于工业自动化的实时以太网解决方案，性能优越、使用简便；Modbus是一种基于主从结构的开放式串行通信协议，已被广泛接受；Profibus是一种快速总线，被广泛应用于分布式外围组件(PROFIBUS-DP)；HART（highway addressable remote transducer）是可寻址远程变送器数据通道协议，用于现场智能仪表和控制室设备之间双向通信。

信设备接入的能力。

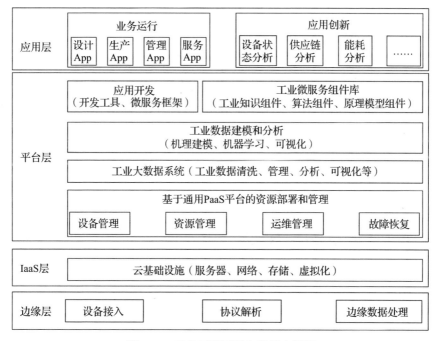

图 4-11　工业互联网平台的基本框架

资料来源：工业互联网产业联盟.工业互联网平台白皮书（2017）[EB/OL].（2017-12-01）[2021-01-23]. http://www.aii-alliance.org/static/upload/202003/0302_142939_490.pdf.

基础设施层是工业互联网平台的运行基础，由 IT 基础设施提供商为平台建设与运营提供虚拟化的计算资源、网络资源、存储资源，为平台层、应用层的功能运行、能力构建及服务供给提供高性能的计算、存储、网络等云基础设施[⊖]。

平台层是工业互联网平台的核心，由平台建设运营主体、各类微服务组件提供商、边缘解决方案提供商等共同建设，向下接入海量工业数据资源，向上支撑工业 App 的敏捷开发与运维，发挥着类似于"操作系统"的重要

⊖ 李君，邱君降，窦克勤.工业互联网平台参考架构、核心功能与应用价值研究[J].制造业自动化，2018（6）：103-112.

作用。基于通用PaaS平台叠加工业大数据系统、工业大数据建模分析、工业微服务、工业机理模型等创新功能，能以"搭积木"的方式为用户提供应用开发、创建、部署的基础环境，构建可扩展开发的"工业操作系统"。

应用层是工业互联网平台的关键，通过使用和调用平台开发工具、微服务组件和工业机理模型，形成面向智能装备行业的数字化解决方案。能够提供云化工业软件和新型工业App等应用工具，构建面向如机器人、重型机械等智能装备行业的云平台，围绕实时监控、资产管理、生产运行、能源管理、安全管理、经营管理等工业应用场景提供数字化服务[1]。

从工业互联网平台的基本框架中可以得出工业互联网平台的以下特征[2]：一是泛在连接。工业互联网平台具备对设备、软件、人员等各类生产要素数据的全面采集能力，通过对数据资源的接入和集成，进一步实现各类资源的连接。二是云化服务。工业互联网平台将汇聚起来的数据上传到云计算平台进行分析处理，在云计算平台上实现对海量数据的存储、管理和计算，满足不同场景的智能化分析需求。三是知识积累。工业互联网平台汇聚研发设计、生产制造、供应链管理等环节的各类资源，并应用其数据分析能力将设计方案、生产工艺、设备机理、管理经验等各种知识固化、积累和复用。四是应用创新。工业互联网平台具备强大的平台功能及丰富的资源，能为使用者提供开放的工业App开发环境，实现新工业App的开发和应用。

（3）**工业互联网平台的分类**。数字经济时代，工业互联网平台企业在制造业产业集群中具有支柱性引领作用，改变了制造业产业的组织形态。目前工业互联网平台主要可以分为跨行业、跨领域平台，垂直行业赋能平台，企业级平台三类。

①**跨行业、跨领域平台**。跨行业、跨领域平台的目标是打造开放的工

---

[1] 国家工业信息安全发展研究中心.关于工业互联网平台作用机理和发展路径的思考[EB/OL].(2018-02-01).[2021-03-04].http://www.sohu.com/a/220270870_286727.

[2] 王建伟.数字领航 换道超车：数字化转型实践探索[M].北京：人民邮电出版社，2019.

业级平台操作系统，在此基础上聚合各类资源，为工业企业提供丰富的智能制造应用服务。我国工业和信息化部于2020年年底公布了国内2020年跨行业、跨领域工业互联网平台清单，共有15家工业互联网平台入选（见表4-7）。

表4-7 2020年跨行业、跨领域工业互联网平台清单

单位名称	平台名称
海尔卡奥斯物联生态科技有限公司	卡奥斯COSMOPlat工业互联网平台
航天云网科技发展有限责任公司	航天云网INDICS平台
北京东方国信科技股份有限公司	东方国信CLOUDIIP平台
江苏徐工信息技术股份有限公司	汉云工业互联网平台
树根互联技术有限公司[①]	根云ROOTCLOUD工业互联网平台
用友网络科技股份有限公司	用友精智工业互联网平台
阿里云计算有限公司	阿里云supET工业互联网平台
浪潮云信息技术股份公司	云洲工业互联网平台
华为技术有限公司	华为FusionPlant工业互联网平台
富士康工业互联网股份有限公司	富士康FiiCloud工业互联网平台
深圳市腾讯计算机系统有限公司	腾讯WeMake工业互联网平台
重庆忽米网络科技有限公司	忽米H-IIP工业互联网平台
上海宝信软件股份有限公司	宝信xIn3Plat工业互联网平台
浙江蓝卓工业互联网信息技术有限公司	supOS工业操作系统
紫光云引擎科技（苏州）有限公司	UNIPower工业互联网平台

资料来源：中华人民共和国工业和信息化部.2020年跨行业跨领域工业互联网平台清单公示[EB/OL].（2020-12-22）[2021-03-19].https://www.miit.gov.cn/zwgk/wjgs/art/2020/art_fba00631ff204dddade309c376777e1c.html.

① 实际注册名称为"树根互联股份有限公司"。——校者注

下面以树根互联的根云平台为例进行介绍。

平台概况。根云（rootcloud）平台是树根互联面向工业4.0的平台技术和产品研发而打造的自主可控的工业互联网操作系统。根云平台将新一代信息技术与制造业深度融合，构建物联接入产品、工业App、数据智能与创新应用，跨行业、跨领域为工业企业提供低成本、低门槛、高效率、高可靠的数字化转型服务。本书作者团队于2021年11月前往位于广州的树根互联总

部调研,树根互联的市场部总经理修斌先生向我们介绍,根云平台已覆盖48个工业细分行业,连接90多万台高价值工业设备,为60多个国家和地区的工业企业提供数字化服务。根云平台作为"数字化转型新基座",已沉淀三大核心通用能力:

一是多种类工业设备的大规模连接能力。根云平台支持工业协议1 100种,目前已接入行业设备81类。

二是多源工业大数据和AI的分析能力。满足工业设备海量数据的采集和运算需求,具备低时延、高可靠等特性,能快速构建数字孪生模型;基于AI机理模型沉淀及预判,实现工业设备的健康评估和故障预测。

三是多样化工业应用的开发和协同能力。根云平台搭载的工业应用累计超过5 400个,其中实现协同的工业软件数量超过600个。

平台架构。如图4-12所示,根云平台架构划分为边缘层、IaaS层、平台层和应用层四层,这四层共同组成了端到端的一站式通用型工业互联网操作系统。

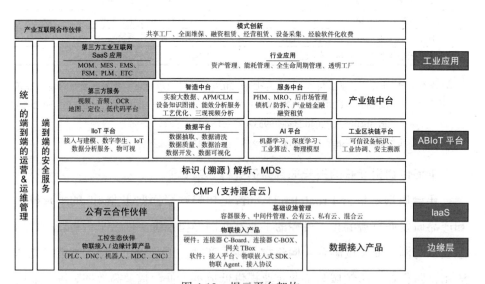

图4-12 根云平台架构

资料来源:树根互联股份有限公司提供。

其中，边缘层提供物联接入产品、边缘计算产品和数据接入产品等，实现数据连接。IaaS 层提供容器服务、中间件管理，具备公有云、私有云和混合云功能。平台层基于 ABIoT 技术（人工智能、区块链、物联网技术），组建 AI 平台、工业区块链平台、IIoT（工业物联网）平台和数据平台，具有强大的数据处理和分析能力，为各类工业应用提供支持。应用层面向行业用户提供生产执行、产品全生命周期管理、能耗管理、资产管理等工业应用及第三方服务，赋能行业用户实现降本、提质、增效和模式创新。

除了直接服务行业用户外，树根互联还采用 P2P2B（platform to partner to business）模式（见图 4-13），帮助产业链上的龙头企业或产业链运营商搭建和运营产业链级的工业互联网平台，如起重机装备产业链平台、纺织行业产业链平台、船用柴油机产业链配套、锂电池产业链平台等，再由这些产业链平台去服务链上的企业，从而推动链上企业的数字化转型。

图 4-13　根云平台的 P2P2B 模式

资料来源：树根互联股份有限公司提供。

平台应用情况。根云平台在研发、生产、共享制造、产业金融等多个业务场景中有着广泛应用：

在研发场景，基于大数据、工业 AI、可视化等技术，提供从试验数据采集、试验大数据分析和建模、试验过程管理到完成试验报告的完整功能，帮助企业提升研发数据利用率和知识管理水平。

在生产场景，帮助制造企业建立工厂实时运营的数字孪生，实现全方位的数据透明化，提供精益分析看板，帮助现场管理人员实现数据驱动的科学决策。据修斌先生介绍，该解决方案已应用在长城汽车、福田康明斯、隆基股份等客户的生产场域，并取得了显著成效，如生产效率提升 10%～20%、产品质量提升 10%～30%、生产成本降低 20%～25%。

在共享制造场景，实现资源共享服务和产能共享服务的模式创新。例如，在混凝土运输行业，通过对服务资源的数字化，建立服务资源的共享和调度平台，帮助用户节省年运输成本 2 000 余万元。在钢铁切割行业，建立产能共享平台，提供在线下单、套料排版、工厂智能匹配和生产管理等功能。通过订单整合，充分利用切割厂的闲置产能，使钢板利用率提升至 85% 以上，生产成本下降约 20%。

在产业金融场景，基于 IoT+区块链技术，打通上游生产企业、融资租赁公司、资产运营公司、账务清分银行、终端承租企业的业务协作流程，解决租赁方融资难、租赁运营风险控制难、线下交易效率低下、承租方设备资产管理难等问题。

②**垂直行业赋能平台**。垂直行业赋能平台依托行业经验和创新实践，从传统行业自身痛点出发，通过工业全要素、全价值链和全产业链的连接、解耦和重构，实现对企业成本、质量、效益的优化和对新技术、新产品、新模式的培育，提供专业化服务，带动行业水平提升。

下面以石化盈科信息技术有限责任公司（以下简称"石化盈科"）的 ProMACE 平台为例进行介绍。

平台概况。石化盈科 ProMACE 工业互联网平台创立于 2017 年 7 月 10 日，是石化盈科联合华为共同发布的流程工业智能制造 CPS 云平台。ProMACE 工业互联网平台旨在打造覆盖石油和化工全产业链的价值圈，构建有行业特色的新生态，助力行业提质增效。ProMACE 工业互联网平台充分利用中国石油化工集团有限公司（以下简称"中国石化"）在研发、设计、工程、生产、物流方面的软实力优势，整合技术力量、专家资源、知识以及科研成果，将它们转化为服务；通过整合合作伙伴形成智能制造产业生态圈，建立开放扩展的产业生态系统。该平台是石化智能企业 2.0 建设的核心内容，全面体现了集中集成、物联网接入、IT 管控与优化、共享服务、数据处理与分析、人工智能等核心能力，可提供关于智能企业、智能化研究院、智能油气田、智能物流、智能加油服务、智能化企业服务等的解决方案，满足行业内不同类型的企业的生产运营需求。

平台板块构成。ProMACE 工业互联网平台由五大板块构成，包括安全可控的工业物联网、开放智能的工业云平台、融入最佳实践的工业软件套件和工业 App、基于行业经验的专业技术服务及标准和安全体系，支撑智能企业、智能油气田、智能物流、智能服务站、智能研究院、数字化工程等解决方案[1]（见图 4-14）。其中，安全可控的工业物联网是通过全面感知与互联互通形成的泛在工业物联网环境。开放智能的工业云平台为上层智能应用和服务的运行、开发、运营与维护提供有效支撑，是可扩展的工业操作系统，可以提供工业数字化、工业实时优化、工业大数据、工业 AI 四大工业引擎。工业软件套件和工业 App 是面向流程工业，提供生产管控、安全、环保、设备和能源管控等工业级核心应用，面向不同规模企业提供从私有云、混合云到公有云的多种工业软件套件和工业 App。专业技术服务主要依托中国石化领先的行业优势、科技优势、专家优势，为客户提供以产品研发、工程设计、生产制造为核心的特色服务。标准和安全体系主要为平台的设计、开发、建设、运维提供统一的应用标准、数据标准、技术标准、服务标准、安全标准以及管理规范，建立从终端到云端的端到端的安全体系，综合考虑从信息安全到工业安全、人身安全、基础设施安全的"大安全"。

上述五大板块内容是在四个层次上实现的，分别是提供设备接入、协议解析、边缘计算的边缘层；提供计算资源、存储资源以及网络资源等云基础设施的 IaaS 层；提供运营管理、服务管理、资源管理等的平台层；提供工

---

[1] 根据石化盈科官网整理。

业软件套件、工业 App 以及专业技术服务的应用层。

平台应用情况。依托以上四个层次，ProMACE 工业互联网平台主要在智能企业、智能油气田、能源管控等方面提供解决方案[一]。

在智能企业方面，主要是以供应链协同一体化、生产管控一体化、全生命周期资产管理为主线，提升全面感知、预测预警、协同优化、科学决策的效果。以预测预警为例，设备监控系统将大数据分析与机理分析相结合，利用大数据技术对超过 10 亿条生产数据进行分析，挖掘装置报警规律，对原料进行分析建模，建立操作样本库，指导工艺参数优化。例如，茂名石化公司通过机理模型验证后，汽油收率、辛烷值显著提高，增效明显。

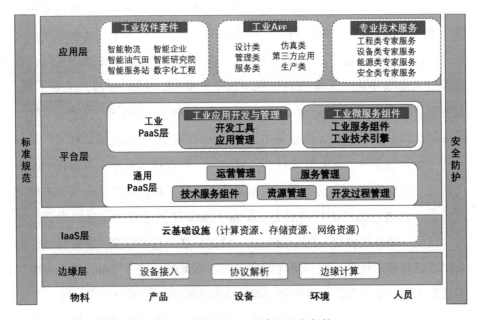

图 4-14 ProMACE 平台的业务架构

资料来源：根据石化盈科官网整理。

在智能油气田方面，围绕油气田资产全生命周期管理，实现油气藏、单

[一] 根据石化盈科官网整理。

井、管网、设备的动态管理、智能诊断与持续优化，实现业务、生产数据的共享以及各部门的高度协调，打造"井站一体、电子巡护、远程监控、智能操控"的信息化新模式。以施工过程安全管控为例，施工过程安全管控系统结合 RFID（射频识别）技术、GPS 定位、综合数据智能分析等技术，固化多套业务流程，实现了对企业生产现场检修、维护、施工过程中人员进出及当前位置、人员培训及作业资质、作业票证等业务的动态管控与异常分析。例如，九江石化公司利用现场工业传感器、工业无线网和智能终端，实现了现场作业票管理^㊀，做到"定时、定位、定票、定人"，提升了现场作业过程安全管理水平。

在能源管控方面，集管线数字化、完整性管理、生产运行、应急响应、隐患治理、综合管理等 6 大功能于一体，采用云架构，全面提升能源管理的水平，为油气田管线安全、高效、平稳运行提供有力支持。能源管控系统建立了企业能源管理的创新模式，可以提供企业能源产、输、转、耗全过程的跟踪、核算、分析、优化和评价。例如，茂名石化公司通过能源管控系统的建设，实现了企业能管中心与茂名市能源管理中心的协同，形成了"企业—政府"两级能源管理的新模式，助推茂名石化公司成为广东省重点用能单位能源管理中心建设的典型示范企业。

③**企业级平台**。企业级平台以云平台中心为架构，以云平台为基础，统一部署企业各种应用系统、微服务、数据资源，统一维护、升级、开发各类系统，提供统一内外的应用程序接口（application programming interface，API）和集成基础设施。这种架构比较适合企业运营管理类系统、研发设计类系统、数据分析类系统、供销服务类系统的统一部署架构，也支持云端协同架构。如中国广核集团、大唐电信、上海汽车等大型集团企业立足业务发展需求，构建部署在本地或私有云的企业级平台，加速智能化转型。

㊀ 作业票管理是企业保证安全施工的重要手段，各类作业票是现场准许作业的命令和唯一凭证，也是发生事故时划分责任的依据。

下面以上汽大通汽车有限公司（以下简称"上汽大通"）工业互联网平台为例进行介绍。

平台概况。上汽大通工业互联网平台创立于 2016 年 1 月，是上汽建设的围绕智选、智联、智行、智享，支撑业务转型的工业互联网平台，是以企业级的业务中台、数据中台、技术中台为核心的全业务链在线数据化平台。上汽大通工业互联网平台全面打通了汽车产业链、价值链的数据和业务，实现产业链上下游高效协同与创新，以数据驱动管理决策优化和资源精准配置。

平台架构。上汽大通工业互联网平台，一方面是继承了"数据湖"[1]的概念，另一方面则是以制造行业为背景，建设成了具有上汽特色的大数据应用与管理平台。如图 4-15 所示，上汽大通工业互联网平台可分为 4 个层次：边缘层、IaaS 层、平台层以及应用层。

边缘层以数据湖技术为基础，通过自主研发一体机，提升边缘层计算能力，有效结合数据湖中的数据共同参与数据分析、数据挖掘，并支持百亿级数据 Cube，做到海量数据亚秒级多维度查询。

IaaS 层依托集团强大的大数据及云计算能力，基于虚拟化、分布式存储、并行计算、负载调度等技术，实现网络、计算、存储等计算机资源的资源池管理，根据用户需求适时调度资源，确保资源使用安全，为用户提供云基础设施服务、存储和计算服务。

平台层向下对接海量工业装备、机器、产品，向上支撑工业智能化应用的快速开发和部署，建立工业微服务共享库、工业大数据计算中台和工业大数据智能中台。其中，工业大数据计算中台实现数据接入和集成、高性能查询和数据加密及处理等功能，根据不同来源、用途、类型的数据分而治之，将其在数据湖中进行分类采集、融合、存储访问。工业大数据智能中台是工

---

[1] 数据湖是一种以原生格式存储各种大型原始数据集的数据库，用户可以以任意规模存储所有结构化和非结构化的数据。

第 4 章 数据赋能生产制造 211

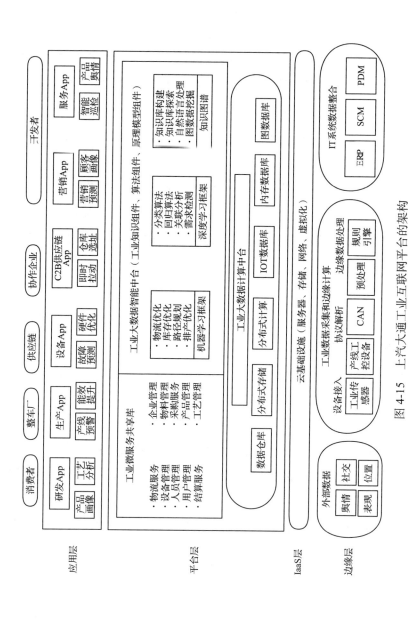

图 4-15 上汽大通工业互联网平台的架构

资料来源：上海经信委．上汽集团：面向下一代汽车产业的工业互联网平台及应用 [EB/OL]．2020-12-31）[2021-03-23]．http://www.sheitc.sh.gov.cn/xxfw/20201231/98b330506482 4e2eb847a831729a54c3.html．

业互联网平台的核心功能模块。它实现计算与存储分离,提供各种机器学习框架、深度学习框架和知识图谱,承载多种算法和模型组件,支持数据分析与科学计算,并可进行大数据展示与可视化。

应用层通过对平台层微服务组件和人工智能算法库的编排及调用,构建面向各企业个性化业务场景的应用,覆盖12个核心领域,包括物料管理、订单管理、排产服务等,这些功能皆以微服务方式供各企业调用,通过不同的业务编排方式,快速构建各企业自身的应用,来满足不同企业的个性化需求。

平台应用情况。汽车行业是典型的大型离散制造行业,具有供应链高度分散、生产工艺复杂、产品结构精密等特征,面临研发设计周期长、供应链管理低效、下游需求碎片化、服务要求高端化等行业痛点。上汽基于行业痛点,建设了工业互联网平台,在汽车的网络化协同设计和规模化定制生产等方面实现了高效应用。

在网络化协同设计方面,上汽应用工业互联网平台集成汽车的外观、结构、性能和电器分布等数据,实现各项设计工作跨部门、跨企业、跨区域的同步进行,保障设计方案的协调与适配,从而提高研发效率。在规模化定制生产方面,上汽大通工业互联网平台为消费者参与定制生产提供入口,整合和匹配用户的多样化汽车配置,统一调配各生产车间协作,实现在线选配、日历订车、订单跟踪等智能定制功能,支撑实现规模化定制生产模式,助力产品上市周期缩短35%,产品交付期缩短20%以上,加工及产线切换时间缩短30%。[⊖]

(4)工业互联网平台的应用。当前,工业互联网平台在工业系统各层级、各环节获得广泛应用。一是应用覆盖范围不断扩大,从单一设备、单个场景逐步向完整生产系统和管理流程过渡,最后将向产业资源协同组织的全

[⊖] 张朝.工业互联网平台赋能垂直行业数字化转型之路(七)汽车行业[EB/OL]. 中国电子报,(2020-04-03)[2021-06-25].http://www.cena.com.cn/industrynews/20200403/105807.html.

局互联演进。二是数据分析程度不断加深，从以可视化为主的描述性分析，到基于规则的诊断性分析、基于挖掘建模的预测性分析和基于深度学习的指导性分析。工业互联网平台在应用过程中汇聚了大量工业数据、模型算法、软件工具，乃至研发设计、生产加工等各类资源与能力。目前这些资源在平台上主要通过简单信息交互实现供需对接与资源共享等浅层次应用。未来，随着平台全局运行分析与系统建模能力的逐步提升，平台将成为全局资源优化配置的关键载体。

工业互联网平台当前总体应用于四大场景：面向工业现场的生产过程优化；面向企业运营的管理决策优化；面向社会化生产的资源优化配置与协同；面向产品全生命周期的管理与服务优化⊖。

1）面向工业现场的生产过程优化。工业互联网平台能够有效采集和汇聚设备运行数据、工艺参数、过程监管数据、质量测试数据等生产现场数据，对所采集的数据进行分析和反馈，应用到制造工艺、生产流程、质量监管、能耗管理等具体场景中，实现生产过程的优化。

在制造工艺场景中，可运用工业互联网平台对工艺参数、设备运行等数据进行综合分析，找出生产过程中的最优参数，提升制造品质。例如，太阳能企业天合光能将车间实时采集到的上千个生产参数传入平台，通过人工智能算法对所有参数进行深度学习计算，并结合工艺专家的专业知识对数据进行过滤和筛选，精准分析出与生产质量最相关的 30 个关键参数，在生产过程中实时监测和调控变量，最终将最优参数在大规模生产中实现了精准落地，从而实现了产品合格率的提升⊖。

在生产流程场景中，通过平台对生产进度、物料管理、供应链管理等数

⊖ 工业互联网产业联盟.工业互联网平台白皮书 (2017)[EB/OL].(2017-12-01)[2021- 01-23]. http://www.aii-alliance.org/static/upload/202003/0302_142939_490.pdf.

⊖ 毕马威，阿里研究院.从工具革命到决策革命——通向智能制造的转型之路 [R/OL]. [2020-12-28].https://max.book118.com/html/2019/0829/8126107026002045.shtm.

据进行分析，提升排产、进度、物料、人员等方面管理的准确性。例如，美的通过 APS 系统在智能排产、供方协同等方面取得了良好的效果。在智能排产方面，APS 系统考虑关键约束因素，运用智能算法和排产评价体系实现自动排产。在供方协同方面，由月度支持产销规划驱动供方原材料准备，及时掌握供应商的生产、库存等信息，快速响应计划变动，将订单交付期缩短 50%、物流效率提升 60%、原材料及在制品库存降低 90%⊖。

在质量监管场景中，工业互联网平台基于产品检验数据和"人机料法环"等过程数据进行关联性分析，实现在线质量监测和异常分析，降低产品不良率。例如，浪潮智能工厂实施大数据采集引擎，整合数据采集渠道，覆盖整个企业制造现场。在 30 道工序、120 次信息采集之后，能实现对每一块部件、每一步工序和每一套整机柜的全程数据信息采集，以确保产品经过 25 项测试之后，良品率仍高达 99.6%⊜。

在能耗管理场景中，基于现场能耗数据的采集与分析，工业互联网平台对设备、产线、场景能效使用进行合理规划，提高能源使用效率，实现节能减排。例如，恒逸石化通过搭建"数据采集–模型搭建–模型应用–反馈控制–服务提升"的体系，实现锅炉燃烧能耗优化，燃煤消耗降低 4% 左右，蒸汽量提升约 3%，每年节省 1 000 多万元的燃煤成本⊜。

2）面向企业运营的管理决策优化。借助工业互联网平台可打通生产现场数据、企业管理数据和供应链数据，提升管理决策效率。其具体场景包括供应链管理优化、生产管控一体化、企业决策管理等。

在供应链管理优化场景中，工业互联网平台可实时跟踪现场物料消耗，

⊖ 中国家电网. 家电企业数字化转型如箭在弦，先行者美的有何"秘钥"[EB/OL]. (2020-04-22)[2021-01-23]. https://www.sohu.com/a/390140102–335141.

⊜ 科技云报道. 工厂可以有多酷？看看浪潮智能工厂就知道了 [EB/OL]. (2017-08-22)[2021-01-23]. https://itcloudbd.com/yunzhuanfang/916.html.

⊜ 毕马威，阿里研究院. 从工具革命到决策革命——通向智能制造的转型之路 [R/OL]. [2020-12-28]. https://max.book118.com/html/2019/0829/8126107026002045.shtm.

结合库存情况安排供应商进行精准配货，有效降低库存成本。例如，江西铜业集团有限公司基于汉云工业互联网平台对供应链和生产系统的重要数据进行抽取和多维分析。一是供应商全面参与业务，在线操作发货、报价、投标、网签合同、票据结算等，实时通知重要商务节点，使供应链响应速度提升30%；二是智能仓储管理，摆脱手工账，实现无纸化办公、移动化办公，使仓管人员工作效率提升80%；三是物料主数据标准化管理，有效提高数据质量，使问题数据量减少40%[⊖]。

在生产管控一体化场景中，基于工业互联网平台进行业务管理系统和生产执行系统的集成，实现企业管理和现场生产的协同优化。例如，重庆德尔森传感器技术有限公司打造了全国首家 MEMS 传感器生产智造无人工厂，定制化研发、集约化生产，实现个性化选配设计、个性化接单式生产、管控一体化，加强了企业全业务过程的管控[⊜]。

在企业决策管理场景中，企业内部数据能通过工业互联网平台被全面感知和综合分析，有效支撑企业智能决策。例如，中国燃气结合华为云平台的数据湖治理中心，让 CRM、ERP 等业务系统部署在云上，进行企业内部信息共享和协作，有效提升了员工工作效率和质量，为客户提供精细化的服务，也能满足企业业务创新所需的灵活快速的资源配置需求，有效针对市场变化做出快速智能决策[⊜]。

3）**面向社会化生产的资源优化配置与协同**。制造业企业可以借助工业互联网平台实现与外部用户需求、创新资源、生产能力的对接，推动业务协同和资源优化配置。其具体场景包括协同制造、制造能力交易、产融结合等。

⊖ 国家工业信息安全发展研究中心.2019年工业互联网平台创新应用案例汇编 [EB/OL].（2020-01-23）[2021-03-29].http://cspiii.com/_data/2020/01/17/29173012_d4e8_4535_9ff9_b358932056b4/file/2.

⊜ 勤弘科技.重庆德尔森传感器有限技术公司——个性选配设计、生产、管控一体化 [EB/OL].[2021-03-29].https://www.qinhon.com.cn/h-nd-29.html.

⊜ 根据华为云官网资料整理。

在协同制造场景中，工业互联网平台通过有效集成不同设计企业、生产企业及供应链企业的业务系统，实现设计、生产的并行实施，缩短产品研制周期，降低成本。例如，西飞公司构建基于网络的异地多厂（所）协同制造体系，将整机组装、零部件厂（所）等资源整合，形成一个针对飞机组装和零部件生产的网络化制造联盟，能针对不同型号的飞机制造需求，制订个性化的组装方案，而零部件厂（所）则根据实时动态信息，及时提供配套供应，实现对生产资源的优化配置⊖。

在制造能力交易场景中，工业企业通过工业互联网平台对外开放空闲制造能力，实现制造能力的在线租用和利益分配。例如，沈阳机床、中国铁建都曾通过设备共享租赁平台将闲置的设备出租给有需要的公司使用，既有效降低了设备闲置率和运营成本，又释放了产能。

在产融结合场景中，工业互联网平台通过工业数据的汇聚分析，为金融行业提供评估支撑，为银行放贷、股权投资、企业保险等金融业务提供量化依据。例如，平安银行基于平台获取和集成工业排污企业的生产、经营、排污、信用等数据，利用 AI 与大数据技术进行环境监管风险分析，实现环境污染强制责任保险的有效投放⊖。

4）面向产品全生命周期的管理与服务优化。工业互联网平台将产品的设计、投产、后期服务等数据全面集成，实现产品全生命周期管理。目前其具体场景主要有产品溯源、产品或装备远程预测性维护、产品设计反馈优化等。

在产品溯源场景中，工业互联网平台借助标识技术记录产品生产、物流、服务等各类信息，综合形成产品档案，为产品溯源提供支撑。例如，茅

⊖ 王海龙，赵芸芸，张昕嫱. 从西飞公司看网络化协同制造模式 [J]. 中国工业评论，2017（08）：86-90.

⊖ 网经社. 浅析：工业互联网平台的发展初步形成六类商业模式 [EB/OL]. (2019-06-04) [2021-06-21]. http://www.100ec.cn/home/detail--6511806.html.

台酒厂使用浪潮平台的质量码系统实时提供的酒瓶二维码，可追溯每瓶酒的生产、原料等数据，并且通过 App 将扫描的销售时间、地点等信息更新到平台，以保证酒的品质⊖。

在产品或装备远程预测性维护场景中，在平台中将产品或装备的实时运行数据与其设计数据、制造数据、历史维护数据进行融合，提供运行决策和维护建议，实现设备故障的提前预警、远程维护等设备健康管理应用。例如，IBM 和电梯公司 KONE 开展合作。KONE 电梯设备上的传感器把电梯的运行数据实时上传到 IBM 的云端。IBM 的 Watson 智能平台可以实时分析电梯周围环境的温度和湿度、电梯的停靠准确性与运行速度、开关门是否有时延、停顿后是否有颠簸等。通过分析这些数据信息，能够预测电梯运行状况是否存在风险以及电梯是否需要维修与保养。

在产品设计反馈优化场景中，工业互联网平台可以将产品运行和用户使用行为数据反馈到设计和制造阶段，从而改进设计方案，加速创新迭代。例如，通用电气使用 Predix 平台助力自身发动机的设计优化，该平台首先对产品交付后的使用数据进行采集分析，依托大量历史积累数据的分析和航线运营信息的反馈，对设计端模型、参数和制造端工艺、流程进行优化，通过不断迭代实现了发动机的设计改进和性能提升⊜。

| 本章小结 | 本章从数据赋能生产制造的机理、数据赋能生产制造的特征、数据赋能的新制造模式三个方面展开阐述。

首先，开篇以赛意信息赋能南阳防爆智能制造的案例作为导引，引出本章的数据赋能机制，即企业对内外部数据源的数据进行感知，构造数据池，通过数据建模、仿真等技术对各类数据进行智

⊖ 张学军，王保平. 工业互联网浪潮 [M]. 北京：中信出版社，2019.
⊜ 工业互联网产业联盟. 工业互联网平台白皮书 (2017)[EB/OL]. (2017-12-01) [2021-01-23]. http://www.aii-alliance.org/static/upload/202003/0302_142939_490.pdf.

能认知,将其转化为生产制造过程所需的有价值信息与知识,进而推动企业进行产品排产、工艺优化、预测性维护等生产制造方案的动态决策;推动企业制造模式、运维模式等各类流创新活动的精准执行。

其次,在数据这类生产要素的作用下,生产制造呈现出了数字化、个性化、服务化三大特征。数字化是在数据驱动下,工艺流程、制造装备等制造资源和生产过程在赛博空间重建制造全要素、全流程,实现虚拟制造。个性化是指基于新一代信息技术和柔性制造技术,以模块化设计为基础,以接近大批量生产的效率和成本提供能满足客户个性化需求的一种智能服务模式。服务化主要是指制造业企业通过创新优化生产组织形式、运营管理方式和商业发展模式,不断增加服务要素在投入和产出中的比重,实现"制造+服务""产品+服务"的转变。

最后,本章落脚到数据赋能生产制造新模式,围绕智能制造的内涵、特点以及基础进行论述。智能制造是基于新一代信息通信技术与先进制造技术,贯穿于设计、生产、管理、服务等制造活动的各个环节,具有自感知、自学习、自决策、自执行、自适应等功能的新型生产方式。中国智能制造呈现出智能制造能力水平明显提升、不同行业智能制造发展水平不均衡、重点龙头企业发挥示范引领效应、中小企业聚焦生产制造模式转型等特点。信息物理系统是智能制造实现的基础,信息物理系统构建的物理空间和信息空间中人、机、物、环境、信息等要素在系统中相互映射、适时交互、高效协同,服务于智能化设计与生产、个性化定制与服务型制造等智能制造模式,为制造业企业提供各类创新应用,最终形成资源富集、多方参与、合作共赢、协同演进的制造业生态。

第 5 章
CHAPTER5

数据赋能营销服务

引导案例

三维家：开启数字化营销新变革

广东三维家信息科技有限公司（以下简称"三维家"）成立于2013年，以家居产业为依托，以信息化、数字化为基础，依靠云计算、大数据和人工智能等多项核心技术，致力于打造家居工业互联网平台。

2021年4月，本书作者到三维家总部调研时，三维家董事长、创始人蔡志森先生满怀激情地向我们介绍了数据赋能家装行业的美好前景，以及描绘了企业发展蓝图。蔡先生是华南理工大学机械学院的毕业生。作者问起蔡先生，为什么给公司取名"三维家"？他的回答是：做3D软件起家，专注家居产业，故取名"三维家"。

处于定制家居的风口，三维家开发出应用于定制家居企业的"3D家居云制造系统"。该系统应用于泛家居的各品类门店、装修公司，集合了定制家具、瓷砖、卫浴、吊顶墙面、门窗、水电施工等全屋定制的多个模块，通过前后端一体化，输出"所见即所得，效果即结果"的设计方案。云制造系统形成的设计方案，可以一键下单到工厂，工厂一键拆单工艺解析，同时对多订单混合排产，优化板材开料最优方案，突破以往家居产业周期长、链条复杂的局限性。

近几年，家居产业数字化转型成为大趋势，2D图纸被淘汰，传统面对面的地面推广模式逐渐无法满足销售需求，越来越多的家居设计软件随之诞生，三维家颠覆家居行业传统营销模式，为数据全洞察、线上线下全渠道的全域营销下的行业量身定制了数字化系统——慧眼营销，包括慧眼VR、慧眼商城、慧眼AI、慧眼智投四大板块，运用创新技术赋能行业开展数字化营销，实现了品牌展示、获客营销、商品交易、数据分析的真正一体化的品牌营销闭环。

慧眼VR：让场景化营销变得更真实

慧眼VR为行业打造集全景展示、广告营销、企业定制应用、消费转化于一体的云端全景系统。三维家首创家居行业在线3D云设计，将VR技术应用到家居行业，以"设计+VR"打造家居行业真实"试衣间"，凭借自带的设计营销一体化属性突出重围。三维家将实体门店拍摄成VR实景展厅，开启线上三维立体展示新模式，让消费者零距离感受720度仿真视觉冲击，打破时空限制。慧眼VR可以将视频、文字、音频等多种媒体形式嵌入到全景中，同时生成的H5链接支持转发到多媒体平台推广宣传，为消费者和商家打造便捷沟通方式。VR全景具有强交互性，可以嵌入营销工具、电商系统等，快速助力消费转化。消费者能通过线上VR全景展示快速全面了解产品，并且直接下单购买。它带给消费者更直观、更立体的良好互动性体验，在为其节省时间的同时也提高了消费者决策效率。

慧眼商城：全力扶持商家线上聚客变现

面对终端门店客流稀少、获客成本高、客户不到店的难题，慧眼商城提供内容获客、裂变转化、分销变现三大系统，帮助门店降低获客成本，实现客流到店转化。慧眼商城是为各行业搭建的数字化店铺，店铺集成了店铺VR、文章干货、营销活动、小程序商城、在线直播活动等营销模块，为店员获客提供具有行业竞争力的素材。店员一人一码，对营销活动一键转发，获得客源，客户来源可以通过二维码追溯至店员个人。慧眼商城提供拼团、抽奖、分销等营销裂变功能，借助门店引流商品，在微信社群实现海量转发，实现客流自主裂变；辅助门店线上蓄水，转化到线下门店。三维家通过直播活动、小程序商城、店铺方案、干货文章、视频等配置分享红包与分佣的功能。借助这些功能实现快速裂变与全民营销，高效获取流量。

慧眼AI：用数据推动营销决策

慧眼AI为企业及门店提供强大的智能数据分析，并拥有数据管理系统，实现客户数据分析、门店关键业绩指标（key performance indicator，KPI）管理、客户关系管理。一是客户数据分析。客户浏览内容后，AI分析客户浏览的数据，系统自动抓取客户信息和行为轨迹，即时同步至员工手机后台，生成包括客户电话、微信头像、浏览记录、风格偏好等的完整客户画像，且可量身定制沟通策略，用数据推动个性化客户营销决策。二是门店关键业绩指标管理。每个员工转发的数据与效果，都在系统后台可视化展示，可全面掌握员工的分享次数、分享时间、分享排名、浏览人数、获客人数，实现员工的KPI管理。三是客户关系管理。慧眼AI自动沉淀所有业务员的客户资料，在系统后台建立完备的客户档案，帮助企业留存，让企业拥有自己的客户池，企业可以随时将客户重新分配给对应的销售人员，老员工离职时能够实现一键交接。

慧眼智投：精准曝光抢占公域流量红利

三维家借助阿里巴巴平台实现流量转换，推出慧眼智投系列产品，包括天攻、云码，实现企业线上、线下流量增长。天攻是户外智能数字化营销平台，借助阿里巴巴数据技术能力，通过人群标签等方式灵活找到目标潜客。天攻面向线下营销场景，通过数据赋能为企业提供从潜客挖掘、媒体智选、预算分配、智能监播到效果评估的全链路适配方案。云码是全域营销数字化拉新解决方案，聚焦线上、线下商业场景的营销投放平台。云码通过规模化连接各类自助设备，利用阿里人群数据能力，帮助品牌方整合公域流量资源，为品牌商沉淀更低成本、更精准的用户数据资产，助力品牌全域营销数字化。

三维家开发的数字化系统——慧眼营销，让营销更精准、更高效，推动企业快速发展。目前，三维家已成为中国家居行业领先的IT技术提供商，是家居品牌商、家居生产公司、装修装饰企业首选的合作企业。

资料来源：作者根据调研及公开资料整理。

5.1 数据如何赋能营销服务

营销服务是企业在充分认识消费者需求的前提下，为充分满足消费者需要在营销过程中所采取的一系列活动。数据赋能营销服务的机理如图 5-1 所示。

营销服务所需的数据来源于现实世界，主要来自宏观环境和消费领域，如宏观环境中的国家政策、行业发展环境、环保政策和技术发展环境等，以及消费领域中的人、货、场。

运用数字技术处理这些数据时，整个数据分析处理过程包括数据感知、智能认知和动态决策三大环节。首先，通过数据感知的方法收集宏观环境数据和消费领域数据。其中，宏观环境数据包括政策数据、行业数据、环保数据和技术数据等，消费领域数据包括顾客特征数据、顾客行为数据、顾客评论数据、渠道销售数据和地理信息数据等。其次，通过智能认知的方法处理所获得的数据，形成信息与知识，如宏观环境的政策信息、行业信息与知识、环保信息与知识、技术信息与知识等，以及消费领域的顾客画像、顾客偏好、顾客习惯、顾客需求、销售渠道和地理信息等。随后，通过动态决策的方法解决现实世界的营销服务问题，形成营销方案，包括客户管理方案、产品定价方案、产品推送方案、渠道布局方案和销售预测方案等，最终通过各类方案的精准执行实现营销服务创新。

营销服务创新是改善企业现有价值链和创新链的活动，使资源能更有效地流动，表现为企业的流创新，包括营销观念创新、营销方式创新、定价方式创新和销售渠道创新等方面。

224　数据赋能

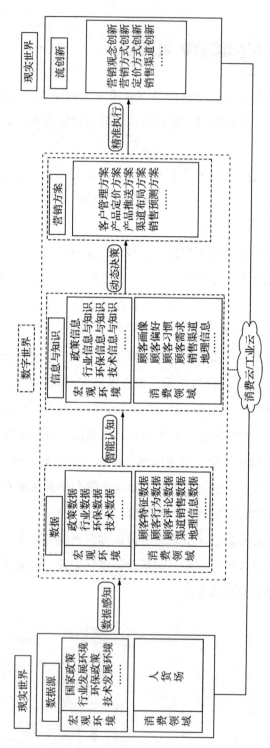

图 5-1　数据赋能营销服务的机理

5.2 数据赋能营销服务的特征

5.2.1 客户管理精细化

数据赋能有助于企业实现客户管理精细化，帮助企业省去以往客户关系管理中的不必要成本。借助于大数据的支撑，企业能够精细测算客户贡献度，区分客户价值，进而在调整和优化客户结构上采取不同的应对措施，通过建立完善的客户关系管理沟通机制，对客户重大情况变化、建议和意见做到快速沟通反馈，及时制订并落实应对方案。

1. 数据赋能客户价值分析

来自不同渠道的数据中隐藏着客户的产品偏好、信用、忠诚度及流失倾向等信息，企业可以依托这些信息对客户进行细分，实施差异化策略，为客户提供更优质的服务。但需要注意的是，不是所有的客户数据都能为企业带来价值，企业不能盲目地对全量数据进行分析和挖掘，而应借助数据处理工具将精力投入到最有可能产生价值的分析上。例如，企业可以根据顾客的浏览行为、购买行为和消费数据，构建诸如顾客活跃度模型、顾客价值分析模型、顾客忠诚度模型、流失预警模型等分析模型，从而识别出企业不同类别的客户，尤其是重要价值客户，实现老客经营、新客获取、存客激活的客户管理目标。

为充分利用客户数据、做好精细化的客户管理，企业可以从客户行为、客户价值、客户风险、客户群体细分、客户流失等维度进行分析。每个维度的具体内容如表 5-1 所示。

表 5-1 客户分析维度

维度	具体内容
客户行为分析	客户偏好分析、客户购买分析、客户活跃度分析
客户价值分析	客户重要度分析、客户贡献度分析

(续)

维度	具体内容
客户风险分析	客户违约分析、客户欺诈分析
客户群体细分分析	地域、行业、贡献度、黏度分析
客户流失分析	客户流失预测、客户流失原因分析、价值下降预测

在客户行为分析方面，企业可以通过分析客户行为信息制订更具有针对性的营销方案。客户行为信息是指客户在购买商品时的全流程行为数据，如商品查找、商品浏览、添加商品至购物车、购买商品、使用减价券和退换商品等行为。通过对客户行为信息进行分析，企业可以从拉新、转化、促活、留存四个方面来进行营销服务策略上的调整。拉新，即获取新客户，分析企业的客户是从何种渠道、以何种方式进入的，以此来调整企业市场推广方案；转化，即有多少访问客户最终成为商品购买或使用的客户，通过分析在每一个步骤的客户所占据的百分比能够掌握各个渠道的使用效率；促活，即通过分析客户行为数据制订产品的营销活动方案，让客户一直保持对产品的高活跃度；留存，即提前发现可能流失的客户，采取必要的措施降低流失率。

在客户价值分析方面，企业可以通过客户价值模型、客户贡献度模型等基础模型对客户价值进行分析，挖掘出对企业最有价值的客户群体。RFM模型是国际上较为成熟、应用较为普遍的客户价值分析方法，该模型涉及三个重要指标。其中，R值指最近一次消费的临近度（recency），即最近一次消费距离分析点的时间；F值指消费频率（frequency），即客户在固定时间内的购买次数；M值指消费金额（monetary），和F值一样都带有时间范围，指的是一段时间内的消费金额。RFM模型如图5-2所示。

RFM模型可帮助营销人员分析出最有价值的客户、客户流失率增大的客户、从有潜力到有价值的客户、不需要关注的无价值客户等，便于营销人员依据客户的不同得分制定相应的策略。如表5-2所示，根据RFM值的大小，可以将客户分为8类不同价值的客户群体。在此基础上企业可针对不同价值的客户群体采取不同的营销策略。对于一般挽留客户，这类客户的忠诚度较低且流失概率大，可主动放弃该类客户；对于一般保持客户，企业应进行挽留，再一次激发其购买意愿；对于一般发展客户，应着手实施挽留措施，进一步挖掘客户需求，吸引其回店；对于一般价值客户，可以通过举办销售活动刺激其消费需求，使其转变为重要客户；对于重要挽留客户，这类客户的消费能力强，应调整策略增加该类客户的回店购买次数，使其转化为重要价值客户；对于重要保持客户，顾客价值相对较高，可利用品牌知名度、影响力以及产品带动其后期消费；对于重要发展客户，可以通过有针对性的促销手段提高其消费次数，将其转化为企业的优质客户，对于重要价值客户，可以维持运营现状，持续为其提供高质量的服务，与其建立长期的关系。

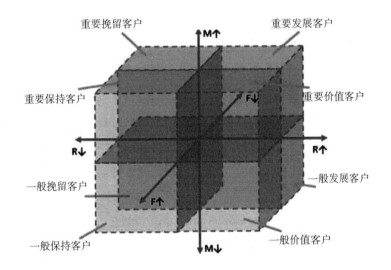

图 5-2　RFM 模型

资料来源：小蚂蚁信息网．用户分群模型的分析方法 [EB/OL]．（2019-01-18）[2021-06-18]．http://www.xiaomayi88.com/yhyy/213987.html．

表 5-2　基于 RFM 模型的客户细分

客户类别	R 值	F 值	M 值	运营策略
重要价值客户	高	高	高	保持现状
重要发展客户	高	低	高	提升频次

(续)

客户类别	R 值	F 值	M 值	运营策略
重要保持客户	低	高	高	客户回流
重要挽留客户	低	低	高	重点召回
一般价值客户	高	高	低	刺激消费
一般发展客户	高	低	低	挖掘需求
一般保持客户	低	高	低	流失召回
一般挽留客户	低	低	低	可放弃

资料来源：李品睿，许守任，许晖. 基于 RFM 模型的核心客户识别与关系管理研究——以保险业为例 [J]. 现代管理科学，2015（06）：24-26.

在客户风险分析方面，企业借助大数据对客户进行风险防范，能够保障自身利益。以金融行业为例，金融行业长期面临欺诈风险和信用风险。随着互联网金融和消费金融的快速发展，传统金融机构不断向线上转移业务，很多金融平台在风险管理方面准备不足，将会面临大量的网贷申请欺诈和交易欺诈等问题。通过建立反欺诈模型、借助技术手段、改善业务流程等方式，检测、识别并处理欺诈行为，以预防和减少金融欺诈的发生。例如，银行借助嵌入信贷风险控制模型，通过四个步骤进行客户风险分析。第一，利用准入模型摸清风险底线，决定符合目标客户群的基本资源；第二，通过评分模型量化还款能力与还款意愿，对已准入客户群的风险进行细分与排序；第三，利用决策模型得出的评分结果决定能否贷、贷多少；第四，利用贷后预警模型根据风险等级决定预警、电子催收、人工催收、保证人代偿等措施的采用。

在客户群体细分分析方面，可以对客户地域、行业、贡献度、黏度等相关类别进行分析，为调整营销方案提供决策支持。企业可以借助客户分群数据搭建客户画像的关键数据分析模型，实现企业的精细化运营。通过客户的历史行为特征、行为路径、偏好等属性，将具有相同属性的客户划分为一个群体，对特定属性的客户群体进行持续深入的客户行为洞察后，帮助企业了解某个指标数字背后的客户群体具备哪些特征，进一步明晰客户画像。例如，通过对客户所处行业的分析能对该行业内的商业生态环境做战略性的评估；通过对客户地域的分析能有针对性地设计地域运营方案；通过对客户黏度、贡献度等进行分析，能够衡量核心客户黏度以及反映客户体验度如何，把握企业核心客户的需求。

在客户流失分析方面，探究客户流失的原因并及时做出调整，能够很好地避免客户的不断流失。首先，要对客户流失原因进行分析，流失类型可以分为主动型流失——客户主动选择不再接受服务；满意型流失——客户对产品的服务体验很满意但还是不再续费；被动型流失——客户未及时更新他们的信息，导致续费失败等。其次，借助大数据及分析模型进一步对客户流失进行渠道、集群等分析，了解"客户流失最多的月份""上季度的价格调整对客户流失有何影响""哪个营销渠道带来的客户最容易流失"等关键问题，在此基础上进行营销服务方案的调整。

· 实践聚焦 ·

数果智能数据赋能汽车行业客户价值挖掘

广东数果科技有限公司（以下简称"数果智能"）创始人兼CEO王劲向作者团队介绍，数果智能是一家专注大数据实时多维分析与数据挖掘，致力于帮助企业快速、低成本搭建数据分析平台，发掘数据价值的公司。数果智能可为用户提供实现盈利增长的大数据智能应用平台和完整解决方案，通过"智能实时分析平台＋智能场景化服务"模式的实践，构筑全新的数据智能服务商业体系。具体而言，数果智能通过数据采集、数据管理、数据分析与数据应用四步实现数据价值挖掘，如图5-3所示。

与此同时，数果智能通过精细化运营对用户标签筛选与组合，形成用户分群，基于群体特征实施针对性运营策略。表5-3反映的是数果智能通过不同分群方式和类别，采用不同运营策略的用户分群运营方案。

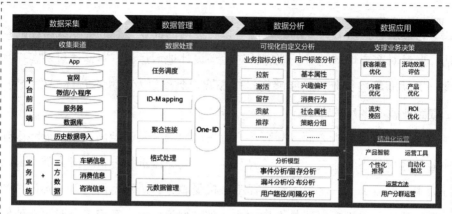

图 5-3 数据赋能客户价值挖掘的流程

表 5-3 用户分群运营方案

分群方式	分群类别	运营策略
按用户对促销的敏感程度分群	促销狂热者	自己发现促销,不用推送
	促销敏感者	推送促销活动,提升转化
	促销中立者	在有流失可能时,推送促销,进行召回
	促销冷淡者	不推送促销活动
按用户活跃度分群	新用户	新手引导或新手活动,快速激活
	活跃用户	引导更多内容、消费、转介贡献
	非活跃用户	不定期推送优惠券、高流量内容
	流失用户	应用召回手段、促销优惠等
按用户内容分享级别分群	高频分享	高级权益、情感勋章持续拉动
	中低频分享	激励进入社区浏览更多内容,增加分享频次
	无分享	引导第一次分享
	负面分享	PR、客服手段处理
按潜客意向级别分群	O 级	店端销售顾问持续跟进
	H/A 级	匹配促销资源
	B/C 级	产品、口碑内容引导
	无意向	不做重点引导
按内容生产贡献级别分群	KOL	用户排行榜、勋章激励持续贡献
	有内容发布	通过评论、好友互加手段激励再次发布
	仅互动	激励用户第一次发布
	无互动	不定期推送高流量内容,引导互动

(续)

分群方式	分群类别	运营策略
按用户转介贡献分群	高频转介成单多	高级权益、情感勋章持续拉动
	高频转介成单少	详细分析未成交原因，针对性沟通
	低频转介成单率高	引导多分享，持续获得权益
	无转介	活动激励首次转介

在精准、精细化运营方面，数果智能搭建的集活动创建、执行、管理、反馈、迭代于一体的自动化平台，能够通过用户行为、属性、标签等数据筛选受众，实现最佳人群的精准、精细化触达，提升关键指标和运营效率。基于数据实时监控与深刻洞察，能为渠道优化、产品优化、营销活动、内容分发等业务场景提供有力的决策支持，最终形成基于分析、标签、智能运营的用户精准化运营模式。

资料来源：数果智能《数据驱动汽车行业 全域用户运营》主题演讲展示案例。

2. 数据赋能客户关系管理

企业要想获得长期的生命力，仅从客户那边获取短期利益是远远不够的。企业需要运用大数据技术持续地了解和研究客户，对从客户获取、客户提升、客户成熟、客户衰退到客户流失的整个生命周期进行管理。在获取阶段，关注和培育目标客户；在提升阶段，借助大数据技术最大限度地挖掘和满足客户需求；在成熟阶段，分析、跟踪客户的忠诚度及深度需求，以便提供更好的服务，延长客户成熟阶段；在衰退阶段，利用大数据技术及时洞察客户异动，根据不同的客户情况采取不同的策略，争取再次提升客户价值，进入一个新的客户价值提升周期；在流失阶段，要尽快开展客户保留和赢回工作，根据不同的客户价值采取不同的关怀挽留活动，针对客户流失的具体原因做出改进。企业可以借助大数据对客户终身价值进行深入分析，持续完善客户画像，优化客户接触点，最终赢得客户忠诚，实现客户终生价值。

在数字化时代，客户在战略要素中变得更加重要。随着数字化技术和移动互联网的发展，客户管理成为企业提升核心竞争力的重心。数据是数字化时代客户管理最重要的资源之一，在更好地理解目标客户、准确预测客户行为偏好，以及建立持续的客户信任关系等过程中，数据是将这些过程贯穿起来的不可或缺的关键资源。大数据价值的完整体现，要求企业利用多种数据分析工具协同处理数据，从大量数据中提取出有价值的客户信息。当下企业常采用客户关系管理（CRM）系统来实现客户管理的科学化。

一方面，客户关系管理系统能够实现客户信息管理智能化。客户关系管理系统能够实现客户基本数据的登录、客户档案数据编辑及修改、客户相关数据统计处理以及潜在客户管理等功能，实现数据和信息的共享以及传输。此外，客户数据应当在企业有关部门之间实现信息共享。客户关系管理系统能够实现多个部门登录，促进市场部门、销售部门、财务部门等多个部门之间的沟通和协调，针对客户相关业务进行处理、跟踪和信息反馈。

另一方面，客户关系管理系统能够实现客户服务管理精准化。企业可以借助客户关系管理系统中的联系功能收集客户数据，在此基础上对客户进行分析，进而判断客户的价值，帮助企业找到潜在的重要客户群体，减少在低质客户上所浪费的时间。客户关系管理系统能够多维度记录客户信息，可以更深入了解客户是不是意向客户，使企业在联系客户时更有针对性，节约时间成本。例如，企业客服工作人员可以借助电话联系、网络平台联系等不同方式为真正对企业有价值的客户提供全天候服务与支持，帮助客户解决相关问题。

以民生银行的客户关系管理为例，为实现由传统的"以产品为导向"向"以客户为中心"的精细化管理的转型，民生银行打造了以"阿拉丁"云平台为代表的智能化客户关系管理系统。"阿拉丁"云平台为民生银行提供海量数据查询、展示、交互、分析的整体解决方案。该平台记载了民生银行近十年来的业务数据,包括每个客户的详细信息、每一笔交易的明细数据以及外部实时更新进来的数据。通过"阿拉丁"云平台,一线人员能对客户关系进行更精准化的管理与分析,真正做到个性化定价和个性化服务。在产品定价方面,个性化定价根据客户的存款、贷款、业务经营情况等综合指标进行科学定价,不仅能吸引优质客户,提高客户黏性,降低客户流失率,还能提高整体收益。与此同时,民生银行还建立了内部风险评级模型,可以实现对客户信用风险的量化管理,从而更准确地对客户风险进行预警和科学控制⊖。

5.2.2 产品推送精准化

数据赋能产品推送精准化的实质是实现精准营销。精准营销是在精准定位的基础上,依托现代信息技术捕获目标受众的消费心理和消费行为等信息,建立个性化的顾客沟通服务体系,并对其进行有针对性的营销活动,从而实现企业高回报的营销方式⊜。从实践的角度来说,精准营销要做到5个"合适":在合适的时间、合适的地点,将合适的产品以合适的方式提供给合适的人。寻求"合适"的过程,就是实现精准营销的过程。

1. 精准营销的特点

精准营销具有以下特点⊜:

一是以消费者为导向。企业要和消费者保持密切的互动沟通,要准确把握和不断满足消费者的需求,尤其是消费者日趋个性化的需求。在此基础上,企业需有针对性地开发、生产、销售满足特定消费者需求的产品,使产品从一开始就与消费者的需求相吻合,实现生产者与消费者的双赢。以消费者为导向的精准营销手段有利于建立稳定的企业忠实顾客群,实现消费者链

⊖ 腾讯网. 阿拉丁教你学习民生银行的数据分析 [EB/OL].(2021-01-06)[2021-03-01]. https://new.qq.com/omn/20210106/20210106A0C8VG00.html.
⊜ 洪玮铭. 大数据时代个人信息面向及精准营销模式变革 [J]. 社会科学家,2019(02):114-120.
⊜ 李军. 实战大数据 客户定位和精准营销 [M]. 北京:清华大学出版社,2015.

式反应增值,从而使企业能够得到长期稳定的发展。

二是精准的定位手段。在营销过程中,企业需要借助先进的大数据、云计算、物联网、人工智能等技术。根据潜在目标消费者的心理诉求、行为方式、社会属性等特点开展营销活动,并保障与消费者的长期的个性化沟通。例如,微信公众平台的后台数据分析可以帮助营销者细分用户群体,包括用户的地域、性别、浏览内容等。企业可以据此了解用户的基本情况,发现用户需求,进一步细分并定位用户群体。精准的定位手段有助于企业富有效率地传递信息并实现销售目标,使营销达到可度量、可调控等精准要求,使企业低成本、快速增长成为可能。

三是营销效果可衡量。企业要制定衡量精准营销效果的指标,如以业绩为导向的数字营销指标和以客户为导向的数字营销指标。以业绩为导向的数字营销指标不但能明确表现出企业的业绩变化,而且覆盖了数字渠道的营销投资回报,如发帖数量、粉丝数量、关键意见领袖(key opinion leader,KOL)数量、传播热度(访问、浏览、转发、评论、下载、点赞数量)等。以客户为导向的数字营销关注更精细的指标,如净推荐值、评论情绪分析等指标⊖,通过综合不同方面的营销指标的数据,分析精准营销的效果,进而实现对客户需求快速反应、迅速迭代。数字化思想、客户导向在精准营销过程中无处不在。可量化的精准的市场定位技术突破传统营销定位只能定性的局限,企业可以根据营销效果有针对性地优化营销策略,从而提升客户价值和满意度,形成稳定的消费群体,实现良性、可持续的发展。

2. 产品精准推送的步骤

实现产品精准推送是一项系统工程,具体而言,主要包括数据收集、用户画像、产品定向推送等环节。企业在提取和分析消费者数据的基础上,可以有针对性地制定具体的营销策略并贯彻执行。同时,数据赋能的产品精准

⊖ 曹虎,王赛,乔林,等. 数字时代的营销战略 [M]. 北京:机械工业出版社,2017.

推送克服了传统的营销方式成本高、见效慢的缺点,以高性价比的优势,逐渐受到企业的青睐。

(1)**数据收集**。随着大数据时代的来临,大数据逐渐将传统渠道的数据进行融合,在无形间形成"数据为王"的营销格局,大数据被越来越多的企业运用到精准营销中。用户数据主要通过社会调查、网络数据采集和平台数据库采集三种方法来获取(见图5-4)。社会调查可通过访谈、观察和调研等方法收集数据;网络数据采集可通过微博文本、用户评论等渠道获取用户数据;此外,还可以直接从平台数据库,如网站系统、微信和App等移动平台的数据库中采集用户数据。

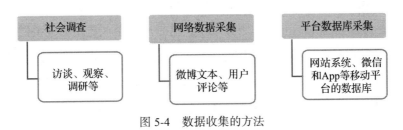

图 5-4 数据收集的方法

资料来源:李静.基于大数据精准营销的网络营销策略研究[J].商业经济研究,2017(11):46-47.

根据数据所在的维度不同,可以将需要收集的数据分为用户相关和情境相关两个维度的数据(见图5-5)。用户相关的维度主要是与用户相关的个人信息。具体来讲,包括用户的基本属性、社会属性、消费特征和价值属性等方面的数据。其中,基本属性包括用户的性别、年龄范围、地域等;社会属性包括用户的家庭、职业、住所等方面的情况;消费特征包括产品类别偏好、品牌偏好、下单习惯等;价值属性包括用户的收入水平、消费档次、消费活跃度、信用评分等。情境相关的维度主要体现动态变化的、与分析场景相关的特征,如与情境相关的地理信息、时间维度等。企业可根据实际应用领域的特点、业务流程以及研究目的来确定合适的维度,将用户相关和情境相关的维度结合起来,更全面地刻画用户特征。

图 5-5　数据维度

资料来源：李静.基于大数据精准营销的网络营销策略研究 [J].商业经济研究,2017(11):46-47.

大数据的本质在于提供了海量数据，一方面提供了更多消费者的行为记录，另一方面是真实客观的行为和态度的体现。企业通过对海量数据的解读，分析出消费者真正的行为和态度，可以在适当的时候向消费者推送合适的信息，提高营销的精准性和服务水平，这是增强企业竞争力的关键。

（2）**用户画像**。用户画像作为一种实现大数据有效利用的工具被广泛应用，对用户准确地画像是进行产品精准推送的基础。用户画像是指从多个维度对用户大数据进行分析，具体描述并标签用户的各种属性特征，赋予不同的数据标签，进而抽象出用户的商业全貌[○]。

基于主体划分的视角，用户画像可分为个体用户画像和用户群体画像。个体用户画像通过抽取某一用户多维度的属性特征，并赋予它们不同的标签，从而对不同用户做出个体区分。通过大数据分析可以对个体消费者的属性特征进行多方位的刻画，直接反映出具体用户的行为、需求、兴趣、偏好等特点，从而深入全面地了解每个用户的不同需求，在此基础上，企业可结合大数据等相关技术对每个用户的个性化需求做出反馈，如实现个性化搜索与推荐以及用户行为预测等功能。用户群体画像通过从用户群体的用户数据中抽取用户特征，对具有相似用户特征的用户进行聚类，构建不同类型的用户画像，进一步从多个维度对用户做出细分并提供相对应的产品服务。此外，对于群体画像中的用户群体行为特征规律的探索有助于实现进一步的运

○ 宋美琦，陈烨，张瑞.用户画像研究述评 [J].情报科学，2019, 37（04）:171-177.

营优化和营销决策支持。

用户画像在数字化营销环境下变得更加重要。移动互联网的发展带来了更频繁的用户与企业的互动接触，数字化用户数量快速增长，且消费者获取信息与交易决策行为持续分化，有的更注重便利和体验，有的更注重实惠的价格，有的更注重产品的品牌，准确快速识别用户需求和偏好成为数字化环境下服务与营销过程的关键挑战[一]。在这种情况下，企业需要更准确的用户画像信息来建立对用户的背景情况、认知特征和个性特点的全面理解，并持续优化营销互动策略。

在实际应用中，可以通过特征抽取和画像表示的方法对用户大数据进行分析和形象化认知（见图 5-6）。

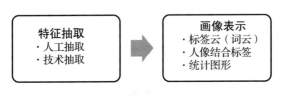

图 5-6　用户画像的构建流程

资料来源：宋美琦，陈烨，张瑞.用户画像研究述评[J].情报科学，2019, 37（04）: 171-177.

特征抽取是在收集用户数据的基础上，对其进行整理和分类，并通过一定的数据挖掘方法从中抽取用户特征，进一步提炼得到用户标签并构建用户画像的过程。现有的用户画像研究主要通过人工抽取和技术抽取两类方法来实现特征抽取。人工抽取是在相关理论的支持下，通过查阅文献、调研、访谈、专家意见等方法，结合研究者的知识和经验来抽取用户特征，具有一定主观性，适用于数据表达清晰、数据量小的研究场景。技术抽取主要通过机器学习算法抽取用户特征，如基于贝叶斯网络、主题模型、统计分析、聚类算法等方法，适合大数据环境下海量用户数据的研究场景。

[一] 史雁军.数字化客户管理 数据智能时代如何洞察、连接、转化和赢得价值客户[M].北京：清华大学出版社，2018.

画像表示是以各种直观明了的可视化图形将用户特征呈现出来的过程，可以帮助决策者更好地理解和应用用户画像。用户画像可视化的方法多种多样，常见的有标签云（词云）、人像结合标签和统计图形（直方图、折线图等）[①]。

1）标签云。标签云中标签大小与用户特征显著性水平成正比，可用于单个和群体用户的可视化呈现。例如，从图 5-7 用户标签云中的标签大小可以看出，这个用户较为显著的特征是黄金时期、中产阶级、IT 或互联网、设计或创意、外观、健康环保、购物逛街等，可以推测出这个用户是处于黄金时期的青壮年，处于社会中等收入水平，职业、爱好与 IT 或互联网、设计或创意相关，崇尚健康环保的生活方式，喜欢购物逛街等。

图 5-7　用户标签云实例

资料来源：财经头条．不做无效的营销，从不做无效的用户画像开始 [EB/OL]．（2021-01-26）[2021-01-27].https://cj.sina.com.cn/article/detail/6226754415/472979?wm=30491563872627&cid=76478&node_id=76673.

2）人像结合标签。人像结合标签形式能多维度地揭示用户的特征，多用于单个用户。在个体用户画像方面，以电商平台为例，电商平台主要结合用户的基础信息和行为信息来描述个体用户画像，基础信息包括会员等级、

[①] 赵雅慧，刘芳霖，罗琳．大数据背景下的用户画像研究综述：知识体系与研究展望 [J]．图书馆学研究，2019（24）：13-24．

性别、地域等，行为信息则是包括浏览行为、关注度、加购情况、订单历史记录等涉及买家行为在内的数据。结合用户的基础信息和行为信息可以生成用户标签，通过人像结合标签的形式能构建个体用户画像，如图 5-8 所示。

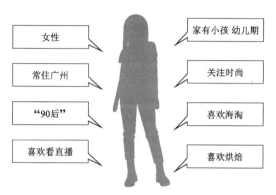

图 5-8　个体用户画像实例

3）**统计图形**。统计图形更多应用于群体用户。在用户群体画像方面，以淘宝直播平台为例，根据申港证券的研究数据，2020 年淘宝直播平台男性用户占比略高于女性用户，分别为 53.3% 和 46.7%；用户倾向年轻化，34 岁以下群体占比为 71.4%；同时，下沉区域具备庞大用户群体，三线及以下城市用户占比为 60.8%。运用统计图的形式构建的用户群体画像如图 5-9 所示。通过用户群体的统计数据，可以明确用户群体的性别结构、年龄结构和区域结构等基本特征，在抓住用户群体的需求的同时，不同领域的商家或企业可以根据自身产品属性有针对性地利用直播开展产品营销活动。如在观看淘宝直播的各年龄段的人群中，25～34 岁的人群占比最高，为 42.5%，接近半数。这个年龄段的消费者多为职场人士或年轻父母，有一定的经济基础，追求时尚，可能对于时尚零售品类、生活服务消费类和亲子类消费品较为感兴趣，相关行业的商家或品牌企业可以通过直播向这类人群进行产品营销。此外，这个群体画像也表明，随着低线城市消费能力的释放，直播营销也成为品牌触达下沉市场消费者的重要渠道。

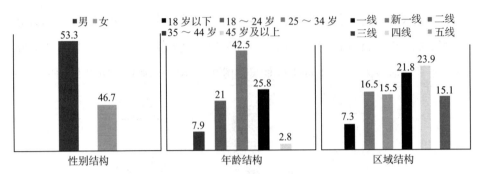

图 5-9　淘宝直播平台的用户群体画像（单位：%）

资料来源：秦一超. 直播带货推广下各家电品牌加速布局 [EB/OL]. 申港证券,（2020-06-21）[2021-01-19]. https://pdf.dfcfw.com/pdf/H3_AP202006221386594466_1.pdf?1592847755000.pdf.

不少企业将用户画像的方法运用在营销实践中。例如，淘宝推出"千人千面"算法实现产品精准推送。"千人千面"算法主要依靠淘宝网庞大的数据库，构建出买家的兴趣模型并进行定向推广。"千人千面"算法将用户标签、商品标签、店铺标签进行匹配，能从细分类目中抓取相关特征与买家兴趣点匹配的推广产品，将其投放于淘宝首页、横幅和"猜你喜欢"等模块，大大增强产品推广宣传曝光的效果，帮助商家锁定潜在买家，实现快速精准的人货匹配⊖。

（3）产品定向推送。在用户画像的基础上，企业可进一步将用户与产品进行匹配，用于个性化推荐，推送用户可能感兴趣的产品和内容，这有利于提高用户满意度和用户黏性。在大数据时代，消费者的特征更加细分，用户画像能够较为全面地描述用户的兴趣特征。以电子商务平台常用的个性化推荐为例，电子商务平台能够掌握每一个用户浏览过什么商品、停留了多久、曾经购买过什么商品等信息。因此，可以基于用户画像发现用户的购物偏好，知道每个用户所属的消费类型，根据其购买记录和浏览记录推送更为精

⊖ 网经社. 实战：淘宝电商千人千面锁定潜客 实现精准营销根据 [EB/OL].（2019-09-27）[2021-05-28]. http://www.100ec.cn/detail--6528832.html.

准的产品信息，实现消费转化。

在互联网竞争越发激烈的形势下，想要成功抓取用户注意力必须迅速捕捉用户的兴趣点，将符合用户信息需求的内容及时精准地推荐给用户。例如，北京字节跳动科技有限公司的产品"今日头条"凭借强大的定向推送功能取得了巨大成功。自 2012 年发布以来，"今日头条"凭借其用户大数据积累，基于个性化推荐引擎技术，根据用户的年龄、性别、搜索行为、浏览习惯、评论内容、地理位置等多维度信息，向用户推荐其可能感兴趣的个性化内容。其个性化推荐功能主要体现在推荐添加关注的用户、信息流推送、城市版本、个人页面定制等方面㊀。在"关注"栏下，系统为用户推荐在"今日头条"上已开通账号的"大 V"、自媒体人和媒体账号所发布的信息，用户选择自己感兴趣的账号添加关注后可获得该账号发布的最新资讯；在"推荐"栏下，除置顶的重要新闻以外，系统通过用户画像、上下文推荐和聚合协同过滤，挖掘信息和用户的相关性，为不同的用户推送他们可能感兴趣的资讯；此外，系统可通过 GPS 定位，根据用户位置生成不同版本的信息推荐列表，不仅有用户所在地的新闻和资讯，还有实时天气、附近的商业服务、广告，同时还推荐关注与新闻资讯相关的自媒体账号；在"我的频道"一栏，用户可以定制自己想关注的信息类别，如"股票""小游戏"等，所呈现的内容也是个性化推荐的结果。

5.2.3 渠道布局网络化

数字技术能够帮助企业实现渠道布局网络化。仅靠单一的渠道已经不能满足大数据时代企业的需求，现如今数据赋能可以帮助企业实现线上和线下渠道的融合互通，实现从获客渠道到用户管理再到营销互动"全链式"的数

㊀ 杨莉明. 个性化推荐在移动新闻资讯传播中的应用、影响与反思 [J]. 新闻与传播评论，2020，73（02）：47-58.

字化；也能帮助企业提升各个渠道的使用效率，一方面是帮助企业优化自身现有的获客渠道，另一方面是帮助企业对接数字消费社区，建立全新的获客渠道。

1. 全渠道融合

数据赋能将对传统渠道进行深刻变革：一方面，对传统的线下渠道而言，数据赋能可以保证各线下渠道及时补货，门店之间的库存货品良性流转，减少因颜色、尺码不全而导致的流单情况；另一方面，提高传统的线上渠道库存、订单、仓储等碎片化系统的效率，避免额外的仓储、物流等管理成本。通过全渠道互联互通能够在商品、库存、仓储等方面进行快速的数据、系统对接，实现新销售途径的快速上线。

随着数字经济时代的来临，"新零售"正在逐步重构商业格局。它不仅让线上和线下零售从原来相对独立、相互冲突逐渐转化为互为促进、彼此融合，而且让消费者的购物入口变得更加及时、多元与精准。订单、库存、会员、商品、导购、门店、权益、促销等数据和业务的打通，是企业能够成功迈入数字化的核心，也是已经实现数字化的零售企业之所以能为导购赋能的基础。基于门店数据打通，各个门店在线上自主装修门店微商城，上架门店商品；基于商品数据打通，销售与线下门店一致的商品，实现高效的商品管理；基于库存数据打通，销售线下门店自有库存；基于订单数据打通，实现闪送、门店自提、门店发货等O2O场景；基于导购数据打通，导购线上卖货也能获得与门店一致的业绩提成；基于权益数据打通，会员线上消费享受与门店一致的积分和优惠；基于促销数据打通，门店微商城可配置与线下门店一致的促销活动。

以母婴品牌Babycare为例，Babycare通过数据赋能打通线上线下渠道，实现了企业的高速增长，年销售额实现五年内从零到亿的跨越，成为天猫母婴第一量级的品牌。Babycare结合线上品牌优势，通过线上会员运营及私域社群运营的经验，结合线下消费者行为数据，打通不同链路渠道的会员体系和 CRM 体系，真正实现用户所有会员权益均可互通共享，形成"线下门店导购引导＋线上客服陪伴＋会员社群维系"的模式，让消费者不仅可以购买到高品质、高安全性、高颜值的商品，还能额外享受 Babycare 所提供的柔性持续服务。在线下渠道方面，Babycare 在不断拓宽一站式购物品类、不断升级全渠道管理细节的同时，围绕目标客户人群提供了 360 度的贴身服务，让消费者在 Babycare 线下门店能够获得良好的购物体验，进而实现线上线下购物体验的无缝切换○。

在数据赋能渠道管理的赛道上，利用线上线下互通并进、全渠道全链路同频，能够体现零售业态新的发展趋势。

2. 人、货、场"数智化"渠道布局

"数智化"是数字智慧化与智慧数字化的合成，其本质是通过数字化实现智能化。其中，数字智慧化相当于云计算的"算法"，即在大数据中加入人的智慧，使数据增值、增进，提高大数据的效用；智慧数字化，即运用数字技术把人的智慧管理起来，相当于从"人工"到"智能"的提升。把这两个过程结合起来，构成了人机的深度对话，使机器继承人的某些逻辑，实现深度学习，甚至能启智于人，以智慧为纽带，形成人机一体的新生态○。

新零售业态中，"数智化"体现在对"人、货、场"三个核心要素的重构。阿里研究院曾提出："新零售是以消费者体验为中心的、数据驱动的泛零售形态。新零售本质上是通过重构'人、货、场'三个核心要素，实现以消费者为中心的目标"○。从"人、货、场"来看，不同零售业态对"人、

○ 艾瑞网. 线上线下全域互通，Babycare 线下模式能否走通 [EB/OL].（2020-08-28）[2021-04-27]. http://news.iresearch.cn/yx/2020/08/336418.shtml?tdsourcetag=s_pcqq_aiomsg.

○ 王继祥. 信息化、数字化、智能化、数智化等概念内涵深度辨析 [EB/OL].（2021-03-31）[2021-06-05]. https://www.sohu.com/a/458252337_808311.

○ 阿里研究院. C 时代 – 新零售——阿里研究院新零售研究报告 [R].2017.

货、场"的组织模式不同,侧重点存在差别。但从零售业态的演化历程来看,总体上经历了以货为中心、以场为中心、以人为中心的历程,而这与市场的发展又密切相关,如表 5-4 所示。

表 5-4 市场演变与零售特征

阶段(年代)	市场特征	零售商特征
生产主导 (1850~1950)	商品短缺,处于卖方市场,生产者占据主导地位	零售竞争程度相对比较高,以单渠道为主
零售主导 (1950~2000)	由卖方市场向买方市场转变,零售商占据主导地位	零售渠道多样化、品牌建设、广告促销等营销手段不断强化
消费主导(2000至今)	买方市场凸显,消费者的主导作用日益增强	零售商全面洞察消费需求,以多渠道满足消费诉求,制造商依托零售链路逐渐向反向定制转变

资料来源:齐永智,张梦霞. SOLOMO 消费驱动下零售企业渠道演化选择:全渠道零售 [J]. 经济与管理研究,2015(7):137-144.

从零售的核心要素来看,尽管零售离不开对消费者的服务,但在不同市场态势下消费者的地位和重要性是不同的,零售业态对消费者的关注也存在差别。总体看来,零售在演变形式上围绕"人、货、场"等核心要素重新组织,在本质上是围绕成本、效率、体验进行优化升级的过程。在大数据时代,"人、货、场"发生了翻天覆地的变化,在零售叠加"数智化"后呈现新的模式。

(1)"人"的重构。与传统营销不同,新营销时代下,商家都是围绕着"人"来发展的。借助各种互联网工具,目的是拉近人与人、人与商品、人与商机之间的互动沟通距离,解决传统信息传播不方便、信息不对称等问题。"人"已经不再只是传统意义上单一的个体,而是用性别、喜好、习惯等一系列的数据标签来描述的消费者,企业有针对性地开发、生产、销售满足特定消费者需求的产品,能使商家与消费者之间无缝隙链接,实现双赢。

(2)"货"的重构。传统的营销活动以商品为中心,商家向消费者推销商品，并不把消费者需求作为出发点。在数字化时代，人们的消费需求越来越多样化，参与感也越来越强。这使得商家必须做出改变，满足消费者的新需求。在设计端，由于结合消费者数据能够洞察消费者的需求和期望，很多商家已经转向从消费者需求出发驱动产品设计，并采取小批量、多批次的柔性供应链策略，以满足消费者的个性化需求。在服务端，借助大数据和不断迭代升级的算法，卖场可以实时掌控商品的所有流向，做到智能补货、就近发货，提供精细化的营销运营服务。例如，围绕"货"的层面，杭州有赞科技有限公司能为商家提供了万级商品库、批量商品导入、快速生成价签、多渠道商品互通、商品条码标签、网店门店同步、批量商品改价、第三方商品管理、连锁商品互通等系列功能，帮助商家实现货品的快速上架、实时管理和场景化、精细化运营⊖。

（3）"场"的重构。新营销中的"场"指的是消费中的消费场景和消费体验。传统营销活动中，无非就是消费者到店选购、付款、离开，在这个"场"里面商家跟消费者少有互动，不能形成对消费者的黏性。在数字技术的驱动下，各种新型消费场景爆发式增长，如线上直播卖货、VR试衣间、无人便利店等。例如，AR、VR领域服务商奥本未来能为用户提供沉浸式3D互动体验，点击3D展示不仅可以多维度观看，还可以虚拟试穿。只需用手机摄像头对准自己的脚，不同颜色、不同款式的鞋子的穿着效果就立刻呈现在手机上，与衣服搭配的效果一览无余⊜。

我国确立了建设制造强国、质量强国、网络强国和数字中国的国家战略。进行数字化转型升级，成为企业高质量发展的必由之路。本书作者在为广东省工业和信息化厅组织的制造业企业数字化转型升级的专题研讨班授课时，许多中小型制造业企业的高管问道：如何通过"人、货、场"的重构，

⊖ 有赞官网．https://www.youzan.com/?from_source=baidu_pz_shouye_11．

⊜ 中智观察．奥本未来：3D展示与AR/VR"魔镜"，给新消费带来新体验 [EB/OL]．（2021-01-07）[2021-06-02]．https://jishuin.proginn.com/p/763bfbd3664e．

进行数字化转型升级？或者反过来问：企业如何开展数字化转型，才能实现"人、货、场"的重构？答案是找专业的数字化转型服务商。第一，企业数字化转型升级，是企业一把手工程，是自上而下的企业发展战略。第二，企业数字化转型升级不能一蹴而就，而是一个不断迭代、不断演进的过程。第三，企业数字化转型升级是一个自我革新和协同发展的过程，是一个与专业服务商共创价值的过程。

目前，企业数字化转型升级需求巨大，因此也催生了一大批企业数字化转型升级服务商。作者团队调研过的赛意信息、数说故事、致景科技、三维家等企业，都以高速增长的方式发展。

以数说故事为例，2018年本书作者团队去该公司调研的时候，公司创始人兼CEO徐亚波博士告诉我们，公司2017年的营业收入不到两千万元。2021年作者团队应徐亚波先生邀请再次对数说故事进行调研时，公司已经换了更大的经营场地，员工数量由原来的几十名发展到五百多名。公司尽管经历了疫情的冲击，依然快速发展，2020年营业收入达到1.2亿元。数说故事成立于2015年，公司总部设立在广州。数说故事的千亿级基础数据平台的数据涵盖社交、电商、渠道等多个领域，拥有"大数据+AI"的技术栈积累和平台化能力，已经构建了从数据采集、处理、分析、建模到商业应用的全价值链解决方案，能帮助企业实现数据价值与业务的深度融合，完成数字化转型。数说故事已为腾讯、华为、宝洁、联合利华、英特尔等企业提供过服务。数说故事基于海量级数据的流通和融合，以商业应用为目的的外部数据采集和分析，能帮助企业实现线上线下渠道的合理布局。

在线下布局方面，如图5-10所示，数说故事依托"数说睿见"平台构建数字战略地图，基于地理位置信息，融合"人、货、场"三大数据源。人，对零售来说，是起点。"人"（消费者）通过"场"（商场、超市、便利店等），与"货"（商品）产生联系。在"人"的维度，通过对目标区域500米×500米网格范围内的客流分析和人群画像，细分价值人群的分布；在"货"

的维度，分"城市 – 商圈 – 店铺"三级对销售的商品进行潜力评估，明确目标区域的重点铺货品类；在"场"的维度，集成全国 1 000 多万各类店铺的地理周边信息，形成目标区域的销售地图，分析目标区域内本品和竞品的关系。最后，综合以上三个维度的分析来实现智能选址和精准铺货。

图 5-10　数据驱动的渠道布局示例

资料来源：数说故事公司。

在线上、线下渠道融合发展方面，数说故事打造了"连接 – 运营 – 变现 – 数据"的客户运营模式，帮助品牌实现跨平台连接，打通线上、线下渠道，线下导流、线上沉淀客户全景画像，进而进行精准营销。以数说故事服务过的某化妆品连锁品牌为例，该化妆品连锁品牌拥有 2 000 多家门店，发放的会员卡达 2 000 万张。然而这些海量会员的活跃度却不得而知。数说故事为该品牌提供了大数据运营支撑平台"数说领客"。第一，通过二维码把所有的消费者从线下门店往线上引流。第二，量化店长的 KPI，推动店长按照 KPI 持续拉动新客户。两年时间内，该品牌 2 000 万会员转化成线上 600 万的活跃粉丝。此后，通过全景画像精准推送的活动更是实现了 87% 的用户参与率，达到单次秒杀活动超过 100 万元的销售额⊖。

⊖ 徐亚波. 数据驱动智能商业决策——数字化转型到企业大脑的革命之路 [EB/OL]. （2018-06-18）[2021-05-25]. https://www.sohu.com/a/234685063_610458.

3. 新数字化渠道：直播电商

（1）**直播电商的特征**。直播电商是网络直播商业化应用的一种，其本质是主播利用即时视频、音频通信技术同步对商品或服务进行介绍、展示、说明、推销，并与消费者进行沟通互动，以达成交易为目的的商业活动。传统电商流量红利期已过，获客成本越来越高，"电商+直播"成为连接"人、货、场"的新模式，且越来越重要。随着 2019 年 5G 元年的到来，5G 及人工智能技术的快速发展，更是让直播电商的未来充满无限可能，直播已经成为众多电商平台的标配，也被越来越多的商家接受，成为商家重要的销售渠道。

经过多年发展，直播电商生态日趋完善，形成了涵盖供应链、网店、多渠道网络（multi-channel network，MCN）机构、主播、平台、用户、服务商以及政府主体等众多主体的生态系统。具体而言，直播电商有以下特征：一是直播电商是视频直播与电商行业的有机融合，在传统的电商模式基础上形成了一种全新的电商形式；二是主播的来源呈现多样化的特点，明星、网红、官员、普通卖家等都可以当主播；三是直播电商的交易效率得到显著提升，明显高于之前的电商形式；四是能更好地实现"品效合一"，直播电商不仅能更好地实现交易，还能通过构建价值认同来实现品牌传播[一]。

（2）**直播电商的行业发展现状**。中国互联网络信息中心 2021 年 2 月发布的《第 47 次中国互联网络发展状况统计报告》显示，截至 2020 年 12 月，我国网络直播用户规模达 6.17 亿人，占网民整体的 62.4%。其中，电商直播的用户规模为 3.88 亿人，游戏直播的用户规模为 1.91 亿人，真人秀直播的用户规模为 2.39 亿人，演唱会直播的用户规模为 1.90 亿人，体育直播的用户规模为 1.38 亿人。值得一提的是，直播电商的规模较 2020 年 3 月份增长 1.23 亿人，增速达 46.4%。由此可见，直播电商现状进入了黄金时代，发展

[一] 郭全中. 中国直播电商的发展动因、现状与趋势 [J]. 新闻与写作, 2020（08）：84-91.

速度迅猛，当前的发展现状呈现出以下三种特性[1]：

一是直播电商具备高成长性。一方面直播电商在未来具备较大的增长空间。直播电商带动了电商行业的经济增长，促进了交易额屡创新高，2019 年直播电商整体成交额达到 4 512.9 亿元，同比增长 200.4%，但同时直播电商成交额仅占网购整体规模的 4.5%，仍然具有较大的发展潜力。毕马威联合阿里研究院发布的"迈向万亿市场的直播电商"报告预测，2021 年直播电商的成交额将接近 2 万亿元，渗透率达到 14.3%[2]。另一方面直播电商受到各地政府的广泛重视，在直播电商行业不断发展的背景下，我国广州、上海、青岛、重庆、济南、义乌等城市纷纷发布相关政策，以此来占据直播电商行业的高地。其中，2020 年 12 月 7 日，上海市提出要加快建设上海国际消费城市，培育发展在线新经济，针对直播电商平台、直播电商基地、MCN 机构和直播服务机构等分别提出一定的扶持政策，并大力发展"直播+生活服务业"。

二是直播电商产业链逐渐完善。直播电商经过几年的发展，早已不只是单纯的买家与卖家之间的交易，其背后产业链的日趋完善也是直播电商能够承受规模迅速扩大冲击的坚强后盾。品牌商按照产品特性向 MCN 机构或主播进行商业投放，MCN 机构为主播提供孵化、推广及管理服务，KOL 输出内容并通过平台触达消费者，完成带货；数据营销服务商为品牌商和 MCN 机构提供筛选 KOL、制定执行 KOL 直播带货方案等数据营销服务；供应链服务商为主播提供稳定货源及选品服务；综合技术解决方案提供商则为直播电商平台提供直播技术及电商技术服务。各方相互配合、相互合作，共同构

---

[1] 赵建，李嘉怡. 直播电商经济：概况、历程与未来 [EB/OL]. （2020-08-11）[2021-03-17]. http://finance.sina.com.cn/review/jcgc/2020-08-11/doc-iivhvpwy0329317.shtml.

[2] 毕马威，阿里研究院. 迈向万亿市场的直播电商 [R/OL]. （2020-10-11）[2021-03-01]. http://www.199it.com/archives/1135645.html.

成了直播电商的产业链[一]。

三是直播电商呈现多元化的发展模式。具体可以从"人、货、场"三个角度来分析：

从"人"的多元化角度来看，目前卖货主播主要分为两个大类：一类是专业带货主播，具备一定的粉丝黏性，但除了头部主播外，有别于娱乐主播强人设属性，粉丝也给予货品较高的关注；另一类是店铺主播，核心是线下导购线上化，货品是关键。除此之外，明星、官员、企业家等也纷纷加入直播带货行列，进一步增加了"人"的多元化。

从"货"的多元化角度来看，早期的直播电商以售卖衣物和美妆用品为主，现在已呈现出百花齐放的局面，特别是在疫情的催生下，甚至"车""房"等类别也在做线上直播。之前以销售美妆为主的头部主播，比如被称为"口红一哥"的李佳琦，他的直播间直播商品的种类也已经扩展到各个领域，涉及食品类、生活类等。随着直播电商的迅猛发展，目前直播商品种类已经基本覆盖了全部行业。

从"场"的多元化角度来看，目前直播电商拥有三大类平台：第一类是淘宝、京东等电商平台；第二类是微信、抖音、快手及微博等内容社交平台；第三类是小红书等电商导购类平台。目前最常见的直播场景为直播间，每个主播都有自己固定的直播间来直播带货。随着市场对直播电商的认知度逐渐提高，直播形式的丰富以及 5G 技术的逐步应用，直播场景不再局限于直播间，而逐步衍生到实体店铺以及原产地、供应链等场景，甚至可以与综艺节目内容相结合。

5.2.4　销售管理智能化

数据赋能可以帮助企业对日常销售经营进行管理，在传统销售跟进客户

[一] 亿欧智库."带货"的逻辑：直播电商产业链研究报告 [R/OL].（2020-8-26）[2021-03-01]. https://www.lmtw.com/d/file/sm/fenxi/20200924/9ed591f39b1873b113ad303bdc487e22.pdf.

的实际过程中,任何一个客户或销售机会,从上一个阶段流转到下一个阶段都需要一定的时间,因此往往会出现销售人员因跟进的客户太多,有些客户很长时间都没有被跟进,导致客户流失,也降低了销售效率,从而造成企业业绩的降低。数据赋能企业能够帮助企业动态实时监管销售情况,针对可能出现的紧急情况做出及时有效的应对,同时也能帮助企业实现销售预测。

1. 销售监测可视化

当下数据已成为最重要的生产资料之一,而新零售与传统零售的本质区别是数据价值的挖掘。当数据价值得到挖掘后,如何让它用"平易近人"的方式赋能工作人员,辅助企业进行决策,这是可视化技术需要做的事情。过去,传统零售商主攻线下实体门店渠道,而从传统线下布局迁移到"线上+线下"后,通过可视化技术将线下各实体门店与线上电商门店进行统一的数据整合,进而赋能管理人员。

销售数据可视化平台实现有效数据的收集、整理和聚合管理,从时间维度、地域维度、渠道维度以及业务形态等多种角度可视化分析结果,完善基础数据指标和报表,实现用户活跃监测、供应链优化、营销组合优化、渠道优化等功能。销售数据可视化平台通过渠道数据化分析能有效监控各种渠道每天新增、活跃、成交的用户数;监测商品销售的品牌、类别和地区分布,并跟踪其销售金额和销售量的情况,实现单品的实时管理;根据供需的缺口,适时调整各种商品的供货,优化周转率。

以李宁公司经营数字大脑的可视化功能为例,从"人、货、场"的角度出发,可视化技术提供的显示大屏能够帮助企业动态监督销售情况。

在"人"的层面上,如图5-11所示,聚焦了年龄、性别、城市、省份、会员等级等硬性指标,而这些指标都是由线下的"场"利用门店WiFi、人脸识别、会员系统同步上传的。除了上述指标外,还能通过大屏进行进一步的数据分析挖掘,如会员同比增长数、销售占比、偏爱单品预测等。

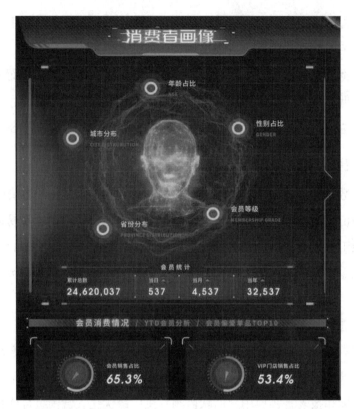

图 5-11 李宁公司经营数字大脑可视化"人"的展示

资料来源：易知微. EasyV 数据大屏让李宁更懂消费者 [EB/OL]. [2021-05-25]. https://easyv.cloud/case-detail/7.

在"货"的层面上，如图 5-12 所示，零售商能结合旗下品牌各季主推库存保有单位（stock keeping unit，SKU）产品，通过可视化技术对品牌产品进行直观展示，包括品牌矩阵、品类销售占比、主推产品销售情况、产品销售排行榜。与此同时借助搭建数据中台的方式，帮助零售商统一指挥各个门店的仓储、库存、物流的调度，打通所有门店的仓储、库存、物流系统以及线上零售平台（天猫、京东等），实现"货"的打通。

在"场"的层面上，通过可视化技术将线下各实体门店与线上电商门店进行统一的数据整合，进而赋能管理人员。大屏能够展示全渠道的实时销量、金额、流量等，且能够同步显示当月指标完成率，方便管理人员通过数据实现产品战略的制定与迭代。

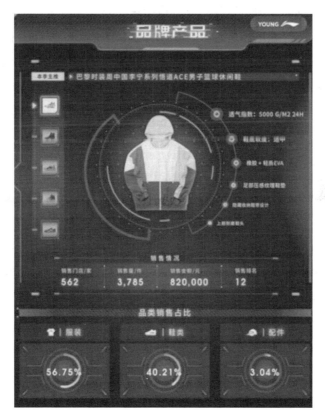

图 5-12　李宁公司经营数字大脑可视化"货"的展示

资料来源：易知微．EasyV 数据大屏让李宁更懂消费者 [EB/OL].[2021-05-25]. https://easyv.cloud/case-detail/7.

2. 销售智能预测

企业可以使用消费者大数据进行产品销售分析和预测。根据销售分析和预测的结果，及时调整生产计划、采购计划和营销策略，合理安排物流活动，实现资源的优化配置。企业通过大数据进行销售预测有助于规避销售风险，实现销售的良性循环。

目前对于销售预测，机器学习起到的作用越来越大。在机器学习预测销量时，首先，需要选取历史数据，并对数据按照一定规则进行清洗，把一些促销活动的数据去除掉，以免影响分析结果。其次，再对历史数据用机器学习算法进行训练，提取相关特征，进而得到预测模型。比如，利用随机森林（random forest）模型对销量进行预测，可以清楚地看到，某一时段的销售额是如何受售价、产品特征等因素影响的，并拟合出算法模型。最后，在得出模型后，便可以利用当前的数据预测下一阶段的销售情况。在实际销售预测的过程中还有一些其他销售预测的方法，例如时间序列分析法、基于产品评论的方法等。

在销售预测的应用方面，京东的"211限时达"业务就是典型的例子。"211限时达"是指当日上午11:00前提交订单，货物当日送达；夜里11:00前提交的订单，货物次日送达。2017年，京东物流自营配送就已经覆盖了全国人口的98%，大件物流实现中国大陆地区行政区县的全面覆盖。京东借助大数据分析，可以预算未来数天每个产品在各地的销量，在用户提交订单前，商品已经提前运到当地的仓库。支撑京东快速物流的就是基于大数据的销量预测和仓储布局。京东的商品品类齐全、业务复杂，需要根据不同的情况采用不同的算法模型。总体上可以分为三类：机器学习算法、时间序列算法和结合业务开发的独有算法[⊖]。

（1）**机器学习算法**。机器学习算法主要包括 GBDT 和 RNN。GBDT 是一种迭代的决策树算法，该算法由多棵决策树组成，所有树的结论累加起来做最终答案。该方法适用于预测高销量，但历史规律不明显的商品。RNN 方法可以利用它内部的记忆来处理任意时序的输入序列，这让它可以更容易处理时序预测、语音识别等。

（2）**时间序列算法**。时间序列算法主要包括 ARIMA 和 Holt winters。

⊖ CSDN. 京东预测系统核心介绍 [EB/OL].（2018-08-23）[2021-06-05]. https://blog.csdn.net/NIeson2012/article/details/81982918.

ARIMA 的全称为自回归积分滑动平均模型，可以用它来预测类似库房单量这种平稳的序列。Holt winters 又称三次指数平滑算法，也是一个经典的时间序列算法，常用此方法来预测季节性和趋势都很明显的商品。

（3）**结合业务开发的独有算法**。结合业务开发的独有算法包括 WMAStockDT、SimilarityModel 和 NewProduct 等。WMAStockDT 是库存决策树模型，用来预测受库存状态影响较大的商品。SimilarityModel 是相似品模型，可使用指定的同类品数据来预测某商品未来销量。NewProduct 是新品模型，用来预测新品的销量。

在上述算法模型的基础上，京东能够实现对商品销量的有效预测，再结合对潜在消费者的地理位置的准确分析，进行合理的仓储调配。在接到订单后，商品就能快速地送到消费者手中，给消费者带来良好的体验。

5.3 数据赋能的新营销模式

5.3.1 C2B 模式

C2B（customer to business）模式又称作个性化定制模式，被视为数字化时代的核心商业模式。在大数据的驱动下，企业可以实时把握市场环境的变化，快速获取客户需求并提供相应的产品或服务，实现以客户为中心的商业模式。以客户为中心的模式与传统模式的区别如图 5-13 所示。

以客户为中心的模式以客户的个性化定制为典型特征，实现了营销价值链的反转。与传统的 B2C、C2C 模式不同，C2B 模式是消费者数据驱动的商业模式。一方面，企业按照消费者的需求来提供产品，能使消费者差异化、独特性的需求得到满足；另一方面，消费者参与到产品的设计过程中，把自己的知识、技能、经验等投入产品生产过程，这种参与感容易使消费者对定制产品产生认同感。

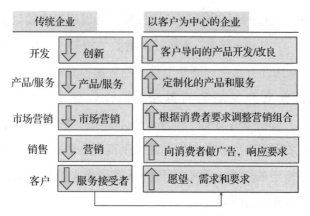

图 5-13 以客户为中心的反转营销价值链

资料来源：用友网络科技股份有限公司．企业数字化：目标、路径与实践[M]．北京：中信出版社，2019．

C2B 模式的核心就是企业与消费者的价值共创。这种价值共创形成于消费者与企业之间的互动。这种互动不仅能帮助企业获取消费者及其偏好的深层次信息，共同建构个性化的服务体验，还能帮助消费者在服务提供者的支持下完成效用价值和心理价值的创造[⊖]。具体而言，C2B 模式包括以下三个特征[⊖]：

第一，以客户为导向。C2B 模式是以"客户驱动"为目标来生产出符合客户需求的个性化产品。与传统商业模式相比，"客户驱动"在企业运营过程中越来越凸显出重要性，从根本上将传统的 B2C 模式转换成客户驱动的 C2B 模式。在新的模式下，以客户为导向首先要明晰自己的主要目标客户究竟是哪些人，要有准确清晰的目标客户；其次还要精细地为其提供持续性的服务价值，建立长久且稳定的客户关系。以汽车行业的上汽大通"蜘蛛智选"为例，其实践了"以客户为导向的目标"的宗旨，开创了汽车产业客户选配

⊖ PRAHALAD C K, RAMASWAMY V. Co-creation experiences: The next practice in value creation[J]. Journal of Interactive Marketing，2004，3（1）：5-14.

⊖ 曾鸣．智能商业 [M]．北京：中信出版社，2018．

交易环节的新模式。一般传统车企的选配服务为客户提供的仅仅是几个选装包之间的抉择，而"蜘蛛智选"能够提供含有32个大类、100多个定制选项、上万亿种个性组合的选择。同时还提供智能定制模式、极客定制模式、热销推荐以及互动选车模式等选择，可以根据客户自身的喜好来进行深度个性化的选配，也允许客户追随大众化选择。智能定制模式能够帮助客户以录入标签的形式，在多样化选择和选配效率之间取得平衡，客户只需通过系统设置的引导，就可向"蜘蛛智选"输入个人偏好信息，以此获得"蜘蛛智选"的最优推荐。上汽大通开创的这种全新C2B智能模式是将互联网与传统汽车行业进行了紧密连接，通过互联网的特殊属性打通C端客户端，把C2B理念从配置的选择进一步扩展到服务的选择，向客户揭开造车的神秘面纱，实现造车过程的全透明化，避免了鸡肋配置的存在，也进一步满足了客户不同风格的个性化需求⊖。

第二，积极与客户互动。除考虑"以客户为导向"的目标之外，在C2B模式中企业还要关注怎样与客户之间形成良好互动。企业与客户互动的内容包括信息、情感、意见或建议三个方面。首先是信息，对企业而言，与客户互动的信息包括企业的文化、经营理念与政策、产品或服务信息等。对客户而言，向企业传播的主要是需求信息。其次是情感，企业通过让营销人员定期拜访客户、举办客户答谢会等拉近客户与企业的距离。最后是意见或建议，企业征求客户对于产品或服务的意见、投诉和建议。只有C端的需求信息被有效地收集、分析和反馈，B端才能开发、设计、生产出客户想要的产品。让客户成为产品研发和设计的决策者，也是C2B模式的典型特征。在与客户互动方面，小米是当下最注重与客户交流的企业之一，小米构建了一种企业和用户相互依存、相互作用的生态关系。小米有一个庞大的客户粉丝团，叫"米粉"。在新产品设计时，小米听取粉丝对于产品的积极反馈，

⊖ 解元利.上汽大通"蜘蛛智选"：自己做主，选出"永不撞衫"的Dream Car [EB/OL].（2018-08-11）[2021-03-01]. https://www.sohu.com/a/246555580_372650.

为了做出能让粉丝满意的产品，小米专门设立了"爆米花奖"，即小米的设计者或改进者将采纳米粉提出的部分合理性的建议对产品进行改进，根据用户投票确定其中最有价值的建议，为其颁发"爆米花奖"。在与客户良性互动的背景下，小米产品研发人员会积极主动地与米粉进行互动交流，生产出真正符合米粉需求的产品。"爆米花奖"的互动模式将用户体验和反馈的价值最大限度地表现出来，也建立了与米粉之间的良性互动关系[一]。

第三，数据驱动。在互联网时代，客户行为是可以数据化的，客户在使用产品过程中所产生的所有行为痕迹都会被一一记录下来，形成可供查阅的数据信息，这是捕捉客户需求的重要来源，通过数据能够实现客户服务的精准化营销。以酷特智能为例，其自主研发了 C2B 平台，面料、花色、纽扣等关于衣服上大大小小的 100 多个细节都可以由订购者在手机 App 上自行定制。这些个性化需求将统一传输到后台数据库中，形成数字模型，由计算机完成打版，随后分解成一道道独立工序，通过控制面板及时下达给流水线上的工人。C2B 平台是消费者的线上入口，也是大数据平台，从下单、支付到产品实现的全过程都是数字化和网络化运作。这是"按需生产"的零库存模式，没有中间商加价，没有资金和货品积压，企业成本大大下降，消费者也不需要再分摊传统零售模式下的流通和库存等成本。酷特智能通过互联网将消费者和生产者、设计者等直接连通，个性化定制的服装 1 件起定制，传统服装定制生产周期为 20 ～ 50 个工作日，酷特智能已缩短至 7 个工作日内[二]。

从实现方式及定制层级来看，C2B 目前存在如下几种常见模式[三]：

一是聚定制。聚定制是指在商品销售前通过搜集客户的需求，确定订单量后组织商家批量生产，与此同时给予消费者一定的优惠，促进营销活动

○ 于斌. 我为粉丝狂：向小米学互联网营销 [M]. 北京：人民邮电出版社，2015.
○ 徐恺. 酷特智能：用数据驱动服装定制 [EB/OL]. （2017-10-29）[2021-04-17]. http://news.qingdaonews.com/qingdao/2017-10/09/content_20028051.htm.
○ 艾瑞网. C2B 的常见分类及案例分析 [EB/OL]. （2015-12-19）[2021-03-01]. http://column.iresearch.cn/b/201512/755502.shtml.

的顺利开展。其流程是消费者提前交定金抢占优惠价名额，然后在活动当天交尾款，这也是该模式最大的亮点。在此模式下，预售一方面能够降低商家的各类成本，如集中批量采购成本、仓储占用成本、干线物流成本、资金周转成本、库存风险成本等，在提高销售量的同时给企业带来更大的利益；另一方面能够让消费者感受到促销力度，买到自己心仪价格的产品。天猫"双11"的节前预售就是典型的聚定制形式。在"双11"活动预售期间，商家提前收到客户订单需求，提前锁定目标客户群，在批量生产的过程中能管控企业生产及库存成本，并在价格上计利于消费者，有效地拉动内需。

二是模块定制。模块定制能让消费者在选择商品时结合自身需求自由选择各项产品配置。海尔是我国较早提供模块定制服务的家电企业，用户可以根据自己的需求定制差异化的家电功能模块，满足个性化的产品需求。例如，海尔模块化电视采用独有的 OSIF 标准接口设计，通过标准化设计实现了对硬件配置、操作系统、软件内容等进行更新升级。海尔的模块化电视可实现系统每周、每月自动推送软件升级信息，用户能根据个性需求定制游戏、4K 直播等模块。在升级时更换旧模块即可，无须更换整机。更换后的新模块中包含了已经升级的软件和硬件，这意味着用户只需付出较低的成本，甚至是以免费的形式就能实现电视的升级换代[○]。

三是深度定制。深度定制也可以称作参与式定制，使得客户能参与到全流程的定制环节。厂家可以完全按照客户的个性化需求来定制，每一件产品都可以算是一个独立的 SKU。目前深度定制最成熟的行业包括服装类、鞋类、定制家居类等。以定制家居为例，每位消费者都可以根据自己所需求的户型、尺寸、风格、功能完成个性化定制，对现在寸土寸金的户型来说，这种完全个性化的定制最大限度地满足了消费者对于空间利用及个性化的核心需求，正逐渐成为家居行业的一种主流模式。索菲亚、尚品宅配、欧派、好

○ 腾讯网. 海尔推模块化智能电视，用户可自行升级配置 [EB/OL].(2014-03-28)[2021-06-04]. https://tech.qq.com/a/20140318/018868.htm.

莱客、三维家等都是定制家居的典型代表。

5.3.2 "智能+"模式

"智能+"的内涵是从技术出发的跨界融合，构建技术和产业跨界融合的数字经济生态。"智能+"也改变了传统的企业营销模式，帮助企业实现智能化营销管理。随着数字化水平的进一步发展，传统的营销服务模式已逐渐向数字化转型，"智能+"的产业图景体现在多个方面，例如在新零售方面，品牌商与零售商利用数字技术随时捕捉全面全域信息，感知消费者需求，完成供需评估与即时互动。利用数据化技术，将品牌商品与服务通过经数据化管理的各种渠道呈现至消费者面前，在线流转智能计算即时生产的数据知识，产生千变万化的双向即时互动，最大限度地即时影响消费者，激发消费者潜在的消费需求，促使消费者做出消费决策[一]。

在新零售方面，智能可穿戴设备体现了"智能+"在营销服务新模式方面的创新。可穿戴设备所展现的营销机遇主要在于其拥有富有价值的独特数据，同时可进行提取加工分析，并据此提供更加细致的客户信息，让广告主、营销者能以更新更好的方式将信息精确推送到消费者面前，这对移动营销具有重大意义[二]。人体数据作为大数据市场的重要组成部分，通过个体的不断积累，将形成一个庞大的市场，如果能对其进行分析挖掘，获取有价值的信息，最终将衍生出一种新的商业模式，进一步推动可穿戴设备的发展。可穿戴设备相对于其他移动终端而言，其优势在于随着数据的传递和采集成本的进一步下降，将产生对人体全新的数据解读和全新的影响路径。可穿戴设备只有与大数据应用结合，才能在根本上挖掘真正的潜力。两者之间是一种相辅相成的关系，大数据离开可穿戴设备便无法完全彰显其价值，而可穿戴

[一] 狄蓉，曹静，赵袁军．"新零售"时代零售企业商业模式创新 [J]．企业经济，2020（04）：37-45．

[二] 吴勇毅．智能可穿戴设备：下一个营销战略主平台 [J]．通信世界，2014，21（21）：30．

设备离开大数据的应用，其功能也将大打折扣⊖。

首先，营销人员可以通过数据挖掘获取更多精准的客户信息。当前可穿戴设备层出不穷，许多可穿戴设备，如智能手环、手表及其他帮助监测人体各项生理健康系数的设备都在不断产生数据。人体的各类生理指标数据，包括脂肪含量、BMI值（用以衡量人体胖瘦程度以及是否健康）、心率、血糖、肺活量等成百上千种数值，未来都可通过可穿戴设备准确获得，而人体也就自然而然地成为一个巨大的人体数据源。可收集健康信息的可穿戴设备可以让运动产品公司知道有谁在进行锻炼，让医药公司了解谁的身体压力比较大，从而有针对性地为用户提供其所需要的产品，如智能手环通过记录用户的睡眠数据，经过分析得出用户最近的睡眠质量不好，就可以通过手机App、邮箱、社交网站等途径向用户推荐拥有更加优质睡眠质量的枕头。

其次，可穿戴设备在以地理位置为基础的推广上也具有独特的优势。例如，当客户经过商店时，能向他们推送饮料的电子优惠券信息。而诸如计算机化的眼镜设备甚至能够探测在逛街购物时，戴有这些设备的用户会留意哪些商品。由于不需要携带或放进裤袋，可穿戴设备能让用户快速随意地进行交互，接受及分享各种信息，如短信、照片或动态消息更新。这对广告主来说，都是可利用的营销机会⊜。目前越来越多的企业广告主已经在进行相关试验，如果可穿戴市场将继续呈现正增长和可观的上行趋势，广告价值也将随之出现，他们也乐意为此付费。而鉴于当前屏幕尺寸受限，可穿戴设备上的广告尺寸将小于智能手机上的广告尺寸，比较适合展示优惠券、服饰、健康保险之类的广告。随着屏幕瓶颈的解决、消费者习惯的改变、更多的移动技术的出现，可穿戴设备的可营销领域将越来越广。

随着智能可穿戴设备的逐渐普及，以及智能手机、智能家居、智能汽

⊖ 陈根. 可穿戴设备：移动互联网新浪潮 [M]. 北京：机械工业出版社，2014.
⊜ 中国行业研究网. 智能可穿戴设备发展成为新营销战略平台 [EB/OL].(2014-08-21)[2021-06-04]. https://www.chinairn.com/news/20140821/161220853.shtml.

车、智慧城市等其他智能入口的相互连接，各类 AIoT（人工智能物联网）设备之间的应用生态系统的建立、打通和兼容将成为影响消费者整体智慧生活场景体验的重要一环。可穿戴设备与手机以及其他设备的数据管理和应用接口标准化，可以降低第三方开发应用的复杂度，使得各种设备能够整合高效。而多数据融合和共享标准化，也便于用户统一管理和拓展生态链，围绕自身爆款产品建立独有的生态链以吸引用户[一]。

5.3.3 场景营销模式

随着互联网的发展和智能移动设备的普及应用，信息向着分散化、碎片化方向发展，场景也趋于碎片化，这改变了消费者的购物、社交、出行等生活方式，也为企业创造了新的营销机遇，催生了新的商业模式——场景营销模式。场景营销是指在移动互联环境下企业根据消费者所处的地点、时间和情境，进行场景分析和信息沟通，精准识别用户的场景化需求，并为消费者提供个性化、场景化的信息、产品和服务，以"场景"触发消费行为[二]。场景营销从消费者的消费需求出发，通过建构特定的场景连接营销和需求，使消费者与产品产生联系，让消费者在特定的场景中产生消费的欲望。例如，美团 App 利用定位系统，综合分析用户的历史搜索和消费记录进行内容推送，当用户在"吃喝娱购"方面有需求时，打开美团 App 便会获得附近商家的优惠信息。

相比于传统营销模式，场景营销在信息传递、营销策略等方面具有优势。首先，在信息传递上，传统营销方式主要通过在杂志、电视、网络等平台以广告的形式进行宣传推广，目的是提高企业品牌在用户中的知名度，驱

[一] 巨量引擎.2021 智能穿戴设备行业白皮书[EB/OL].(2021-04-24)[2021-05-29]. https://max.book118.com/html/2021/0422/8022063116003077.shtm.

[二] 于萍.移动互联环境下的场景营销：研究述评与展望[J].外国经济与管理，2019，41（05）：3-16.

动用户进行消费。这种信息传递是单向的,并没有太多机会接触消费者。相比较之下,场景营销既关注当下场景的消费者需求满足及产品体验,又追求高频场景下产品或服务与消费者的紧密连接。场景营销的重点在于同用户交流沟通,满足用户在某个场景中的需求,用户在消费过程结束后把自己对于商品的评价和意见反馈给经营者,这样企业就能在满足用户需求的基础上掌握产品状况并进行改善。其次,在营销策略上,传统营销方式以活动推广为主,场景营销则是增强与用户的交流互动。在实践过程中,传统营销方式根据用户的特征将其进行分类,配合广告投放时间推出营销活动;场景营销以用户需求为中心,通过"场景"连接线上虚拟环境界面与线下实景空间,整合零散时间以增强与用户的沟通,吸引用户关注,更具有精准营销的便利性⊖。

场景营销的特征主要体现在以下两个方面:

一是情境依赖。场景营销是依赖于情境而运作的营销模式,场景营销运作需要用户基本信息、具体位置和时间点等维度的信息,以此刻画用户需求的现实情境,是场景化产品和服务开发设计的依据。开展场景营销需要分析消费行为与情境的关系,如有些消费者将实体店作为展示厅和体验馆,而最终在网上进行购买,企业应充分考虑到线上线下不同渠道的购买情境,有针对性地设计营销策略。

二是移动化和个性化。场景营销能借助各种移动应用和社交平台软件,随时随地触发消费者的感官知觉,使消费者可以更方便地了解产品的信息,打破时间和地域的限制。例如,淘宝、京东等为消费者提供了购物的平台,消费者可以在手机上浏览商品信息,并在线下单、支付。许多电商也纷纷开发微信小程序,小程序基于微信的社交场景,通过微信聊天、微信群、朋友圈、公众号等入口合理引流并迅速推广。此外,大数据、云计算、移动互联

⊖ 斯考伯,伊斯雷尔.即将到来的场景时代[M].赵乾坤,周宝曜,译.北京:北京联合出版公司,2014.

网等技术进入企业的场景营销中，为企业营销提供海量的用户数据支撑。场景数据挖掘有助于理解消费者的需求、推送个性化的产品和服务信息，实现精准营销。

随着移动互联网时代的到来，企业竞争的焦点成为对场景的争夺。罗伯特·斯考伯等人在《即将到来的场景时代》一书中谈道：移动设备、大数据、社交媒体、传感器和定位系统是构成场景的五种技术力量，即"场景五力"⊖（见图 5-14）。移动设备是指像手机、平板，以及一些可穿戴的设备等，在生活中随处可见。这些移动设备产生的大量数据通过一些渠道曝光，如微信、微博等社交媒体渠道，从而进一步接触核心用户。传感器的设置就是为了让移动设备可以更好地获取更多的数据以及环境参数。在移动设备和传感器的支持下，基于位置的服务（LBS）可以达到更高的精准度，以获得场景信息。这五个维度组合在一起，就形成了一个完整的场景。企业可以依据"场景五力"更精确地了解消费者所处的具体情境，从而为消费者提供个性化服务、解决消费者痛点，营销也将变得精准化。

图 5-14 "场景下的五力"的核心

根据斯考伯提出的"场景五力"理论，可以从场景细分、场景适配、场景体验三个维度来探讨如何做好场景营销⊜。

1. 场景细分

从场景细分来看，场景分为线上的虚拟场景和线下的现实场景。场景营销的目标就是要将线上场景和线下场景连通。线上场景以移动终端为技术支撑，线下场景则更注重为消费者提供良好体验，对这些场景的细分有助于

⊖ 斯考伯，伊斯雷尔. 即将到来的场景时代 [M]. 赵乾坤，周宝曜，译. 北京：北京联合出版公司，2014.

⊜ 张剑，温进浪. 移动互联时代场景营销的维度分析 [J]. 商业经济研究，2020（14）：78-80.

营销场景的构建。例如，三只松鼠线上线下业态互补，线下重体验、线上重销售，成为品牌发展的重要策略。三只松鼠通过开设实体店和体验店开拓线下市场，大面积、强 IP、重体验的线下"投食店"更注重 IP 场景化的打造，在强化品牌市场辨识度的同时，更加强了用户的线下黏性，也起到了向线上引流的作用。而三只松鼠的线上平台主要实现销售功能，线上营销以客服为依托，加强与用户的互动，敏锐洞察用户的需求，通过以客户为中心的情感互动式营销提升用户体验。三只松鼠的线上线下全渠道营销模式较为成功，成为其销量节节攀升的关键。

2. 场景适配

从场景适配来看，场景适配包括目标人群的适配、线上线下场景的适配和营销内容的适配三个方面，意在精准识别目标群体并根据消费者需求提供个性化和场景化的信息。

首先，目标人群的适配是指精准识别目标消费者，并提供符合场景的信息。例如，腾讯广告的广点通数据管理平台可通过行为数据、关键词、LBS（基于位置的服务）、Lookalike（相似人群）等多种方式从企业内部数据及腾讯系数据中挖掘符合要求的用户，并从年龄、性别、学历、地域、兴趣分布等维度展示和分析人群特征，进行精准的人群适配，帮助广告主准确地将品牌产品信息传达给消费者[⊖]。

其次，伴随着大数据、人工智能和虚拟现实等技术的发展，线上场景与线下场景出现融合化的趋势。因此，如何找准线上场景与线下场景的连接点也尤为重要。例如，支付宝的春节集五福活动，用户可通过写福字、扫描福字、在蚂蚁森林给福气林浇水等方式获取福卡，集齐五福后最终可瓜分亿元红包。用户所收集到的每张福卡背后都会有刮刮卡，刮开以后会有商家提供的优惠福利，用以刺激用户在线消费或线下消费[⊖]。支付宝很好地利用了春

⊖⊖ 张剑，温进浪. 移动互联时代场景营销的维度分析 [J]. 商业经济研究，2020（14）：78-80.

节的场景，通过集五福的活动提高用户使用支付宝的频率，也在用户和品牌商之间架起了桥梁，同时用户在这种情景中接收到红包和商家的优惠信息，获得了惊喜，达到了多方共赢的营销效果。

最后，场景营销需要达到营销内容的适配，即目标人群在营销场景中看到的内容与自身相关或符合情境。在场景化营销模式下，基于场景化、移动化、信息化的营销内容更容易引起消费者的共鸣或影响用户的态度和行为，企业需要准确把握用户的需求点，帮助用户及时解决问题，基于场景化需求来重新定位产品与服务，并在场景维度下推动产品和服务创新。例如，网易云音乐在2017年3月进行了成功的地铁场景营销，其把点赞数最高的5 000条优质乐评印满了杭州地铁1号线和整个江陵路地铁站。一方面，网易云音乐的这次地铁场景营销选取的乐评来自用户之手或经过实践检验被用户认可，因此放到线下会成为良好的传播载体；另一方面，地铁里的乘客在看到乐评产生共鸣后往往也会下载App去寻找乐评，从而为App引流[一]。

3. 场景体验

从场景体验来看，基于手机等移动设备带来的影响，受众的时间变得碎片化，企业利用好碎片化时间抢占场景入口并提供优质的体验将有益于提升自身的竞争优势。企业可通过增强用户在场景中的沉浸式体验和互动方式不断加强用户体验效果。例如，抖音结合"记录美好生活"的新品牌口号，打造沉浸式体验的生活场景，持续创造良好的感官体验。抖音以短视频为内容载体，利用先进的算法推送技术和竖屏信息流推送的形式，使用户沉浸在视频所赋予的情境中。在打开抖音的瞬间，抖音就会自动开始推送视频内容，用户通过手指上下滑动即可进行切换。简短的视频降低了用户观看时受外界干扰的程度，营造了沉浸式感官体验。抖音视频涵盖了新鲜有趣而贴近生活

[一] 张剑，温进浪. 移动互联时代场景营销的维度分析[J]. 商业经济研究，2020（14）：78-80.

的内容和动感的音乐，潜移默化地为用户营造了沉浸式体验的生活场景，有效吸引用户注意力，为用户带来持续的乐趣[⊖]。

本章小结　　在数据赋能营销服务的特征方面，本章从客户管理精细化、产品推送精准化、渠道布局网络化和销售管理智能化四个方面来展开。在客户管理精细化方面，数据赋能企业收集客户产生的各类行为数据，分析各类客户存在的潜在价值并利用客户关系管理系统等对客户进行精细化管理；在产品推送精准化方面，数据赋能企业搜集数据、形成用户画像并对目标客户群体进行精准推送；在渠道布局网络化方面，数据赋能企业线上线下渠道互通，提升了渠道利用效率，同时也为企业开展多层次的渠道布局提供了技术支撑；在销售管理智能化方面，数据赋能企业挖掘分析各类销售数据并动态监控销售经营现状，实现销售预测。

在数据赋能营销服务的新模式方面，主要介绍了C2B模式、"智能+"模式和场景营销模式。C2B模式与传统模式不同，其以客户为中心的模式实现了营销价值链的反转，以客户的个性化定制为典型特征，实现了企业以客户为导向的转型；"智能+"模式也改变了传统的企业营销模式，帮助企业实现智能化营销管理，例如可穿戴设备具有富有价值的独特数据，能够提供更加细致的客户信息，让广告主、营销者以更新更好的方式将信息精确地推送到消费者面前；场景营销模式从消费者的消费需求出发，通过建构特定的场景连接营销和需求，使消费者与产品产生联系，让消费者在特定的场景中产生消费的欲望。

⊖ 宋戈，张亦弛.内容、场景与用户有机结合的抖音营销传播[J].传媒，2019（15）：50-52.

第 6 章
CHAPTER6

数据赋能组织管理

引导案例

格力电器的数据赋能"五维全员管理"

珠海格力电器股份有限公司（以下简称"格力电器"），是集研发、生产、销售、服务于一体的多元化、科技型的全球工业制造集团，产业覆盖家用消费品和工业装备两大领域，拥有格力、TOSOT、晶弘三大品牌，销售范围覆盖全球 160 多个国家和地区。2020 年，格力电器凭借瞩目的营业收入成绩和创新能力位列《财富》"世界 500 强"榜单第 436 位。同时在《财富》"2020 年最受赞赏的中国公司榜单"中，格力电器再次上榜，排名第七位，居家电行业之首。格力电器的成功，部分得益于其突破了传统管理路径依赖和运作模式束缚，尤其是在人才管理上推行了"数据赋能全员管理"，数据赋能"公平公正、公开透明、公私分明,讲原则、讲真话、讲奉献"制度,并取得了积极效果。

下面以格力电器(合肥)有限公司(以下简称"合肥格力")的实施情况为例来加以介绍。

2019年,本书作者团队应合肥格力基地总经理甘威邀请,两次赴合肥格力调研,对其数据赋能组织管理进行评价。甘威总经理详细地介绍了合肥格力的五维人才创新管理。根据当代制造业的管理需求,合肥格力以数据量化的积分为抓手,围绕"目标关联化、规则场景化、体验交互化、激励多样化、发展持续化"五个维度,进行创新实践管理,开展了质量生命线、生产开门红、全员发展工匠英雄之旅、全民幸福日等名片工程项目,致力于打造全体员工实现梦想和自我价值的管理平台,形成全员助力企业效率和效益"双效"发展的良性循环,具体如图6-1所示。

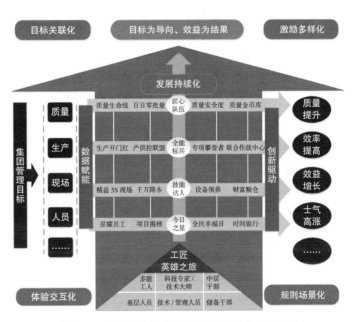

图6-1 合肥格力的数据赋能"五维全员管理"

围绕"全员管理"的五个维度,合肥格力分别采取了以下措施:

(1)目标关联化。以公司"创新管理"为中心,设置目标体系、自主管理及自我控制规则,将组织目标层层分解、解构大目标为循序渐进且易于理解的最小量化目标,在降低完成难度系数的同时促进员工精准执行,实现员工创新目标关联企业组织目标。例如,将过程故障率指标转化为每个员工的每天故障单数,设置检验复活区、互检2单抵消1单专检等员工自控规则,建立个体目标与组织目标的关联性,减少执行的偏差,提高目标管理质量。

(2)规则场景化。利用游戏化思维,在目标管理的基础上将管理项目场景化、具象化、拟人化、游戏化;设置易于员工执行的趣味化规则,激起员工自愿参与管理创新的欲望,让员工想方设法达成目标。同步建立即时反馈系统,在管理过程中进行分值记录与数据化、可视化、在线化呈现,以日、周、月、年为周期的"即时+持续性"反馈,让参与者既可以随时掌握目标进度,也能清楚自己的排位,及时调整自己的方式方法,且能快速调节偏差状态,建立重新投入工作的良性反馈系统。例如,合肥格力在管理方案中增加冲关打卡、竞赛比拼和积分表彰等活动,让目标达成路径充满设计感和仪式感,充分调动了员工的挑战欲望和工作热情。

(3)激励多样化。改变单一、滞后的物质激励方式,充分研究员工的心理及需求变化,紧抓员工天性中对未知的猜测与渴望,将保健因素转换为激励因素。合肥格力的激励是微信里的32个赞,是今日之星的红勋章,是企业过渡房的南北朝向选择权,是获得企业车位免费停泊权,是员工在企业超市里的8

折优惠等。激励还可以是获得创新项目揭榜的机会和大国工匠英雄之旅闯关的筹码。公司应充分挖掘内部稀缺资源，及时设立激励机制，充分调动员工积极性，激发员工源动力，全面拉动绩效增长。

（4）体验交互化。从组织管理氛围的角度改变传统制造行业的单调性与乏味性。一方面是教会管理者营造管理氛围，做管理导演，以问题再现、3D模拟、深度仪式感、打造工作执行"大电影"，形成高质量的组织管理场景，促进组织达成管理目标；另一方面注重员工体验感，充分发掘参与者的每一个高光时刻，深度观察以及反馈参与者行为，激发其与他人、与组织团队之间的黏性和交互能量。例如，合肥格力打造每月15日全民幸福日，集中策划各项员工表彰、福利及关怀，在员工工作岗位举办颁奖仪式等，打造员工巅峰体验。

（5）发展持续化。建立自驱型管理创新平台，打造学习型组织，持续为员工赋能。合肥格力开展全员大国工匠英雄之旅，横向上打通了平行岗位的竞聘通道，纵向上增加了技术大师和储备中层干部两个发展类别，并在晋升过程中开展各类趣味性英雄"大闯关"活动，形成全员竞聘的氛围，促进内部人才流动及发展。比如，2019年，通过开展公司级竞聘26期活动，单位级竞聘51期活动，覆盖了公司50%的关键重点岗位。通过数据赋能，让员工的表现和绩效数据化、可视化和在线化，合肥格力构建了公平、公正、公开的人员选拔、发展机制。

合肥格力通过"五维全员管理"机制，在2020年达到以下效果：在保供上，采购保供年度共计6个月"0"停线；在生产上，实现4周"0"停线的成果；在质量控制上，成功挑战百日"0"异常；在降本上，拉网式解决了管理盲点，形成降本效益

> 1.3亿元；在增长增效上，成功完成11款产品的集团标杆挑战，创造了新的集团标杆，效率增幅达14.6%；在人员流失上，人员流失率同比下降33.08%；在攻坚克难上，在共计346个项目中，实现86.41%的项目完成率。
>
> 资料来源：作者根据现场调研资料整理。

从合肥格力的例子可以看出，人力资源管理应该在新的时代有新的突破。今天，以数字资源为核心要素，以信息技术为内生动力的数字经济，作为一种新的经济形态是大势所趋。大数据的快速应用正对传统的组织模式与发展模式进行重新定义，数字技术不断融入组织的各个领域，彻底改变组织与员工、组织内部、组织与外部社会的互动方式，将现实世界与数字世界的边界打破并融合在一起。本章从数据赋能组织的特征、结构、功能等方面进行探讨，进一步审视数字经济背景下，组织与员工、组织内部以及组织与外部关系的变革。

6.1　数据如何赋能组织管理

数字技术的应用给企业的组织管理活动带来了巨大变革。图6-2展示了"数据感知-智能认知-动态决策-精准执行"的数据赋能机制赋能组织管理的过程机理。

从赋能机制上看，数据主要通过数据感知、智能认知、动态决策和精准执行等步骤为组织管理赋能。首先，来自企业外部的顾客、供应商、合作伙伴以及企业内部各个部门的数据，经过埋点、爬虫等软感知及条码、图像等硬感知方式，成为能被分析的客户行为数据、产业合作数据、业务数据及员工行为数据等。其次，经过感知得到的数据，经过统计分析、数据挖掘、深度学习等智能认知方式，去伪存真，进一步整合，得到有规律、有价值的合

第 6 章 数据赋能组织管理 273

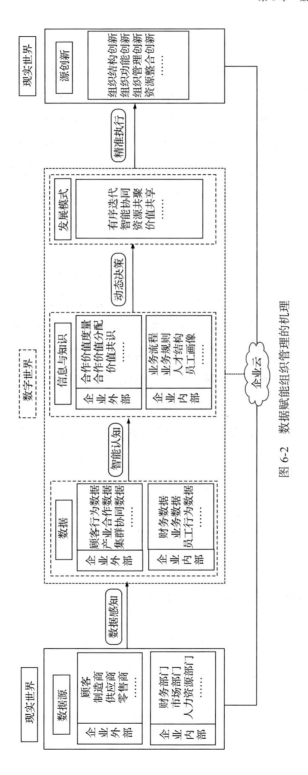

图 6-2 数据赋能组织管理的机理

作价值度量、合作价值分配、价值共识等企业外部信息和知识与业务流程、业务规则、人才结构等企业内部的信息与知识。最后，有规律、有价值的信息与知识在动态决策步骤下，得出数字时代组织发展的最优模式，即有序迭代、智能协同、资源共聚、价值共享等，搭配精准执行后，实现了现实世界的源创新，即实现了组织结构创新、组织功能创新、组织管理创新和资源整合创新等。正是因为数据的存在和有效使用，组织结构和组织功能产生了许多新的变化，由此为组织带来了许多新的能力，从而完成数据赋能组织管理的创新。

从数据赋能组织新结构上看，数据赋能下的组织结构一般为小前台和大中台，部分企业也设有后台。其中前台和后台分别感知一定的外部数据和内部数据，这些数据储存在企业的数据库中，由数据中台和业务中台调用并进行智能认知分析，认知分析得到的信息与知识输出到前台，从而赋能前台进行动态决策，以迅速应对市场的变化，由此实现了有序迭代、资源共聚和价值共享。

从数据赋能组织新功能上看，经过数据赋能的组织实现了从管控到赋能、从分工到共生的转变。其中，经过智能认知得到的数据可以在培训与开发、考核与激励、员工关系等方面得到很好的应用，也使得企业和员工间、企业内部各个部门间、企业与企业间从原本的简单合作关系转变为智能协同、资源共聚和价值共享的赋能共生关系。

6.2 数据赋能组织管理的特征

数据要素的出现推动时代快速地变化着，传统的自上而下、层级分明的组织形态已经越来越难以满足企业应对外部环境的需求。为了构建与发展战略相匹配的组织结构，即能使战略实施发挥最大效用的组织结构，不少企业对组织结构的调整与重构日益频繁，即使是行业中的领军者也不例外。例如，成立于 1999 年的阿里巴巴，二十多年来组织结构经历了多次调整，尤其是近几年来"一拆三""三拆七""七拆二十五""小前台大中台"等频繁的组织变革备受瞩目[一]。

在数据赋能背景下，组织形态演变的终极模式或许尚未确定，但是随着不同企业探索的逐步进行，数据赋能组织管理已成为各大企业组织和架构调整的方向。2015 年埃里克·施密特等人在《重新定义公司：谷歌是如何运营的》一书中提到，虽然未来的组织会演变成何种模式，现在还言之过早，但是，未来的组织最重要的原则却已经越来越清晰，那就是拥抱赋能，改革传统的管理或激励。

赋能意味着赋予某种能力或能量，能对外或对内赋能的组织被称为赋能型组织。传统管理型组织强调管理或激励，优点在于分层授权，可以保障分工的细致和权责的明确，但是缺点在于信息传递慢、不利于发挥员工的主动性和创造性[二]。赋能型组织强调赋能，它所传达的核心观念是如何让员工有更大的能力完成他们想要完成的事，领导者的目的不是管理，而是支持；团队成员的驱动力不是传统的劳动报酬，而是成就感和社会价值[三]。传统管理型组织与赋能型组织的重要特征比较，如表 6-1 所示。

表 6-1 传统管理型组织与赋能型组织的比较

特征	传统管理型组织	赋能型组织
组织结构	树型（金字塔型）或矩阵型	层级淡化，互联平台
信息流（对内）	自下而上收集，自上而下反馈	联通透明，实时同步
信息流（对外）	单一收集和输出通道（部门）	联通透明，实时同步
决策流	中心决策，向下分解推进	实时同步，在指标控制下自调适
资源分配和规划	集中规划，逐级分解	按需自取，弹性分配
内部协作机制	岗位定义职责，协作需要回溯汇报线，分工割裂，信息流低速	基于协同创新平台自组织，透明共享、协同竞争、一致迭代

[一] 李朋波，梁晗. 基于价值创造视角的企业组织结构演变机理研究——以阿里巴巴集团为例 [J]. 湖北社会科学，2017（02）：104-111.

[二] 纪华道. 企业组织结构的变革演化及趋势 [J]. 学术界，2014（11）：91-97.

[三] 曾鸣. 智能商业 [M]. 北京：中信出版社，2018.

(续)

特征	传统管理型组织	赋能型组织
价值导向	效益驱动	创新驱动，关注成长能力
风险偏好	风险最小化，避免犯错；信息和数据因被保守控制而没有共享	追求透明、速度和创新自由，强容错能力，没有创新是最大的风险

资料来源：曾鸣. 智能商业 [M]. 北京：中信出版社，2018.

在数据赋能组织管理中，强调利用数据这一生产要素发挥组织的创造力，建立起统一的员工信息平台，进而利用平台提升组织内部的信息交流效率、知识创造能力和内部协作能力，再对组织架构进行设计，重新进行权力的分配，赋予员工或内部组织原本不具备的能力或决策权力。基于数据赋能的作用，将表6-1中的赋能型组织的特点进行归纳，可以得到数据赋能组织管理的主要特征有：层次结构扁平化、组织功能平台化、管理模式智能化、决策权力自主化[○]。

6.2.1 层次结构扁平化

所谓扁平化就是减少层次、减少等级，使信息交流高度透明。企业各个员工只有各自工作内容的不同，而无明显的等级差异，由此也构成了数据赋能型组织的典型结构——小前台+大中台，即企业将一些直面市场、需要快速灵活反应的部门设置成多个小前台，以应对外界环境的快速变化，进行非标准化活动。再统一搭建一个赋能中台，负责整个企业的标准化活动，为前台提供对应的保障和服务。前台和中台之间是协作平等的关系，各个前台与中台之间是平等存在的，犹如一个平面上的多个互相联系的点，与传统科层制的金字塔结构有很大区别。

比如，韩都衣舍以产品小组制和赋能平台来构筑扁平化的组织架构。一方面，企业搭建了集研发、销售、采购于一体的产品小组，作为企业的核心

○ 纪华道. 企业组织结构的变革演化及趋势 [J]. 学术界，2014（11）：91-97.

运营单位,产品小组自主拥有几乎所有的业务操作空间。另一方面,通过不断强化资源整合功能,逐步形成强大的、体系完整的"资源整合+组织赋能"平台[⊖]。在平等的关系下,平台通过能力支持、收益共享等方式与产品小组进行合作。在这一机制下,截至 2020 年年底,韩都衣舍在天猫女装类目中的粉丝数量超过 5 000 万,是该类目下排名第一的品牌,并先后获得"十大网络品牌""中国服装成长型品牌"等荣誉称号[⊖]。

6.2.2 组织功能平台化

组织功能平台化分为对外和对内两个部分。对外,基于价值观念创造、数字化技术输入、供应链管理和平台治理,在双边市场的环境下,部分企业成为连接参与商品和服务交易的客户社群、制造商、渠道商、产业供应链以及投资资本的平台。这类企业一方面对供应商进行赋能和利润分成;另一方面为终端客户提供服务和收取费用,从而成为平台型企业。对内,企业慢慢演变为一个为员工和团队提供支持的平台,由于数据的高速流动和有效使用,企业可以连接员工和团队并为之提供客户、市场、资源或创业机会。在这种情况下,企业中的每个成员或团队可能是类似市场竞争的关系,也可能是符合业务流程的协作关系,并且组织具有开放性,适应市场的成员将会留下,而不适应市场的成员将会被整改或淘汰。

例如,良品铺子就是一个典型的平台型企业。对外,良品铺子秉持绝不自建工厂、永远为消费者挑选高品质产品的平台模式,建立起了较为成熟的供应商开发体系、消费者服务体系和新零售终端框架,从而最大限度地满足消费者需求。对内,良品铺子成为一个分享平台,在门店实行分红机制、合伙人机制,在公司层面推进小组制改革,一方面让组织变得更富有弹性,解

⊖ 罗仲伟,李先军,宋翔,等.从"赋权"到"赋能"的企业组织结构演进——基于韩都衣舍案例的研究[J].中国工业经济,2017(09):174-192.

⊖ 资料来源:韩都衣舍官网,http://www.handu.com/。

决效率问题；另一方面激发员工积极性，缩减成本，提高人员效率。凭借平台的建设，良品铺子于 2020 年 2 月在 A 股上市，当年销售额接近 100 亿元，市值接近 300 亿元，并且自 2015 年起连续 5 年高端零食销售全国领先，业务规模在国内休闲食品行业中位居前列，是休闲食品行业的龙头企业之一〇。

6.2.3 管理模式智能化

管理模式智能化有两层含义：一层是通过互联网技术和 ERP（企业资源计划）等管理平台，让企业中的每一个人都成为一个管理沟通的信息中心，同时也通过网络渠道为他人提供信息服务，让内外协作并构成紧密的网络联系〇；另一层是通过数字技术赋能管理，即利用大数据、云计算、人工智能等技术，让产品的设计开发、生产制造、销售、物流配送、财务处理和顾客服务数字化，由此再将企业系统中的人流、物流、资金流、信息流集成化处理，从而实现智能化的优化整合。管理模式的智能化有利于企业的决策实时同步和内部信息共享，从而提高企业的管理效率。

例如，平安科技打造的"平安脑"依托平安集团多年积累的数亿级线下用户数据、互联网数据以及数千万企业信息数据，经过精细化分类管理、智能分析后，绘制出全方位、多维度的用户画像、产品画像、渠道分析报表和监控报告，从而帮助平安集团监控风险、发现商机。平安科技还搭建了深度学习集群，可以通过图像识别、语音分析、文本理解等技术进行智能化数据挖掘，相关研究已经服务于平安集团的众多业务，包括风险管控、反欺诈、智能营销、运行优化、智能健康、智能监控等领域〇。

〇 程虹，王华星，范寒冰.我国传统企业如何通过"平台化"促进高质量发展？——基于"良品铺子"的案例研究 [J].宏观质量研究，2020，8（04）：1-21.

〇 纪华道.企业组织结构的变革演化及趋势 [J].学术界，2014（11）：91-97.

〇 邹大斌.从平安看金融科技如何为行业赋能 [EB/OL]（2017-09-19）[2021-06-26]. http://soft.zhiding.cn/software_zone/2017/0919/3098330.shtml.

6.2.4 决策权力自主化

决策权力自主化,就是将传统科层制中上级掌握的太多权力,在数据驱动的作用下合理地分散出去,最大限度地调动更多人的积极性,从而发挥群策群力的作用。一方面,权力的合理分散可以让直面市场的个人或小组更快地应对外界变化,做出决策,缩短决策流程,避免因为层层汇报而错过机遇。另一方面,数据赋能机制使得做决策的个体变多,可以减少管理者面临的管理决策问题,降低员工对管理者的心理依赖,减轻管理者决策的心理压力。

比如,服装制造企业酷特智能面对服装制造业激烈的竞争环境,创立了灵活的家庭式细胞核组织管理模式,每个可以被划分出来的独立制造环节由一个家庭式细胞单元负责。在家庭式细胞单元中,通常会有一到两个"多面手"(酷特智能将其称为"细胞核"),其能够胜任整个环节的所有操作,这保障了不会因个别节点成员的缺勤而造成生产停滞。在细胞单元中,没有管理者的存在,所有成员都按照自己的意愿围绕细胞单元中的细胞核,自我设定目标、自我激励、自我管理,同时细胞单元成员间就像家庭成员一样各司其职、相互协同,保障工作的高效开展。同时,为了保障员工与顾客的实时、高效的互动,酷特智能还授予一线员工必要的资金、物流、仓储、设备和人员调配权,这些资源的调动不再需要向上级提出申请并等待审批,而是依据实时的系统记录数据实行事后问责制。基于此,酷特智能去除了不必要的层级审批、部门沟通,真正将权力授予任务执行人。凭借这一转变,酷特智能实现了年销售额从几亿元到几十亿元的转变,生产订单遍布全球,出口占比从 10% 提升到 90%,效率从 3 个月完成一单到最短 7 天完成一单[⊖]。

⊖ 苏钟海,孙新波,李金柱,等.制造企业组织赋能实现数据驱动生产机理案例研究 [J]. 管理学报,2020,17(11):1594-1605.

6.3 数据赋能的新组织模式

数据赋能组织管理创新后，组织呈现出多种新的特征。新特征的出现，让组织管理模式发生了巨大的变化。传统的组织管控逐渐削弱，数据赋能逐渐加强，由此推动组织管理模式的变化，即从管控到赋能。从组织结构上看，传统上注重管控的科层制结构逐渐瓦解，取而代之的是更符合赋能要求的"小前台+大中台"结构。从组织功能上看，组织结构的变革必然引起组织功能的创新，数据赋能型组织对内通过培训开发、考核激励等创新方式为员工赋能，对外与其他企业协同共生、资源共聚、价值共创。

6.3.1 数据赋能型组织的结构

1. 数据赋能型组织的典型结构：小前台+大中台

为了应对市场发展及用户成长对业务增长带来的负面冲击，企业会拓展新业务，或者将已经较为成熟的业务线拆分为若干条子业务线、若干个子环节以开展精细化运营。在这些业务线、子环节中，会有很多相似的业务内容，比如可能都需要广告投放、商品展示、用户激励、订单交易、支付收款等，不过，在不同业务线中相似业务的发生时间和细节要求并不一致。以往为了追求效率，很多企业是通过不断为不同业务线中的相似业务定制开发相似的功能来解决这个问题的，这就产生了重复劳动，会造成研发资源的极大浪费[○]。

此时，面对数字化时代的冲击，构建"小前台+大中台"的组织结构，以灵活的小前台应对市场变化，提升组织敏捷性，以集中资源的大中台赋能一线，打造业务间的高效协同机制，就成为智能组织演化的高效手段。中台

○ 人人都是产品经理. 中台详解（上）——什么是中台.[EB/OL]（2020-10-26）[2021-01-06]. https://www.sohu.com/a/427382382_114819.

能将组织内部不同业务单元的数据进行整合和净化，推动数据资产的良性循环，使以前不相交的数据能被聚合起来以解决新的问题[一]。国务院国有资产监督管理委员会于2020年9月印发的《关于加快推进国有企业数字化转型工作的通知》明确提出："运用5G、云计算、区块链、人工智能、数字孪生、北斗通信等新一代信息技术，探索构建适应企业业务特点和发展需求的'数据中台''业务中台'等新型IT架构模式，建设敏捷高效可复用的新一代数字技术基础设施，加快形成集团级数字技术赋能平台。"

（1）"小前台 + 大中台"的起源与发展。阿里巴巴最早在2009年就建设了共享事业部，开始中台的探索。但当时，共享事业部与其他事业部平级，无法在纵横交错的事业部中有效地发挥作用。

2015年，阿里巴巴面对25个事业部纵横交错的网络型组织带来的协同效率问题，创新性地开展了组织变革。阿里巴巴借鉴芬兰一家游戏公司Supercell的做法，构建出了符合数据技术（data technology，DT）时代得更为灵活的网络型组织，正式形成了"小前台 + 大中台"互为协同的组织机制和业务机制，使得作为前台的一线业务更敏捷、更快速地适应瞬息万变的市场；中台将集合整个集团的运营数据能力、产品技术能力，对各前台业务形成强力支撑[二]。从此，由阿里巴巴率先提出的"小前台 + 大中台"组织结构概念正式成型，随后也被其他互联网企业探索与效仿。

2018年9月，腾讯总裁刘炽平向公司全体员工发布一封内部信，公布腾讯历史上的第三次组织架构调整，其中很关键的一个变化就是在技术上，建立中台体系，打破各个业务在数据上的隔阂。而且腾讯对它的期望颇高："通过内部分布式开源协同，加强基础研发，打造具有腾讯特色的技术中台

[一] 单宇，许晖，周连喜，等.数智赋能：危机情境下组织韧性如何形成？——基于林清轩转危为机的探索性案例研究 [J].管理世界，2021，37（03）：84-104.

[二] 李朋波，梁晗.基于价值创造视角的企业组织结构演变机理研究——以阿里巴巴集团为例 [J].湖北社会科学，2017（02）：104-111.

等一系列措施，促成更多协作与创新，提高公司的技术资源利用效率，在公司内鼓励良好的技术研发文化，让科技成为公司业务发展和产品创新的动力与支撑。"

2018年12月，京东商城也正式进行了组织架构的调整，以确保组织能力顺应变化。在新的组织架构下，京东商城以客户为中心，划分为前、中、后台。其中，前台履行离客户最近，最理解和洞察客户需求与行为，最终实现和提升客户价值的职能。其核心能力是对市场和客户行为深刻洞察，服务客户的产品创新和精细化运营。中台履行为前台业务运营和创新提供专业能力的共享平台职能。其核心能力是专业化、系统化、组件化、开放化。后台履行为整个商城提供基础设施建设、服务支持与风险管控的职能。

2019年1月，苏宁董事长张近东在春季工作部署会上也重新定义了苏宁的前、中、后台。前台主要指苏宁小店和苏宁零售云，苏宁小店要快速实现向社区渠道渗透，零售云则作为县镇市场核心产品的战略定位，加速抢占农村市场份额；中台被定位成苏宁修炼"内功"的重要抓手，一个强大的中台系统建设，在2019年被提到重要日程上；后台则是指用户服务能力，通过服务能力系统化、精细化和信息化的"三化"建设，不断为零售业务创造价值。

2020年12月，小米将五个互联网部门进行资源整合，形成新的互联网业务部，同时将此前数次架构调整中形成的数个部门资源进行整合，形成了另外两个部门——软件与体验部、业务中台部。而业务中台部主要负责规划并落地小米集团的数字化转型，建设集团数据资产，实现集团的数据化运营和管理，提升整体运营效率。

各大企业在进行组织架构调整时，一方面是为了提高自身的商业化运营效率，以应对数字经济时代迅速变化的外界环境的冲击；另一方面也在"小前台＋大中台"这一典型架构上做出了不一样的探索，丰富了赋能型组织的内涵。

（2）"小前台+大中台"的内涵。小前台强调小和敏捷，其主要由跨职能的人员组成前台业务团体，赋予业务决策权。前台工作人员直接面对市场和用户，负责组织企业内部的资源，可作为独立的盈亏单位直接与市场互动，为用户提供产品、服务或解决方案。小前台的小而敏捷，相当于在组织中引入类市场机制，让前台的小业务团队或个人成为一个个自主决策的主体，这对充分发挥前台工作人员的自主性、创新性至关重要。同时，面对越来越复杂的外部市场环境，小前台的业务人员需要越来越灵活地应对各种可能出现的情况。

大中台强调大和赋能，其主要由跨职能、跨区域共享的业务支持平台组成，主要承载"降本提效"和"支持创新"两大功能。在与小前台的协作过程中，大中台起到以下作用：第一，给前台提供丰富的资源支持。中台只有提供各种优质的资源，才能吸引和留住中台上的小前台团队，支持其为用户提供优质的产品和服务，进行创新和变革以及拓展新业务。第二，提供各种机制保障。一个成功、高效的中台，需要提供收益分配机制来明确企业与前台创业团队的利益分配关系，通过激励机制激发前台工作人员的积极性，提供风险控制机制以控制可能出现的各种风险，确保中台高效运转⊖。

小前台与大中台的有效运转，需要做到两个"良性循环"⊖：

一是前台与中台的高效合作。赋能型组织的有效运行建立在前台和中台高效协作的基础上。由于小前台和大中台在工作节奏、沟通方式、人才特征、利益诉求等方面体现出很多的差异甚至冲突，因此，企业需要多管齐下，促进两个齿轮同时运转，相互带动。企业调和冲突的关键在于寻求共识，可以从加强沟通、建立联系，人员轮岗、换位思考，合理解决冲突等方面解决两个平台的协作问题。

二是前台和中台的有序运营和迭代。有序运营是指中台的价值虽然是通

⊖ 尹晓娟. 刍议互联网时代企业组织结构的变革 [J]. 商业经济研究，2020（24）：107-110.
⊖ 波士顿咨询公司（BCG）. 解码未来组织 [R]. 2019.

过支撑前台实现的,但中台的建设和运营具有独立性,它对前台的响应并不是有求必应,同样,前台所获得的技术、业务和数据也不需要全部沉淀在中台之中,必须有选择性地相互支持和促进。而迭代则是指中台和前台都需要不断地发展:一方面,前台在面对市场变化时,需要及时调整自身的定位和功能,推出新的适应市场的产品或业务;另一方面,前台的创新性行为也会为中台带来对应的技术、数据或业务,或者对中台提出更高的建设要求,此时的前台和中台就会相互促进,有序迭代。为了防止前台和中台稳定运营后仅作为被动的"服务提供者",企业应该不断激励前台和中台发挥其独特优势,彻底摆脱"成本中心"的定位。在具体操作中,企业可以通过文化重塑,倡导"拥抱变革、敢于创新"的理念,鼓励小前台和大中台组织内的员工居安思危、自我驱动,积极参与团队协作。

2. 数据赋能型组织的基础:中台

(1)**中台的内涵**。中台并不是一开始就有的,而是系统为适应需求的快速迭代而产生的。具体来讲,中台就是将系统的通用化能力进行打包整合,通过接口的形式赋能到外部系统,从而达到快速支持业务发展的目的。

中台的诞生离不开企业信息化的发展浪潮。随着互联网技术和信息化的应用,企业信息化快速发展,经历了会计电算化、财务业务一体化、集团化管控等阶段。过去几十年,ERP(企业资源计划)、WMS(仓储管理系统)、CRM(客户关系管理)等就是企业信息化落地实践的代表,这些软件使企业的工作协同效率和资源利用效率倍增。但是,信息化并没有让企业的主营业务和商业模式发生根本性变化。一方面,更多信息系统的使用让企业内部形成许多信息孤岛,彼此信息的传递反而更加不便;另一方面,企业仍旧要面临多项精细化业务开展时的资源浪费问题,且这个问题并不能简单地通过信息化消除。这些问题的存在推动了中台的诞生。

中台的发展离不开数字化转型的兴起。近20年来,随着互联网的快速发展，人与人、人与企业、企业与企业之间的信息鸿沟在不断地被填平，这使得客户在商业价值链上所处的位置越来越关键，而企业数字化转型所带来的根本变化之一是推动企业的所有商业价值活动转向以客户为中心，由此使得数字化转型成为企业变革的重要方向。这需要企业以更加高效的内部流程来保障自身产品和服务能力的提升，从而满足客户的需要。在数字化转型的背景下，中台的概念应运而生。

中台是基于云计算、大数据、人工智能等新一代信息技术打造的持续演进的企业级业务能力和数据共享服务平台。中台支撑企业数字化应用的标准化建设及快速定制，沉淀企业的数据资产，实现数据驱动的精细化运营，提升企业业务在面向互联网和生态发展过程中的应变和响应能力。中台提供了数字经济时代运用技术解决商业领域未知问题的支撑能力，从而助力企业进行数字化创新⊖。

根据艾媒咨询的数据，2020年中国数字中台市场规模达72.5亿元，预计2022年有望达到125.57亿元。随着传统软件服务商的布局和创新型企业的进入，各行各业的数字化转型需求被释放，未来整个数字中台市场有望成长为千亿级别⊖。

如图6-3所示，中台通常由数据中台和业务中台组成。数据中台与业务中台是相辅相成的。业务中台中沉淀的业务数据进入数据中台进行体系化的加工，再以服务化的方式支撑业务中台上的应用，而这些应用产生的新数据又流转到数据中台，形成循环不息的数据闭环。从中台的功能定位来看，中台存在于前台和后台之间。一方面，中台连接了后台不同管理系统和职能部门，将所有的系统、技术和功能等分类为数据和业务，交由业务中台和数据

⊖ 陈新宇，罗家鹰，江威，等.中台实践：数字化转型方法论与解决方案[M].北京：机械工业出版社，2020.
⊖ 艾媒产业升级研究中心.2020年中国数字中台行业市场趋势与头部企业布局研究报告[EB/OL].(2020-12-17)[2021-04-26]. https://www.iimedia.cn/c400/75864.html.

中台进行处理，使两个中台之间相互协作，促进数据的业务化和业务的数据化；另一方面，中台支撑着前台各类直面消费者和企业级的活动的开展，为前台的门户应用、营销推广、研发创新等提供强有力的支撑，让前台在为客户提供服务和产品时提高沟通交流的效率。

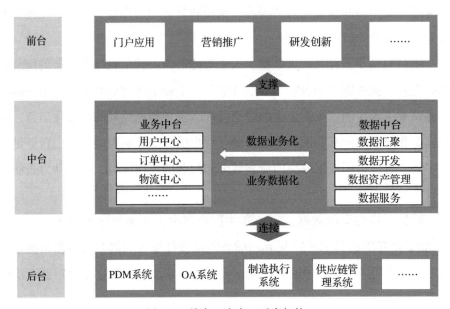

图 6-3　前台–中台–后台架构

资料来源：作者根据公开资料整理绘制。

从组织管理的角度看，中台化的组织方式就是在公司内部构建统一的协同平台。一方面，可以让各业务部门保持相对的独立和分权，保证对业务的敏感性和创新性；另一方面，用一个强大的平台来对这些部门进行总协调和支持，平衡集权与分权，并为新业务、新部门提供生长空间，从而大幅降低组织变革的成本。中台提炼各业务线的共性需求，最大限度地减少重复建设。

（2）业务中台。业务中台是以业务领域划分边界，形成高内聚、低耦合的面向业务领域的能力中心，打造持续演进的企业级业务能力共享服务平台[○]。它的宗旨是管控业务流程，将业务流程中共性的服务抽象出来，形成通用的服务能力。业务中台的直观呈现就是各能力中心，常见的有交易中心、商品中心、库存中心等。它不仅提供丰富的共享服务，还包含体系化建设企业能力域的方法和机制。以电商平台为例，其中订单、交易、商品管理、购物车等模块都是有共性的，将这些组件沉淀出来，形成电商行业的业务中台，再基于这些业务中台组件的服务能力，可以快速搭建前台应用。

业务中台的主要建设内容包括：业务对象、业务能力、业务规则和业务流程等[○]。

①业务对象。业务对象即业务中台所支撑和服务的对象。企业在建立业务中台时，首先要考虑的问题就是这个中台所支撑和服务的对象以及对象的特征，只有明确了业务中台支撑和服务的对象，才能更有针对性地建设好企业的业务中台。这其中，业务对象包括实体对象和过程对象。实体对象是指具体的企业资源、产品与服务，包括公司内部的前台和公司外部的客户；过程对象主要是指企业在经营活动中对业务动作进行的描述。例如，店铺、用户、客户、组织机构、价格政策等有形或无形的资源就属于客户对象，他们是一个个有形或无形的但实际存在的个体；而订单是对交易活动的描述，结算单是对各利益关系主体分配利润过程的描述，它们都是过程对象，描述的是一件事物或一项工作所完成的过程。

②业务能力。业务能力是指业务中台可以为业务对象提供的服务，是对业务对象的操作。这里的业务能力有两个特点：一是业务能力一定是能够服务于业务中台上所有前台的共性能力，即必须对同类业务进行抽象，抽离出共性能力再置于业务中台上，保障业务中台可以最大化地发挥效用，不会

[○] 艾媒产业升级研究中心.企业数字化转型的加速引擎——2019年中国数字中台行业研究报告 [EB/OL]. (2020-12-17) [2021-04-26]. https://www.iresearch.com.cn/Detail/report?id=3465&isfree=0.

[○] 陈新宇，罗家鹰，江威，等.中台实践：数字化转型方法论与解决方案 [M].北京：机械工业出版社，2020.

出现因相似能力重复开发而导致的资源浪费情况；二是一个业务能力可以支持多种功能，即当业务中台向不同前台提供同一能力时，前台可以根据实际情况将这一能力加工或调整为市场或客户需要的产品与服务。例如，商家入驻能力，这一能力既可以对应商家自主注册的功能，又可以对应电商平台后台主动开通商家账号的功能。当不同的前台使用这一能力或面对不同的客户时，其表现出的功能可以不同。

③业务规则。业务规则就是业务实现的逻辑规则，是用来控制或影响业务能力的定义或约束的描述。之所以在业务中台中将业务规则和业务能力分开，是因为二者的侧重点不同，业务能力侧重能否实现某一功能，而业务规则则强调实现某一功能的前提条件以及实现功能之后的状态，即想要实现某一功能，需要首先完成哪些条件和完成这些条件后的状态是什么。业务规则将各项业务能力进行了整合，让不同的能力之间产生了内在的联系。例如，"商品创建能力"搭配"商品需要审核"的业务规则，就会使创建好的商品进入"待审核"的阶段，从而明确了商品创建能力之后的状态。这其中，商品创建是业务能力实现的，而业务规则则规定了这一业务能力的触发条件。

④业务流程。业务流程规定了业务中台系列业务动作在完成特定的业务目的时的执行顺序。业务流程侧重于在技术上实现前台的不同要求，即业务中台针对不同业务需要设计不同的业务引擎。在这一业务引擎内部可以通过调整业务流程来实现不同的功能需要，而无须通过代码的调整，以减少前台进行的修改活动，提高前台的市场敏捷度和中台支撑效率。业务引擎和流程定义决定了能力中心内部以及能力中心之间如何自动化执行。例如，交易引擎负责处理与交易相关的逻辑，这一逻辑包括交易的下单、付款和发货等。通过可自定义的交易流程，业务系统既可实现先付款后发货，又可实现先发货后付款。由于业务引擎内部已经设置好了对应流程的自定义模式，所以无须修改代码，只需要调整业务流程就能实现业务系统的不同功能，从而让中台达到因需而变的效果。

（3）**数据中台**。数据中台提供通用数据服务能力。简单来说，数据中台就是把企业积累的不同的数据和不同的数据处理能力进行综合，从而最大限度地挖掘企业数据价值，再将数据应用于对应的场景之中。因此，可以说数据中台是一套可持续"让企业的数据用起来"的机制。具体来说，数据中台是依据企业特有的业务模式和组织架构，通过有形的产品和实施方法论支撑，结合企业的战略选择和组织形式，从而构建一套持续不断地把数据变成资产并服务于业务的机制。数据中台内的数据来自业务，并反哺业务，数据与业务的不断循环迭代，最终实现数据可见、可用、可运营，其运行机制如图6-4所示。

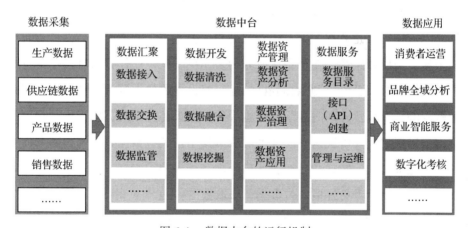

图6-4 数据中台的运行机制

资料来源：作者根据公开资料整理绘制。

数据中台与传统数据库在功能上有所不同。传统数据库的主要场景是支持管理决策和业务分析，而数据中台则是将数据服务化之后提供给业务系统，目的是将数据能力渗透到各个业务环节，不限于决策分析类场景。数据中台持续不断地将数据进行资产化、价值化并应用到业务中，而且关注数据价值的运营。

数据中台在企业发展过程中起到两方面作用：一是通过数据中台把数

据变成一种服务能力，通过对数据的加工处理和使用，形成一种完整的数据使用机制，这种使用机制不仅可以提高企业的管理水平和决策水平，还可以支撑企业的业务发展；二是通过数据中台构建的完整数据使用机制，如大数据平台、数据体系等，不仅发挥着工具和产品功能的作用，还可以帮助企业从战略、组织、人才等方面进行全方位的规划，从而帮助企业进行数字化转型，促进企业的发展。

一般来说，每家企业的业务与数据状况各不相同，业务对数据服务的诉求不同，数据中台的建设将呈现出不同的特点，没有任何两家企业的数据中台是完全相同的。但是，一个成熟的数据中台应该包括四方面的功能，即数据汇聚、数据开发、数据资产管理和数据服务[⊖]。

①数据汇聚。数据汇聚意味着数据中台要能将企业所有的数据进行有效的采集、交换和监管。随着企业业务的多元化发展，往往会出现多个信息部门和数据中心，系统、功能和数据的重复建设导致数据资源、计算资源和人力资源的巨大浪费，同时组织壁垒也导致数据孤岛的出现，使得内外部数据难以全局规划。要解决这一问题就需要数据中台具备数据集成与运营方面的能力，能够接入、转换和存储企业内外部多种来源的数据，协助不同部门和团队的数据使用者更好地定位数据、获取数据。

②数据开发。数据开发可以为数据科学家、数据分析师提供稳定、高质量的跨主题数据资源、易用的分析工具集，可以支撑在大数据时代企业在业务中的各种数据开发需求。在数据开发过程中，所有的数据都应该经过一条标准的处理流程：采集、清洗、融合、分析挖掘、应用、归档、销毁等。流程中的每个步骤都要有对应的工具，以帮助数据开发者快速上手。这些工具包括：数据模型设计与开发、数据ETL（包括可视化工具与脚本工具）、工作流调度等，并通过一些智能化的方式帮助数据开发人员快捷地完成数据开

⊖ 付登坡，江敏，任寅姿，等.数据中台：让数据用起来[M].北京：机械工业出版社，2020.

发任务，降低数据开发成本。

③数据资产管理。数据资产管理在数据中台中解决的关键问题就是实现数据资产化，也是现在数据中台建设过程中周期最长的一个环节。数据资产管理主要包括数据资产分析、数据资产治理和数据资产应用三个方向㊀，并需要基于这三个方向的技术研究和实战，将流程、经验、标准和规范等产品化，最终构成企业统一的数据资产管理平台。

数据资产分析包括资产盘点和资产评估两部分。资产盘点是为了让使用数据的人员能更好地理解数据，可通过知识图谱进行内容的理解和推理或构建企业资产目录等方式实现；资产评估则是对资产的活性、投入产出比进行评估。

数据资产治理包括对计算、存储、模型、安全、成本等领域进行治理，并形成有效的智能治理闭环，将治理方法论沉淀为工具产品输出。

数据资产应用则是通过全链路数据跟踪，打通从数据获取到数据处理再到数据应用中端到端的各个环节，并以数据资产的本质为驱动力，围绕最终用户提供包括全链路"血缘"关系的应用分析产品，清晰展示数据的来龙去脉。

④数据服务。为了尽快让数据用起来，数据中台必须提供便捷、快速的数据服务能力，让相关人员能迅速开发数据应用。数据服务的目的在于打通数据中台与数据使用者（前台）间的数据通道，通过可视化方式实现数据应用程序编程接口（API）的创建、注册、发布、管理与运维，继而使数据中台按业务梳理数据资源目录结构，在资源目录中分类展示数据中台中可用的数据服务，让数据使用者可以有序地、清晰地浏览数据服务目录与详情，并申请与订阅数据资源。

（4）中台的典型应用场景。 当前中台在以下场景中得到了广泛应用：

①电商应用场景。所有用户在电商平台上的购物流程相差无几。电商

㊀ 阿里云云栖号. 浅谈企业的数据资产管理 [EB/OL]. (2020-04-02)[2021-05-18]. https://baijiahao.baidu.com/s?id=1662838870793389591&wfr=spider&for=pc.

平台在这一几乎通用的购物流程中所提供的服务大致可分为三个部分：购物流程，即正向流程；售后流程，即逆向流程；用户中心，服务于用户的体验流程、附加服务。在这三个部分之中，可能会出现各种各样的情景和业务需要，如用户在购物流程中，需要加入购物车、提交订单、确认订单、订单支付等。建立中台后，一方面可将单个模块进行拆分，赋予前台更多的自主权和决策权；另一方面可打破各个流程之间的数据壁垒，实现数据的流通和使用。

例如，京东通过整合基础 SaaS 设施和服务组件搭建中台，使得前端商家实现功能的个性化定制[一]。其主要分为三个部分：第一部分是平台插件和中心化。对于相对通用、容易用配置实现的功能或规则，用平台配置中心完成，使标准化需求可以得到快速满足。第二部分是插件装配中心。若一些需求无法标准化成配置，则允许第三方可以定制化自己的插件，插入京东的系统中，给用户提供相应的功能服务，比如常见的订单插件、商品插件。第三部分是个性化接入中心。当部分业务逻辑、流程与中台现有的逻辑和流程不同时，提供个性化接入，让与中台逻辑和流程不同的业务依旧可以做成标准化服务，再接入整个服务网络里面。通过中台的搭建，京东实现了前端商家功能个性化定制，同时业务中台模块化的功能也使得整个系统不会因为功能的宕机而全盘崩溃。

②工业应用场景。在工业领域，不同部门会有不同的作业方式，但一般都会涉及生产计划、进度跟踪、产品损失、安全环保、生产数据采集、生产过程监控等内容，此时将这些共性的工作内容和数据抽象到中台之中，就可以实现企业业务能力和数据的整合，继而为生产领域提供设计、计划、调度、品控、维保、储运等各类可重用、可共享、开放的服务及数据，从而推动生产运行业务的统一、规范，提升企业的生产安全、生产效率、产品质量和服务质量。

⊖ TGO 鲲鹏会．京东服务技术中台：全流程建设方法及思考总结 [EB/OL]．(2019-10-29)[2021-05-18].https://baijiahao.baidu.com/s?id=1648694583316189902&wfr=spider&for=pc.

如恒顺醋业以中台为核心，探索出一条传统酿造企业实施智能制造的可行性道路，形成一套成熟的酿造智能工厂建设方案[1]。恒顺醋业利用信息化系统和先进生产设备共同组成酿造生产线智能管控系统，再集成BOM（物料清单）、MES（制造执行系统）、ERP（企业资源计划）、TMS（运输管理系统）等各个系统，由此完成中台的搭建。中台通过商业智能（BI）系统数据建模实现跨域数据整合和知识沉淀，通过标准化数据交换平台（数据中台）实现对于数据的封装和开放，快速、灵活地满足ERP、WMS（仓储管理系统）和TMS等上层应用的要求，从而支撑了恒顺醋业销售驾驶舱、物流调试中心等前台应用。中台的建设实现了生产过程运行监控、数据采集、过程管理、设备维护、单元调度、产品跟踪的集成一体化管理，打通了各个环节的数据壁垒，实现了实时监测各种数据动态，极大地提高了公司管理水平。

③政务应用场景。在城市治理转型进程中，城市政务服务生态系统面临新的机遇和挑战。跨界思维日益深入人心，越来越多的非政府组织及企业、公众参与社会治理实践，政府与更多的生态伙伴在同一平台上多维协作，城市政务服务工具、渠道、形式、模式等不断创新，城市政务服务生态系统与外界交互频度与深度显著增加，边界逐渐模糊。在这一过程中，政务服务数据资源发挥着越来越重要的作用，从支撑政务服务到响应政务服务，再到创新政务服务，价值日益凸显。然而，当前城市政务服务生态系统各主体间交互质量不高，各子系统间的协作仍存在多方面障碍和困境。通过构建政务数字中台，能打破原有壁垒，抽取前台共性需求，集成后台可复用功能，实现数据资源全归集，数据出口全统一，形成政务服务合力，释放数据资源价值[2]。

例如，阿里巴巴的数字政务中台包括政务知识引擎、服务事项、事件受

---

[1] 财经头条.恒顺醋业——传统行业智能化建设标杆[EB/OL]. (2021-04-05) [2021-05-18]. https://t.cj.sina.com.cn/articles/view/3009742660/b3650744019016c20.

[2] 明承瀚，徐晓林，王少波.政务数据中台：城市政务服务生态新动能[J].中国行政管理，2020（12）：33-39.

理、服务评价等产品能力模块和系统集成工具[一]。应用这些产品和工具，政务部门能在手机 App、小程序、网站、政务服务大厅、社区服务站等服务终端快速构建政务服务应用。此外，数字政务中台集成了机器学习、自然语言等能力，能提供智能搜索和推荐、智能客服等智能化服务。数字政务中台基于阿里巴巴多年的中台能力和运营经验，能够帮助政府构建跨区域、跨层级和跨部门无差别的政务服务体系，实现政务服务的办事多终端体验一致、办事智能化和审批效率提升。数字政务中台打通了信息孤岛，实现了政府跨地域、跨层级的协同和一体化管理，再造了政务服务的业务流程。

· 实践聚焦 ·

飞鹤的中台实践

1962 年，飞鹤起步于黑龙江省齐齐哈尔市。2018 年飞鹤成为首个破百亿销售额的国产奶粉。虽然飞鹤逐步成为市场领导者，但不可忽视的是，国内出生人口持续下降，这意味着国内婴幼儿奶粉市场的总体容量会逐渐缩小。为此，飞鹤确定了强化头部的战略，开启了数字化转型。

2016 年，飞鹤开始系统性地规划推进工厂端的数字化、智能化。首先，飞鹤接入了 MES（制造执行系统）、LIMS（实验室信息管理系统）和 WMS（仓储管理系统），并对 ERP 系统进行升级，以实现 4 大核心系统的有效衔接和实时交互。

同时，4 大核心系统的数据全部实时上传至数据中台，由数据中台进行统一的数据汇总和分析。该数据中台是通过阿里云搭建的。公司通过利用这一适用于具体业务场景的数据平台，能够获取 90% 以上的经销商数据及 50% 以上的终端消费者数据，可协同管理会员域、商品域、交

[一] 北国网. 阿里巴巴数字政务中台正式发布 已在浙江率先应用 [EB/OL]. (2020-06-10)[2021-05-18]. http://talk.cri.cn/n/20200610/a43186d1-5394-2418-6036-ada74b09f46f.html.

易域、营销域、渠道域、日志域、公共域、仓储物流域、财务域九个数据域。数据域为支撑对应的业务场景搭建了快消品行业数字化的初步架构，也开始了快消品行业数字化工程的初始化。

如图6-5所示，在网络管理、通信管理等底层服务的支撑下，飞鹤的中台赋能体系分为前、中、后台。其中，前台对应的是每一个不同的应用场景下的业务小组，包括线下实体门店、线上虚拟门店等，它们直面市场进行灵活的调整与变化。业务中台和数据中台共同搭建了一个全方位的赋能体系，业务中台包括商品中心、会员中心、订单中心和库存中心等。这些业务的模块化集合可以让前台更加迅速地调用某一功能，并结合数据中台提供的数据，组合实现精准营销、渠道管理等功能。同时，业务中台和数据中台还可以将所获得的数据反馈至后台，为后台的财务管理、渠道管理、生产管理等提供赋能服务。

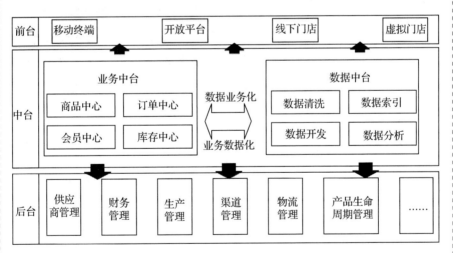

图6-5　飞鹤的中台赋能体系

资料来源：作者根据公开资料整理绘制。

中台赋能体系的搭建为飞鹤发展注入了强劲的动力：一方面，数据中台使得业务数据以前所未有的维度呈现。因此管理层能够重新检视业务，通过关键指标来预测机会、预警风险，最终利用数据倒推业务促进业务裂变、探索新机会。另一方面，通过C端触点数字化和智能化，飞鹤实现与消费者和商品全链路的连接，达到多维度的消费者行为感知。这使得营销端可以完成精准的用户群体画像和用户个体画像。同时，多维度、全方位的数据呈现使飞鹤可以深度复盘并洞悉过往的营销活动、营销手段的有效性和ROI（投资回报率），以优化营销策略、提高营销成本的使用效率。

在中台的开发和迭代需求的驱动下，短短一年多时间，飞鹤就从过去线上线下业务分别运营的状态转变为线上线下业务融合的状态，同部门一体运营。不仅是业务，飞鹤的组织结构也在响应数字化。为增加用户黏度、统一管理部署用户运营而新成立的用户运营中心也结束了以前各渠道分别运营用户的状态。中台赋能之下，业务人员的KPI由销售额变为留存率和转化率，因为后者才是实现用户全生命周期运营的关键。

2020年，飞鹤婴幼儿配方奶粉产品份额进一步加大，营业收入176.73亿元，同比增长41%，2020年实现营业收入185.93亿元，同比增长35.5%。截至2021年5月，其市值较2019年上市时翻了近两倍。

资料来源：①AI财经社.飞鹤再造飞鹤[EB/OL].（2020-04-02）[2021-05-18].https://xw.qq.com/cmsid/AJB202104220070381A.
②马冰仑.数字转型是头部企业的自我修养[EB/OL].（2019-10-08）[2021-05-18]. http://www.2b.cn/chuanqizhuanxing/2019-10-08/71622.html#.
③飞鹤官网资料。

6.3.2 数据赋能型组织的功能

数字化技术，如大数据、物联网的发展、普及与应用，加速了社会经济进入完全互联时代的进程。人与人的连接、人与组织的连接、组织与组织的连接逐渐强化。数字化背景下，组织的功能得到了新的扩展：一方面，组织和个体之间的管控关系转变为向员工赋能，即为员工提供更多的机会和平台，提供资源让其成长，让其获得更多的技能，激发其内在潜力，以及提供更多的自主性，此为对内赋能⊖；另一方面，组织的发展、战略和业务边界逐渐被打破，组织从原先的社会大分工下的模式开始转变为与社会中其他组织协同共生的新模式，实现多方共生、共赢、共享，此为对外赋能。

1. 赋能员工

当今，员工已从关注薪资、福利和晋升机会，转变为关注是否能从组织中获得学习机会、新技能和更高的成长性。大数据背景下，组织可以通过数据洞察，发现以往经验不能触达到的部分，驱动人力资源管理创新。通过数据预测管理风险和难题，前瞻性地洞察经济发展趋势、劳动力群体变化趋势、组织机构演变和内部劳动力结构变化会引发的可能的未来画像，制定更具前瞻性的劳动力分析与人才管理战略规划，为员工制定更为个性化的发展方针。从企业和员工的关系来看，市场环境的快速变化和个体价值的崛起使"控制"不再占据主流地位，而是更加强调"赋能"，企业开始借助数据资源建立公平、公正和共享的组织机制并充分赋能员工，实现员工的自我驱动与管理⊜。

过去，由于无法拥有充足的具有代表性的对标数据，加之缺乏预测组织未来发展变化的意识等因素，导致传统人力资源管理无法履行洞察和预测职责。现在，利用大数据、云计算等技术，可以便捷地将相关数据、资源有效整合，一方面基于业务成效和内外数据的洞察分析，帮助评估人力资源策略；另一方面通过面向业务战略发展和生态共荣的预测决策，重塑人力资源战略。具体而言，数字化背景下，可以从培训与开发（获得更多的技能）、考核与激励（激发内在潜力）、组织与员工关系（提供更多的自主性）等维度探

⊖ 周文辉，王鹏程，杨苗. 数字化赋能促进大规模定制技术创新 [J]. 科学学研究，2018, 36（08）：1516-1523.

⊜ 陈春花. 价值共生：数字化时代的组织管理 [M]. 北京：人民邮电出版社，2021.

讨赋能员工这一新功能[1]。

（1）培训与开发维度。 在人才培训与开发方面，数字化技术的发展催生了基于大数据、预测算法、数据挖掘和可视化工具的人才分析实践。通过对员工全面、即时的数据采集和更新，管理者得以掌握员工人格、教育背景等稳定的个体特征，资历、个人技能等工作中发生变化的状态特征，以及个人影响力、员工间互动情况等关系动态，用以指导团队人员培训与学习、进一步进行人才开发等人事决策。其中，人才分析过程中的两大代表性实践是针对个体员工的人才画像和基于组织全局的人才盘点。通过对员工个体的人才画像，管理者可以识别学习和培训需求，更好地进行人力资源开发。建立了员工个体的人才画像后，组织对员工有了多面的、细致的了解，可以基于这些数据分析、识别和配置员工的培训项目，助力员工成长。

1）人才分析。人才分析包括以下两个方面：

一是员工画像。以前企业对员工的认知普遍来源于填写信息表、测评表等方式，这些方式存在信息来源单一、认知碎片化、时效性不足等缺陷。这种传统人工分析的模式不能满足企业管理的连续性、准确性以及实时性等需求。随着互联网技术的飞速发展以及移动应用的不断普及，网络产生的数据更是呈指数趋势增长，大数据的爆炸性增长给人们获取有效信息带来便利的同时也增添了困难。对管理者来说，如何快捷地排除冗杂信息的干扰，对员工进行全面认知，从而做出正确的选拔决策，成为企业实现员工资源最大化需要考虑的重要问题。其中，员工画像是实现企业对员工进行全方位、深入管理的重要手段。

员工画像是通过员工的属性特征形成完整可用的有关员工的描述，方便对员工的完整认知的一种技术手段。这些画像可以用于员工需求分析、技能培训分析、素质分析、人才储备分析以及员工在公司的生命周期管理。从面试、入职、培训、工作、晋升、薪酬、人际关系、团队合作、业绩贡献直至

---

[1] 谢小云，左玉涵，胡琼晶.数字化时代的人力资源管理：基于人与技术交互的视角[J].管理世界，2021, 37（01）: 200-216.

流失的全过程,帮助人力资源部门提升各方面的管理[1]。

总的来说,利用信息系统对员工实时行为进行数据积累,结合员工的基本属性、工作状态、行为偏好等要素,可以从四个方面构建员工画像。一是个人信息。通过人力资源管理系统和人员档案提取员工年龄、性别、工作年限、联系方式、岗位信息以及工作履历等基本信息,加以组合运用。二是业务能力。通过实时监控员工工作习惯以及相关的业务操作记录、技能等级和业绩情况等,对员工业务能力进行综合评价,可判断员工对公司的贡献度。三是成长情况。从信息化系统中提取员工的培训记录、考试、知识分享次数以及论坛分享次数,准确定位员工的成长情况。四是敬业程度。通过获取信息化系统中的员工的上班考勤记录、门户使用习惯与状态、会议次数、出差次数等了解员工工作效率与敬业程度,具体如图 6-6 所示。

图 6-6　员工画像示意图

资料来源:深圳市蓝凌软件股份有限公司。

---

[1] 吕兆星,郑传峰,宋天龙,等.企业大数据系统构建实战:技术、架构、实施与应用 [M]. 北京:机械工业出版社,2017.

二是人才盘点。除了对人才细致的刻画，数字化技术还促进了组织的人才盘点实践，并使管理者对组织人力资本有全局的理解。依靠数字化技术，管理者可以通过定量的数据简单、精炼地反映出员工的特征，并据此进行内部的培训发展规划。例如，利用大数据技术可以综合多方信息更快形成全面的人才盘点报告，更完整地呈现出员工各方面的特点，为决策所用，帮助决策人员找到更为合适的人才来匹配合适的岗位以及为培训员工、提高员工绩效提供依据[一]。

人才盘点是对组织结构和人才队伍进行系统管理的一种流程，通过对组织架构、人员配比、人才绩效等进行深入分析，帮助组织清晰地了解现有人力资源状况，审视组织中的人才稳定性、优劣势、未来发展方向并找出核心骨干的基础，确认与组织未来发展的差异度，以便做更清晰有效的人力资源规划，确保组织有正确的人才结构和出色的人才资源。基于人才盘点的人员选聘管理实践，就是通过对战略、组织和人才的盘点，确认组织战略和架构对人才队伍的需求，以内部人才队伍的选拔、聘用和培养工作推动组织战略达成，提高人力资源效率，使人才战略与组织发展相匹配，使人才资源成为组织的竞争优势，有效地配合组织发展[二]。

就标准而言，人才盘点的基本过程可以分为五步[三]：

第一，收集需要盘点的员工个人信息（基础信息、教育经历及工作履历等）、发展信息（绩效考核、培训及奖惩记录等），为后续的盘点工作提供基本的信息支持，这里可以直接运用上述员工画像所得的结果去进行后续步骤。

第二，回顾通过绩效评估得出的员工评价数据（打分、排名、优劣势评

[一] 用友网络科技股份有限公司.企业数字化：目标、路径与实践[M].北京：中信出版社，2019.
[二] 卢娓娓.基于人才盘点的国有企业职业经理人选聘管理——以Y集团为例[J].中国人力资源开发，2016（14）：36-43.
[三] 何欣.大数据思维模式下的人才盘点（上）[J].人力资源，2020（10）：42-45.

价等），可以将其作为员工现有能力的判断依据。

第三，对人员未来发展潜力进行评估与预测。每个组织需要根据自身的业务特征、组织文化需求来评价本组织对员工潜力的要求。

第四，根据人才业绩、潜力等信息，如图 6-7 所示，讨论并判断人才的发展、保留、培养、继任等可能性。

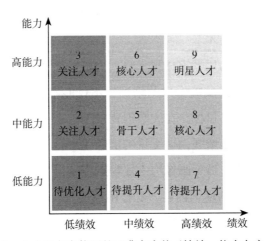

图 6-7　人才盘点中使用的经典九宫格（绩效 – 能力九宫格）

资料来源：北森人才管理研究院 . 人才盘点完全应用手册 [M]. 北京：机械工业出版社 ,2019.

第五，对盘点结果进行应用。盘点只是个过程，其体现的数据一定要在组织管理角度有所应用。例如，可以对公司的组织结构、数量、质量、业务能力加以分析，思考对应的"招培借留"动作；也可以专门聚焦人才的培养发展，为每位人才制订出人才发展计划、匹配相应的组织资源；还可以直接将盘点结果用于人才继任，找到哪些人才是当下可以直接继任的人才，"先向内看、再向外看"，当某岗位需要直接继任者但当下没有合适人选的时候，就要考虑外招或内部加速化培养等。

总的来说，大数据技术的应用能大大提升企业人才盘点的准确性，使企业可以精确掌握人才数据，增加人力资源部门的影响力，并且使企业拥有稳健的人才梯队，形成人才供应补给线，缩短关键岗位的空缺期，从而最终提升企业绩效。

2）培训学习。一直以来，企业在进行人力资源培训过程中主要以传统的线下培训为主，且培训内容相对单一，使得很多员工对培训失去了兴趣，培训的效果也没有得到有效呈现。在大数据背景下，企业人力资源培训产生了极大的颠覆，企业人力资源培训思路和方法得到有效的改进，很多培训开始从线下转向线上，大大提升了企业人力资源培训的效率和效果，为企业发展提供了更多的可用人才[1]。

培训前，企业可运用数字化技术将人力资源培训工作与员工的职业发展规划相结合，这样通过实施有效的培训，不仅能实现员工的个人发展目标，还有助于实现企业战略目标。在大数据背景下，企业可以运用数字技术搭建与各部门、各岗位员工增强沟通交流的信息化平台，收集员工培训诉求，并结合人才分析中得到的员工画像与人才盘点等结果，为员工量身打造出与其职业发展规划相匹配的培训内容，这样不仅能提升员工参与培训的积极性，还有助于提升人力资源培训的效果。

培训时，企业可以充分结合大数据技术，丰富培训形式和内容。首先，企业可充分发挥信息时代的优势，实施全方位的线上培训，使得各岗位员工能借助移动设备完成培训，利用碎片化时间进行学习，打破培训时间和空间的限制，有效降低培训的成本。同时企业还可针对不同新员工建立专门的课件库、讲师库、证书库与试题库，实现体系化培训管理。其次，企业可以通过大数据、AR 等技术为员工提供直观、交互的情景式培训，提供更直观、更好理解的培训内容。例如，针对营销人员，企业可以通过 AR 技术等克服产品上市周期不断缩短、产品复杂度不断增加以及新员工迭代的挑战，准确向被培训员工传递关键的新产品信息、最佳卖点、竞争对比等，提高培训效率。具体来说，AR 技术可以扩展通常以文字及图片来描述的产品安装、使

---

[1] 马盛红．大数据时代国有企业人力资源精细化管理模式的构建[J]．领导科学，2020（20）：95-97．

用说明信息，将清晰的三维产品使用指导或其他信息叠加在实物产品之上，可准确标识出安装的位置及操作方法，让销售人员都可以清晰地理解这些内容，有助于提高销售人员关于产品推广的培训效率。最后，为了更好地完成学习任务，企业还可打造新员工学习平台，使员工在学习时能按照指引，实现分步骤、分阶段学习，并设置积分悬赏、社区交流、问答竞赛、闯关学习、闯关证书等多种趣味学习模式，利用友好的人机交互，提高使用黏性，激发新员工自发学习的热情。

培训后，企业可以借助数字技术加快培训结果转化的速度，以此为企业发展提供更多的支持。例如，企业针对员工的学习情况可进行一定的考试管理，可通过在员工的学习平台中设置专题考核、学员自测、随堂考试、考试跟踪、错题统计、发起补考等模块，监测员工学习情况，帮助新员工发现可能存在的知识漏洞，查漏补缺，强化培训效果。此外，企业还可借助大数据、人工智能等技术，细化考评指标，制定出科学的培训效果评估体系，建立与培训评估相关的大数据平台，对员工培训实际效果进行科学准确的量化评估，以便人力资源管理者可以根据培训的结果及时改进员工在培训过程中存在的问题，使得员工能在培训中不断提升综合技能，使培训效果充分服务于企业的发展。

（2）考核与激励维度。随着经济的飞速发展，我国企业正在发生深刻的变化，企业的规模越来越大、业态越来越复杂、科技含量越来越高，这些变化让传统的人工绩效管理模式捉襟见肘，实现绩效考核管理的数字化是必然趋势。同时，企业通过数字化的考核与激励过程，可以建立更为公平、高效的考核与薪酬机制，能让员工感知到更高的程序公平，从而提升员工的工作满意度，增强其工作热情，使员工受到心理上的激励，即心理得到了赋能，有助于其长远的成长发展和价值实现。

具体来说，企业可以借助大数据、云计算等数字化技术来优化数字化阶段的绩效考核体系，实现绩效考核工作的整体自动化，减少人为参与度。优化的主要方向包括使用绩效考核云平台、利用大数据技术提高绩效指标目标值的合理性和绩效考核结果智能对比分析等[1]。

1）使用绩效考核云平台。企业可以使用云平台，统一处理企业绩效考核工作。绩效考核云平台可以帮助管理者了解员工的工作动态，以此评估员工的工作效率，还可以向管理者推送（或管理者在线实时查询）组织效能的相关数据，及时发现异常情况并发出预警。例如，钉钉数字化绩效平台通过融合OKR（目标与关键成果法）、KPI（关键业绩指标）与积分制等多种人力资源绩效管理工具，可以实现一键发起绩效考核、自动汇总绩效结果、实时查看绩效记录并进行在线分析等功能，帮助企业组织提升绩效管理效率。

2）利用大数据技术提高绩效指标目标值的合理性。在企业的绩效评价工作中，各类绩效指标目标值的大小将极大地影响相关评价对象综合绩效分数的高低。绩效考核部门通常把各评价对象的实际绩效情况同预先设置好的目标值进行比较，由此衡量评价对象的绩效表现。企业可借助大数据等相关技术对各部门的未来经营绩效进行预测，并以企业的目标为基础，结合各部门的未来业绩变化情况，设定相应的绩效指标目标值。

3）绩效考核结果智能对比分析。数字化的绩效考核能在对绩效基础数据及时获取及对绩效考核结果的实时更新的基础上，实现绩效考核结果的智能对比分析，以此全面客观地了解考核对象的绩效情况。例如，在绩效对比结果的呈现阶段，借助数据可视化技术，利用多种图表组件，生动直观地反映实时的绩效对比结果。同时，企业可利用员工的绩效数据及其他维度的数据，借助大数据技术，自动绘制出高绩效优秀员工的画像，以优化员工的培养机制。

基于绩效考核的结果，全面的数据和精巧的算法能帮助企业在薪资管理上以灵活、动态的设计，寻求薪资设计的最优解，最大限度地激励员工的工

---

[1] 张敏，宋迎，胡汛，等.企业集团业绩考核的智能化转型[J].财会月刊，2021（04）：13-16.

作积极性。在这一方面，组织主要通过数字化技术实现合理的薪资设计、数字化的薪资核算以及有效的薪资评估等方面的功能，使管理者更加便利地获取内外部与薪资相关的关键信息，同时通过各类薪资管理工具使与薪资相关的信息无时无刻地在管理者和员工之间传递，精简组织内部的薪资决策流程。在合理的薪资设计方面，制定的工资要综合考虑政策、市场、行业、单位、员工等各方面的数据信息，通过大数据系统的信息搜集与高效的计算，建立以大数据为基础的薪酬体系，为员工制定与其外部市场和内部贡献相匹配的薪资水平，促进薪资政策的个体公平。在数字化的薪资核算方面，企业可以建立结合云计算、大数据等技术以及人力资源核心解决方案的移动应用，以手机端或计算机端为载体，为人力资源管理者提供包括薪酬计算、工资条发放等在内的一站式服务，简化薪资计算的人工环节，在最大程度上提高薪资计算的效率。在有效的薪资评估方面，企业需要注意岗位价值评估并不是一劳永逸的工作，在企业内外部环境变化导致岗位变动时，需要重新进行岗位澄清与价值的再评估，对薪资结构进行定期评估与相应调整。例如，在企业不同的发展转型阶段、企业的战略发生调整或组织结构发生变化时，需要通过大数据技术重新搜寻和加工外部市场的薪资信息，使得员工薪资与外部劳动力市场的价格相匹配，保证一定的公平。

（3）组织-员工关系维度。随着时代的发展，企业与员工的劳动契约只能体现双方的权利和义务，不能有效推动双方共同发展。具有共同愿景的心理契约更有利于双方关系的和谐共赢发展，这也是新时期员工关系工作的核心。人力资源部门可以通过建立员工心理素质评估系统，基于收集的大数据，定期了解与分析员工的心理状态以及对工作的满意程度，从而找到更有利于员工愿景与组织愿景相一致的方式，进而达到提升工作效率，实现组织与员工共同成长的目标。

另外，数字化技术逐渐消解了人力资源管理实践中的时间和空间边界。包括移动电话、电子邮件、腾讯会议等通信软件和各类办公自动化系统在内的信息沟通技术克服了员工在时间上任务进程不同步的阻碍,实现全天候的持久联结,并推动了远程办公等新型工作模式的兴起。这种新型工作模式通过创造更为宽松的工作环境,赋予了员工更大的自主权,在某种程度上使员工更具创造性与积极性。

在线远程办公是人们工作观念和工作场所变化的体现[1]。最初,远程办公被定义为在传统工作场所之外工作,并通过电信或计算机技术与之通讯。早在移动电话、笔记本电脑等现代化设备为员工提供远程工作的助力之前,就已经有企业安排员工在办公室之外完成工作。从那时起,远程办公就重新定义了人们对工作方式和地点的看法,并促使管理者重新审视如何评估绩效和监督员工。此外,在线远程办公还预示着员工和公司之间劳动合同的变化,促使管理者重新审视如何评估绩效和监督员工。在线远程办公一直被认为是一种治疗各种组织和社会弊病的方法。这种新型办公方式可以满足员工对健康工作和家庭平衡的需求,加强了工作和生活的连通性,拓宽了家庭的边界,将其变得更富有渗透性和弹性,使得进行在线远程办公的员工应对工作的能力和灵活性大大提升,进而提升了员工的工作满意度和工作控制感。

当时间和空间限制被打破时,组织可以根据自身需求灵活地采用不同的模式,以满足自己的生产目的、提升组织效能,并不同程度地将生产活动外部化,逐渐开放组织边界,赋能员工,为员工提供更多的平台与机会。

2. 协同共生

在数字化背景下,企业认识到彼此之间是资源互补、协同共生的,而不是竞争对立、零和博弈的,因而价值主张更加强调互惠,呈现出数据驱动的多主体利益攸关方互动、动态更新的价值主张。数字时代,数字技术大大

---

[1] 霍伟伟,龚靖雅,李鲜苗,等.主动及被动模式下在线远程办公影响效果研究述评与展望[J].中国人力资源开发,2020,37(08):6-21.

降低了信息不对称，分布式信息结构和共享式网络平台提供了企业内外高度协同的实时信息交互。企业依托数字技术使得价值创造流程逐渐趋于非线性化，多维、复杂、动态的价值网络解构传统的价值链，价值网络强调以顾客价值为核心，通过数字技术动态连接网络中的利益相关者，网络成员遵循共同的合作机制，形成共建、共生和共享的生态网络⊖。

在大数据背景下，数字技术对企业价值网络的影响主要体现在三个方面，即数字化驱动组织形成分别基于联结、联动和联体的价值共创模式的"三联"价值共创模式⊜。

首先，在市场经济体系下，有着许许多多的市场主体，在一个简化的市场中，不考虑政府和竞争对手，有4类处于离散状态的参与主体：制造商、供应商、零售商、顾客。起初，他们是一种通过交易连接的普通的供应链关系。随着数字技术的出现，人们发现可以利用数字技术对生产和交易的某些环节进行数字化，搭建一个以制造商为中心的简单工业互联网，将利益相关者联结起来，建立基于"联结"的交易驱动的价值共创模式⊜。以成都返空汇网络技术有限公司（以下简称"返空汇"）为例，该公司目前是一家"互联网＋物联网"工业物流平台企业。返空汇的创始人在水泥行业的工作经历使其了解到采矿、冶炼、建筑和火力发电等产业的很多大宗物流都是由社会车辆完成的，而且效率低下。他瞄准"降低货运车辆的返空率"这一商机，于2014年创办了返空汇。返空汇使用物联网技术对货主企业仓库进行数字化改造，使货车通过智能终端接入平台，通过基于"互联网＋物联网"的工业物流服务优化，提升物流服务效率，实现货主、车主和平台的联结，实现三方共赢。

⊖ 孙新波，张媛，王永霞，等．数字价值创造：研究框架与展望 [J/OL]．外国经济与管理，2021,43（10）：35-49[2021-05-01].https://doi.org/10.16538/j.cnki.fem.20210322.401.

⊜ 马永开，李仕明，潘景铭．工业互联网之价值共创模式 [J]．管理世界，2020，36（08）：211-222.

其次，随着数字技术的出现，数据成为一种生产要素，内部数据的平滑流动实现与企业利益相关者之间的实时互动，重塑内部、外部各个主体间的关系，使得企业与利益相关者之间的关系具有柔性和互动性，这为形成价值网络、实行平台战略及进一步建立生态系统提供了基础。企业可以建立一个基于"联动"的交易驱动的价值共创模式。例如，尚品宅配以圆方软件的信息化技术、云计算和大数据应用为驱动，依托新居网的O2O互联网营销服务平台，以及佛山维尚大规模定制的柔性化生产工艺，创造了全屋板式家具个性化定制、规模化生产的"C2B + O2O"模式，完美推进了企业与消费者之间的互动，也包括企业与价值网络中其他成员企业为消费者营造体验情境而进行的互动，从而实现多方共赢。

最后，合作和竞争是企业必不可少的两个环节。数字化时代下，各类利益相关者，包括竞争对手都十分重要，数据在各个主体间所形成的关系网中流动，使各个主体处于一种共生的状态。企业通过数据及数据分析技术及时掌握环境中的各种变化，打造独特的数字化平台，通过聚集成员之间的优势资源实现价值共创的多赢局面。越来越多的企业加入，越来越多的业务开展，越来越多的数据产生，越来越多的价值共创机会形成，使得数字化平台的吸引力不断增强，吸引其他数字化服务提供者主动接入平台，渐入自组织、自循环的佳境。经过不断的循环进化，平台成为价值共创、共享的"联合生态体"，呈现出基于联体的价值共创模式。例如，阿里云基于其强大的云服务和新型操作系统，正引领多行业的数字化转型，打造覆盖各行各业应用场景的联合解决方案，给予生态伙伴服务化、体系化、工具化的运营赋能，推动企业间的关系由竞争转向合作共生，价值渠道结构由传统"链式"结构向松散耦合的"网式"结构进化，从"中心化"向"去中心化"转变，形成企业多元多边、互联互通的生态系统。

本章小结

本章从数据赋能组织管理的机理、数据赋能组织管理的特征、数据赋能的新组织模式三个方面展开阐述。

首先，从赋能机制上看，数据主要通过数据感知、智能认知、动态决策和精准执行四个步骤为组织管理创新赋能。企业运用数字技术从内外部数据源感知数据，再经过统计分析等智能认知方式，进一步整合，得到有规律、有价值的信息与知识。后者在动态决策步骤下，得出了数字时代组织发展的最优模式，搭配精准的执行后，实现了组织结构创新、组织功能创新、组织管理创新和资源整合创新等现实世界的源创新。

其次，在数据赋能下，组织管理呈现出层次结构扁平化、组织功能平台化、管理模式智能化、决策权力自主化等四个新特征。层次结构扁平化减少组织层级，促进信息交流的效率。组织功能平台化分为两个部分：对外，部分企业成为连接商品和服务交易的平台；对内，企业演化成为一个为员工和团队提供支持的平台。管理模式智能化是指通过相应技术与平台，实现智能化的优化整合。决策权力自主化，即发挥群策群力的作用，实现多中心、短流程的决策机制。

最后，数据赋能的新组织模式主要指在数据赋能下，组织呈现出新结构与新功能。新结构主要指"小前台＋大中台"的结构模式，其中，中台是最为重要的基础，主要包括业务中台与数据中台，并在不同领域具有不同的应用场景。新功能主要包括：对内，赋予员工更多的机会和平台，提供资源让其成长；对外，赋予组织与社会中其他组织协同共生的新动力。